임덕규 신앙사경회 시리즈 ②

사탄과의 영적 싸움에서 승리하는 삶

사탄의 머리를 밟아버린 승리자 예수 그리스도의 복음

the Gospel of the Victor Jesus Christ Crushed the Satan's Head

임 덕 규 지음

CLC

기독교문서선교회(Christian Literature Center: 약칭 **CLC**)는 1941년 영국 콜체스터에서 켄 아담스에 의해 시작되었으며 국제 본부는 미국의 필라델피아에 있습니다.

국제 CLC는 59개 나라에서 180개의 본부를 두고, 약 650여 명의 선교사들이 이동도서차량 40대를 이용하여 문서 보급에 힘쓰고 있으며 이메일 주문을 통해 130여 국으로 책을 공급하고 있습니다.

한국 CLC는 청교도적 복음주의 신학과 신앙서적을 출판하는 문서선교 기관으로서, 한 영혼이라도 구원되길 소망하면서 주님이 오시는 그날까지 최선을 다할 것입니다.

The Life Winning a Spiritual Struggle against the Satan

(the Gospel of the Victor Jesus Christ Crushed the Satan's Head)

Written by
Duk-Kyu Im

Korean Edition
Copyright © 2017 by Christian Literature Center
Seoul, Korea

내가 너로 여자와 원수가 되게 하고

네 후손도 여자의 후손과 원수가 되게 하리니

여자의 후손은 네 머리를 상하게 할 것이요

너는 그의 발꿈치를 상하게 할 것이니라 하시고

- 창 3:15 -

† 저자 서문

임덕규 목사
충성교회 담임

　인류 역사는 여자의 후손과 뱀의 후손 간의 싸움의 역사입니다. 그것은 신앙과 불신앙의 싸움의 역사이기도 합니다. 성경은 이 사실을 가장 극명하게 보여 줍니다. 구약의 첫 책 창세기부터 시작된 이 싸움은 신약의 마지막 책 요한계시록에 가서야 종결됩니다. 여자의 후손으로 오신 그리스도께서 사탄을 밟아버리고 지옥에 던져 넣을 때 끝나는 것입니다.

　이것은 남의 이야기가 아니라 바로 우리 자신의 매일의 삶 속에서 나타나는 영적 싸움이기도 합니다. 인간은 날마다 예수 그리스도냐 세상(사탄)이냐의 선택 속에 살고 있습니다. 영적 싸움의 가장 치열한 현장은 우리의 생각 속입니다. 그리스도인이 이러한 흑암 세력과 영적 싸움을 모르면 명목적 신앙으로 사는 것입니다. 영적 문제란 사탄에게 잡힌 것입니다.

　독자 여러분이 사탄과 그 부하 세력들의 존재와 활동 방법을 알면 그들은 정복됩니다. 눈으로 볼 필요도 없고 체험할 필요도 없습니다. 여러분이 사탄을 정복하러 오신 예수 그리스도를 믿으면 조금도 두려워 할 이유가 없습니다. 사탄은 이미 십자가에서 결정적으로 패배하여 그 등뼈가 부러졌으며, 어둠에 갇혀 있습니다. 빛 되신 그리스도 안에 있는 여러분을 건드리지 못합니다. 다만 여러분이 그리스도를 떠나 범죄할 때는 사탄과 흑암 세력들은 여러분의 죄로 인해 여러분을 자기 수하에 넣으려고 할 것입니다. 그때는 즉시 회개하면 됩니다.

바라건대 신구약을 관통하는 승리자 그리스도 복음이 이해되고 확신되며 나아가 체험되기를 기원합니다. 우리 하나님 아버지와 예수 그리스도께서 여러분의 마음의 눈을 열어 사탄을 정복한 그리스도의 십자가 승리 복음을 깨닫게 하시고 여러분의 마음을 뜨겁게 해 주시기를 소원합니다.

끝으로 이 복음 메시지를 사경회 기간 동안 들어주시고 기도해 주시며 발간하도록 해 주신 충성교회 성도님들께 무한히 감사드립니다. 또한 사경회의 녹취된 내용을 타자하여 정리하고 잘 편별해 주신 최수영 집사님께 감사드립니다. 그러나 이 모든 일을 성취하도록 은혜를 주신 하나님 아버지와 우리 주 예수 그리스도께 무한한 감사와 영광을 돌려드립니다.

† 목차

저자 서문 _ 6

제1장 서론 _ 11

제2장 승리자 예수 그리스도 복음의 중요성 _ 15

제3장 사탄은 존재하는가? _ 33

1. 사탄의 기원과 본질 _ 33
2. 신구약 성경이 증거하는 사탄 _ 45
3. 사탄의 지위 : 과거, 현재, 미래 _ 52
4. 사탄의 역사 체험 _ 55

제4장 인간의 타락과 사탄의 역사 _ 59

1. 행위 언약 _ 60
2. 인간의 타락과 사탄의 역사 _ 66

제5장 하나님의 구원계획과 경륜 _ 109

1. 여자의 후손은 아브라함의 후손으로 구체화된다 _ 113
2. 승리자 그리스도의 구약의 전형적 모형(여호수아, 다윗) _ 124

제6장 승리자 그리스도의 사탄 정복 _ 155

1. 승리자 그리스도의 이름 "예수" _ 158
2. 예수님의 탄생과 사탄의 적의 _ 161
3. 예수님의 그리스도 사역의 시작과 사탄의 시험 _ 192
4. 예수님의 십자가 승리 _ 221
5. 그리스도 재림 시 영원한 승리 _ 266

제7장 그리스도의 초림과 재림 중간기의 사탄의 지위와 활동 _ 286

1. 중간기의 사탄의 지위 _ 292
2. 사탄의 활동 영역 _ 299

제8장 그리스도인의 권세 _ 311

1. 그리스도 안에서 신자의 지위 _ 313
2. 영적 권세를 행사할 수 있는 자격(오직 그리스도 십자가 승리를 믿는 것) _ 318
3. 영적 권세 행사 _ 321
4. 영적 권세의 사용 방법 _ 330

제9장 영적 전쟁의 실제 _ 341

1. 싸움의 대상 _ 341
2. 세 가지 싸움터 _ 360
3. 예수 충만, 성령 충만의 삶 _ 366

제10장 결론: 사탄과의 영적 싸움에서 승리하는 삶 _ 368

제1장
서론

 예수님은 그리스도시요 살아 계신 하나님의 아들입니다. 예수님은 하나님의 아들 그리스도라는 증거로 십자가에서 우리 죄를 대신해서 피 흘려 죽으시고 죽은 자들 가운데서 부활하셨습니다. 이 복음으로 여러분 인생의 모든 문제가 처리되고 해답을 얻습니다. 이 복음으로 참되게 깊이 뿌리내리기를 기원합니다. 여러분은 복음이 전부라는 것을 알아야 합니다. 이 복음 속에 여러분 인생의 운명과 미래, 현재가 전부 들어 있습니다. 우리 주님의 수중에 만사가 다 들어 있는 것입니다.

 그러므로 참되게 복음에 깊이 뿌리내리기를 바랍니다. 여러분이 복음으로 깊이 뿌리내릴 때에야 여러 가지 은혜를 많이 받게 됩니다. 특별히 여러분의 마음의 문이 열려서 어둠에서 빛으로, 사탄의 권세에서 하나님께로 돌아오고 죄사함을 받아 하나님의 나라, 천국을 소유하시기를 기원합니다. 사도행전 26장 18절 말씀을 기초로 말씀을 드렸습니다.

 저는 이 사도행전 26장 18절에 약속된 축복을 감격하며 누리고 사는 사람 중에 하나입니다.

> 그 눈을 뜨게 하여 어둠에서 빛으로, 사탄의 권세에서 하나님께로 돌아오게 하고 죄 사함과 나를 믿어 거룩하게 된 무리 가운데서 기업을 얻게 하리라(행 26:18).

하나님의 말씀이고 약속입니다. 저는 30여 년 전에 어두움과 사탄의 권세에 매어 살았습니다. 스트레스를 많이 받고 불만으로 건강이 악화되어 회복할 소망이 없게 되었습니다. 1년 가까이 불면증이 지속되었는데, 새벽에 자고 일어나면 한숨도 안 잔 것 같았습니다. 공상, 몽상이 시작되면 어떨 때는 10분 정도밖에 못 잡니다. 잡념이 생겨서 집중이 안 됩니다. 법을 공부했는데 책을 읽어도 들어오지 않고, 공상이 저를 지배하는 것입니다. 건강이 약해지고 회복될 가능성이 없으니까 죽음을 생각하게 되고, 신경질이 늘었습니다. 소망 없는 삶이었습니다. 심적 고통이라는 것은 그야말로 지옥이었습니다. 이것이 바로 영적인 문제에 시달리는 것이고, 고통과 사탄의 학정(虐政)에서 사는 삶입니다. 이런 상태가 지나치면 환청이 들리고 죽음에 직면합니다. 혹은 '더 좋은 세상이 있다'고 말하는 사탄의 역사 때문에 그것을 찾아가게 됩니다.

마음이 가난해지게 되니까 어느 목사님의 소개로 기도원에 가게 되었습니다. 저는 천주교 신자였는데, 금식 기도를 하고 하나님 말씀을 들으면 금방 낫는다고 하니까 솔깃한 생각에 금식 기도원에 가서 금식하고 믿음을 갖기 시작했습니다. 그러다 어느 날 예수님이 하나님의 아들이라는 확실한 하나님의 말씀이 내 심령 속에 새겨졌습니다. 그 뒤로 내 마음의 문이 열려서 그리스도의 왕국이 내 심령에 이루어졌습니다. 어둠에서 빛으로, 사탄의 권세에서 하나님께로 돌아오는 감격을 맛보며 살게 되었습니다. 죄 사함에 대한 확신이 오니까 이것이 엄청나게 감격스럽습니다.

'나 같은 죄인을 하나님이 구원하셨다!'

오늘 찬송가 250장 "구주의 십자가 보혈로"를 찬양했는데, 이 찬양을 제가 신앙을 얻은 다음에 수백 번, 수천 번 불렀습니다. 걸어 다니면서도 불렀습니다. 그만큼 이 찬양을 좋아합니다. 뿐만 아니라 찬송가의 순서에서 '회개와 죄 사함의 복음' 부분의 첫 번째 찬송이 250장입니다. 그래서 이 찬송을 사경회 주제 찬송으로 택하기로 결정했습니다.

자칫 잘못하면 사탄을 정복하는 복음을 얘기할 때, 사탄을 때려잡고, 귀신을 축출하고, '예수 이름으로 나가라!' 이런 식의 은사주의로 이야기 하게 되는데, 이것은 순서가 잘못된 것입니다. 하나님의 아들 예수 그리스도의 피의 복음과 능력이 아니고는 사탄은 도망가지 않습니다. 그렇기 때문에 무엇보다 죄 사함의 복음, 피의 복음이 우리에게 중요한 것입니다. 그래서 우리가 이 찬양을 불렀습니다.

하늘나라가 제 마음속에 임하게 되니까 천국의 기쁨이 대단히 감격스러웠습니다. 어떻게 보면 개인마다 모두 다르겠지만, 저의 경우에는 사탄의 세력에 엄청 시달리다가 복음을 받고 빛 속에 들어왔기 때문에, 저는 어두움과 빛의 확실한 구분이 있습니다. 어둠에서 빛으로 확실히 들어오는 구원의 체험을 하니까 얼마나 감격스러운지 모릅니다. 어떤 때는 기도하다가 황홀경에 이를 때가 있습니다. 진리의 복음을 받아 그리스도와 접촉될 때 대단히 황홀한 감격을 누립니다. 물론 그런 감격이 없다고 해서 우리가 우리의 주님과 접촉을 하지 않는다는 것은 아닙니다.

여러분이 이 사탄을 정복한 그리스도의 복음, 곧 죄 사함을 받고 사탄에서 해방되어지는 복음에 대한 비밀들을 알게 되면, 특별히 자유와 행복을 맛볼 수 있습니다. 대단한 환희와 기쁨을 누리며 사는 것입니다. 어둠에 있다가 빛으로 들어왔기 때문입니다. 그런 기쁨이 있어야 신앙생활을 잘합니다. 예수 믿는 것이 부담이고 주일성수가 부담이면 신앙생활이 어려워집니다. 주님과 교제하고 기도하는 것을 부담스럽다고 생각하면 안 됩니다. 기쁨과 평강은 하늘나라의 기둥입니다. 여러분이 이번 사경회 기간 동안에 확실하게 어둠에서 빛으로 돌아오는 체험을 함으로써 기쁨이 충만하기를 기원합니다.

제2장
승리자 예수 그리스도 복음의 중요성
―사탄과 흑암 세력에 대한 영적 전쟁의 중요성―

● 그리스도 십자가 죽음의 중요성

예수님을 그리스도로 믿는 그리스도인은 그리스도 안에서 하나님의 구원의 역사적 사건이 일어났다고 믿습니다. 이 그리스도 안에서 일어난 역사적인 구원의 사건을 가리켜 '그리스도의 사건'이라고 합니다. 개혁주의는 이 역사적 그리스도의 사건을 우리 구원의 근거로 회복시켰습니다. 여기에는 그리스도의 죽음과 부활을 모두 포함합니다.

그러나 예수의 죽음과 부활 사이의 관계의 성격을 분명히 알고 있을 필요가 있으며, 구원의 능력을 그 둘에게 동일하게 돌리지 않도록 조심해야 합니다(존 스토트, 『그리스도의 십자가』, p.299). 요즘 어느 교회에서는 그리스도 십자가 찬양을 장송곡이라고 폄훼하고 부활만을 강조하고 있으나, 그런 주장은 그리스도 복음의 왜곡이며 역사적 개혁교회의 교리를 부정하는 이설(異說)입니다. 그리스도의 십자가가 바로 복음의 핵심이기 때문입니다. 물론 그리스도의 부활이 없다고 하면 그리스도의 죽음에 의해서 성취된 것은 아무것도 없을 것입니다.

왜 그렇습니까?

예수님께서 자신의 죽음을 통해서 죄의 문제, 어둠의 세력을 정복하는 문제, 그리고 하나님을 알게 하고 만나게 하는 문제, 우리를 하나님께로 인도하는 문제들을 해결한다고 약속하셨고 그런 다음에 부활할 것이라고 말씀하셨는데, 부활하지 않는다고 하면 지금까지 우리 주님께서 하셨던 십자가 대속의 죽음은 아무 의미가 없게 되는 것이기 때문입니다.

그러므로 십자가의 죽음이 의미를 갖게 하는 것이 부활입니다. 그러나 복음은 십자가를 강조합니다. 죄가 처리되고 사탄이 정복된 것은 그리스도의 부활로 말미암은 것이 아니라 그리스도의 죽음에 의해서 이루어지기 때문입니다. 승리가 성취된 것이 바로 십자가의 죽음입니다. 그래서 우리는 하나님께서 그리스도 안에서 하신 일, 이 그리스도의 십자가의 죽음으로 인한 성취를 바로 이해할 필요가 있습니다.

● 그리스도 십자가 사건으로 성취된 세 가지

하나님께서 그리스도 안에서 십자가를 통해 이루신 일은 크게 세 가지입니다.

첫째, 죄인의 구원이고,

둘째, 하나님의 공의와 사랑을 계시한 것이며,

셋째, 사탄의 정복입니다.

다시 말하면 죄인인 우리를 구원하고 하나님 자신의 성품을 드러내시며 미혹자인 사탄을 정복한 것입니다. 이 세 가지가 십자가 사건을 통해 성취된 것입니다. 이제 여러분은 하나님께서 그리스도 안에서 십자가를 통해 이루신 이 세 가지 성취를 균형 있게 이해해야 할 것입니다.

● **죄인의 구원**

첫 번째로 대개 복음주의 교회에서는 그리스도의 십자가 성취를 죄인의 구원에 초점을 두고 강조합니다. 그리스도께서 우리 죄의 모든 것을 십자가에서 속죄하셨기 때문에 우리가 부활을 얻었고, 그러므로 우리가 하나님께 나아가 기도해서 응답받고 구원 얻는 삶을 산다는 것이 복음주의 교회에서 강조하는 내용입니다. 저는 이것이 대단히 중요하다고 봅니다. 물론 가장 중요한 것은 인간이 비록 사탄의 미혹을 받아서 타락을 했지만, 그 타락의 책임이 사탄에 있는 것이 아니라 우리 개인에게 있다는 것입니다. 인간의 범죄는 사탄의 미혹을 받았다 할지라도 자기 책임이 가장 큽니다. 그러니까 십자가의 보혈을 통한 죄 사함의 구원을 받아야 합니다.

그러면 우리가 죄 사함을 받았으니 이제 죄가 없습니까?

이것에 대해 구원파는 죄가 없다고 합니다. 죄 사함을 받았으니까 우리는 이제 죄인이 아니라고 말합니다. 물론 법적으로는 죄인이 아닙니다. 그러나 여전히 죄가 있습니다. 우리는 구원받은 의인이지만 동시에 죄인입니다. 우리 안에 죄가 있다는 뜻입니다. 그렇기 때문에 구원파가 이단이라는 소리를 듣는 것입니다.

우리 안에 있는 죄의 문제를 우리 주님이 법적으로 해결했지만, 우리는 날마다 우리 안에 있는 죄를 정복하며 살아야 합니다. 십자가에서 대속의 죽음으로 흘리신 예수의 피는 우리가 처음 구원 얻을 때 뿐 아니라 날마다 필요합니다. 우리는 날마다 구원을 이루며 사는 것입니다. 구원은 과거, 현재, 미래, 삼중적으로 완성됩니다. 구원을 받았고, 지금 구원을 받고 살아야 되며 앞으로는 완전한 구원을 얻을 것입니다. 이것이 삼중의 구원입니다. 그러므로 죄인의 구원, 특히 십자가의 사건이 죄인을 구원하는 것을 강조하고, '회개하고 예수 믿어라'고 하는 것이 복음주의 교회의 핵심이라고 할 수 있습니다.

● 하나님의 사랑과 공의를 계시함

두 번째로 사회 복음을 강조하는 교회에서는 그리스도의 십자가 성취를 하나님의 공의와 사랑의 계시로 보고 하나님의 공의가 이 세상에 실현되어야 한다고 합니다. 그래서 사랑을 실천한다고 하면서 사랑을 강조하고 투쟁을 하거나 예언적인 활동을 합니다. 봉사나 사회적인 활동도 많이 합니다. 이것도 대단히 중요하다고 봅니다. 그리스도의 십자가의 성취 중의 하나가 바로 하나님의 사랑의 계시이기 때문입니다. 위대한 사랑이 우리에게 부어졌다는 것을 십자가는 말하고 있습니다. 이 사랑을 받은 사람은 이 사랑에 감동되어 다른 사람을 사랑하게 되어 있습니다. 이웃 사랑을 강조합니다. 사랑에는 책임이 있는데 이 책임을 지지 않는다고 하면 복음을 믿는 그리스도인의 자세가 아닙니다. 그러므로 사회적인 책임을 강조하는 특별한 교회들의 주장도 맞는 것입니다.

그러나 개인 구원을 무시하고 사회적인 책임만 강조한다면 그것도 문제입니다. 이 두 가지가 다 필요한 것입니다. 로잔 언약 같은 경우에는 두 가지를 다 요구합니다. 개인 구원과 사회적인 책임이 모두 중요하다고 봅니다. 여러분도 교회에서만 사랑하면 되는 것이 아니라 밖에 나가서도 책임을 다해야 합니다.

이 두 가지가 언제든지 동일하게 중요한 것 같지만 그래도 순서가 있습니다. 개인 구원이 앞서야 합니다. 개인 구원이 안되어 있는데 다 제쳐놓고 사회적 책임만 진다는 것이 사회적인 복음을 강조하는 교회의 약점이 아닌가 생각합니다. 구원받는다고 하면서 나가서 투쟁이나 봉사만 한다면 그것은 문제가 되는 것입니다.

● 사탄의 정복

세 번째로 어떤 교회는 그리스도의 권세를 강조합니다. 그리스도의 권세, 십자가의 성취 중에서 사탄의 정복을 강조합니다.

첫 번째로는 십자가의 성취에 대해서 개인의 구원을 강조했습니다.

두 번째로는 사회 복음을 주장하는 교회에서는 십자가의 성취 중에 하나님의 사랑과 공의의 계시를 강조했습니다.

이에 비해서 십자가의 성취 중에 사탄의 정복을 강조하는 특정한 교회가 있습니다. 십자가에서 예수님이 죽으신 것은 바로 사탄을 정복한 사건이었기 때문에 당연한 주장입니다. 십자가 사건은 예수님의 죽음을 가지고 죽음의 세력을 가진 마귀를 밟아버린 사건입니다. 그러므로 강조해야 마땅합니다.

그러나 사탄을 정복하는 그리스도의 복음에 권세와 힘이 있다고 해서 이것을 많이 강조하다 보면 죄인의 구원에 관한 문제, 이 죄의 문제에 대해서는 경시할 가능성이 있습니다. 그래서 사탄의 권세에 대한 이해가 부족한 교회에서는 이런 교회를 비판합니다. 저 교회는 항상 사탄에 대해서만 이야기한다, 귀신이야기만 한다, 이런 식으로 이야기합니다. 그러나 이것은 사탄 이야기를 못하게 하려는 사탄의 역사입니다. 사탄이 어디 있느냐고 하면서 속이는 것이 사탄의 전술이기 때문에 사탄을 정복하는 그리스도 복음을 강조하지 못하도록 하는 것입니다.

그러므로 그리스도의 권세를 강조한 교회는 균형을 가져야 합니다. 사탄을 정복한 그리스도의 복음은 맞지만, 사탄의 정복에 앞서 인간의 책임인 죄의 문제가 더 중요합니다.

'나는 죄인이다.'

이것이 강조되어야 합니다. 이것을 먼저 얘기하지 않고 책임을 전부 사탄에게 위임해서 예수 이름으로 결박한다고 하면 균형을 잃는 것입니다. 이런 교회 중에 이단으로 찍힌 교회가 있습니다. 사실 그게 바른 복음임에도 불구하고 죄의 문제를 강조하지 않기 때문입니다. 죄의 문제를 강조하지 않으면 똑같은 진리를 얘기한다고 해도 사탄만 강조하고 다른 것을 약화시키는 문제가 생깁니다. 아무리 좋은 것이라도 한 부분을 강조하고 다른 부분을 약화시키면 균형이 이루어지지 않습니다. 이단이라는 것이 바로 그런 것입니다. 이단이 모두 틀린 것만은 아닙니다. 어떤 부분은 맞는 것이 있습니다. 신비한 것을 자기들이 발견했다면서 그것만 강조하고 나머지는 우습게 알고 틀렸다고 하는 것이 이단입니다. 끝이 다른 것입니다.

● 그리스도의 십자가, 예수의 피 강조

지금까지 그리스도의 십자가에서 성취했던 것이 세 가지가 있음을 살펴보았습니다. 죄인을 구원하는 것이고, 하나님의 위대한 사랑과 공의의 성품이 드러나게 한 사건이고, 동시에 사탄을 정복한 사건입니다. 이런 것들이 모두 그리스도의 십자가를 통해서 이루어진 것이기 때문에 모든 것의 중심은 그리스도의 십자가입니다. 그래서 우리 교회에서는 십자가를 의도적으로 더욱 강조합니다. 우리 교회는 그리스도가 십자가에서 흘리신 보혈을 중심에 두고 있기 때문에 찬양을 선곡할 때에도 그리스도의 십자가에 대한 피의 찬송을 하고 있습니다.

십자가에서 흘리신 그리스도의 피로 인해 죄인은 죄사함을 받아 구원을 얻고, 그 흘리신 피로써 인간은 하나님과 평화합니다. 하나님의 사랑을 받으며 이웃과 평화하고 사랑으로 나아갑니다. 그리스도가 흘리신 피로써 사탄과 흑암 세력은 정복됩니다. 그래서 저는 십자가를 강조하고, 담임목사는 그리스도의 십자가를 강조하고 예수의 피를 강조하는 목회자라고 교인들에게 알려지기를 소원하고 있습니다. 전에 말씀드린 바와 같이 찬송가 250장 "구주의 십자가 보혈로" 이 찬양을 제가 얼마나 좋아했던지 그때는 흥분해서 우리 가족들에게 "내가 나중에 소천할 때에 이 찬양을 불러라"라고 요청하기도 했습니다.

그리스도의 십자가를 통해서 우리 인생의 죄의 문제, 죽음의 문제, 사탄의 문제, 하나님을 만나는 문제가 해결되었기 때문에 이것을 강조하면서 동시에 이 그리스도의 십자가와 피를 통해서 이루신 위대한 영역 곧 사탄을 정복한 부분에 관해서 이번 사경회 기간 동안에 집중적으로 듣고자 합니다.

● 십자가를 통해 세상을 통치하신다

예수님은 지금 그리스도의 십자가의 보좌를 통해서 이 세상을 통치합니다. 우리 주님께서 죽으신 후 부활 승천하고 하나님 보좌 우편에 앉아서 중보자로서 통치하고 계신 것입니다. 그래서 이 세상이 유지가 됩니다. 믿는 사람이나 안 믿는 사람이나 이 통치 안에 있습니다.

그러면 어째서 하나님은 안 믿는 사람들이 잘 살게 만들기도 하고 부자가 되게도 합니까?

믿는 사람은 아파서 고생하기도 하는데, 어떤 사람은 안 믿는데도 쌩쌩하고 건강해서 잘 먹고 잘 살다가 평안하게 죽습니다.

그 이유는 그리스도의 십자가 때문입니다. 우리 주님께서 부활 승천하셔서 하나님 보좌 우편에 계시는데, 그 보좌를 그리스도의 십자가로 볼 수 있습니다. 십자가를 보좌로 해서 세상을 통치합니다. 만일 그리스도의 십자가를 통해서 이 세상을 통치하지 않는다면 세상은 이미 없어졌을 것입니다. 예수님이 어디 있느냐, 하나님이 어디 있느냐고 반역하는 무리들을 하나님이 용서하신 것은 그리스도의 십자가의 피 때문입니다. 그 피를 통해서 날마다 용서하는 것입니다. 믿는 사람은 물론 안 믿는 사람도 용서합니다. 사탄의 종 노릇 하는 것을 용서합니다.

그리고 이 피를 보고 어서 회개하고 돌아오라고 천년을 하루같이, 하루를 천년같이 기다리십니다. 그런데 안 믿는 사람들이 예수의 피를 우습게 알고 발로 차니까 이 죄가 중대한 것입니다. 결국 이 죄로 인해 지옥에 가게 되기 때문입니다.

● 승리자 그리스도 복음을 알고 누리라

앞으로 우리는 승리자 그리스도의 복음, 예수 그리스도의 십자가를 통해 여자의 후손인 예수님이 사탄의 머리를 발로 밟아버렸다는 메시지를 들을 것입니다. 성경의 주제가 이것입니다. 여자의 후손이 사탄의 머리, 뱀의 머리를 밟아버렸다는 것이 계속해서 흘러나옵니다. 신구약이 얼마나 정확하게 하나님의 말씀을 설명하고 있냐면, 구약에서 뱀의 머리를 밟아버렸다는 것을 신약에서 그대로 십자가에서 사탄을 밟은 사건으로 설명합니다. 이번 복음 특강을 통해 복음 진리 전체에 대한 이해를 바로 갖기를 바랍니다.

어떤 사람은 승리자 그리스도의 복음, 사탄을 정복한 그리스도의 복음이라고 하면, '예수 이름으로 결박될지어다! 예수 이름으로 쫓아내라!'와 같은 식으로 마귀를 때려잡고 쫓아내는 체험 같은 것을 생각합니다. 그러나 그런 것은 절대 유익되지 않습니다. 이번 사경회를 통해 여러분은 하나님의 아들 예수 그리스도의 복음이 능력이고 권능인 것을 알아야 합니다. 은혜를 받아야 됩니다. 은사 몇 가지 받아서는 아무 소용이 없습니다. 은사가 여러분을 구원하는 것이 아닙니다. 하나님의 은혜, 십자가의 복음이 여러분을 구원합니다. 이 능력을 가지면 은사는 나오게 되어 있습니다. 그러므로 뭘 쫓아낸다든지 하는 것들은 굳이 구할 필요가 없는 것입니다.

하나님이 십자가를 통해서 창세 전부터 준비하신 것들 중에서 죄인의 구원과 위대한 사랑의 계시도 있지만, 지금은 사탄을 정복해 버렸다는 복음을 설명하고 있습니다. 여러분은 십자가 사건 중에서 복음에 대한 지평이 넓어져야 됩니다. 이것이 넓어져야 위대한 복음의 비밀을 알고 누리게 됩니다.

여러분이 복음을 알되 조금 밖에 알지 못하면 하나님의 자녀이면서도 이 복음을 적게 누리게 됩니다. 은혜를 받았는데 받은 것을 누리지 못하고 자기가 생각하는 대로 살게 됩니다. 여러분은 위대한 십자가의 복음을 바로 알아야 합니다. 어둠에서 빛으로, 사탄의 권세에서 하나님께로 돌아오게 하는 이 신비한 비밀의 복음이 여러분에게 깊이 이해되어지기를 기원합니다. 승리자 그리스도의 복음의 중요성을 개괄적으로 말씀을 드렸습니다만, 이제는 구체적으로 말씀 드리겠습니다.

(1) 성경은 여자의 후손과 뱀의 후손 간의 영적 싸움의 현장이다

성경은 여자의 후손과 뱀의 후손 간의 영적 싸움의 현장입니다. 창세기 3장[1]에서 요한계시록 20장 10절[2]까지를 보면, 창세기 3장에서 인간

---

1 (창 3:1-15) [1] 그런데 뱀은 여호와 하나님이 지으신 들짐승 중에 가장 간교하니라 뱀이 여자에게 물어 이르되 하나님이 참으로 너희에게 동산 모든 나무의 열매를 먹지 말라 하시더냐 [2] 여자가 뱀에게 말하되 동산 나무의 열매를 우리가 먹을 수 있으나 [3] 동산 중앙에 있는 나무의 열매는 하나님의 말씀에 너희는 먹지도 말고 만지지도 말라 너희가 죽을까 하노라 하셨느니라 [4] 뱀이 여자에게 이르되 너희가 결코 죽지 아니하리라 [5] 너희가 그것을 먹는 날에는 너희 눈이 밝아져 하나님과 같이 되어 선악을 알 줄 하나님이 아심이니라 [6] 여자가 그 나무를 본즉 먹음직도 하고 보암직도 하고 지혜롭게 할 만큼 탐스럽기도 한 나무인지라 여자가 그 열매를 따먹고 자기와 함께 있는 남편에게도 주매 그도 먹은지라 [7] 이에 그들의 눈이 밝아져 자기들이 벗은 줄을 알고 무화과나무 잎을 엮어 치마로 삼았더라 [8] 그들이 그 날 바람이 불 때 동산에 거니시는 여호와 하나님의 소리를 듣고 아담과 그의 아내가 여호와 하나님의 낯을 피하여 동산 나무 사이에 숨은지라 [9] 여호와 하나님이 아담을 부르시며 그에게 이르시되 네가 어디 있느냐 [10] 이르되 내가 동산에서 하나님의 소리를 듣고 내가 벗었으므로 두려워하여 숨었나이다 [11] 이르시되 누가 너의 벗었음을 네게 알렸느냐 내가 네게 먹지 말라 명한 그 나무 열매를 네가 먹었느냐 [12] 아담이 이르되 하나님이 주셔서 나와 함께 있게 하신 여자 그가 그 나무 열매를 내게 주므로 내가 먹었나이다 [13] 여호와 하나님이 여자에게 이르시되 네가 어찌하여

의 타락을 유도하고 미혹한 사탄의 역사가 나온 이후로부터 성경의 모든 역사는 여자의 후손과 뱀의 후손의 싸움으로 이루어집니다. 이것을 이해하는 눈을 갖지 않으면 성경을 잘 모르는 것입니다.

창세기 4장에서 가인과 아벨의 싸움을 시작으로 계속 싸웁니다. 가인 계열과 아벨 계열 혹은 셋 계열까지 계속 싸웁니다. 그 후로도 계속 싸웁니다. 예를 들면, 다윗과 사울, 블레셋과 이스라엘 백성의 싸움이 전부 여자의 후손과 뱀의 후손과의 싸움입니다. 이 싸움이 창세기 3장에서 시작되어 요한계시록 20장 10절에서 끝납니다. 그래서 이 사탄이 없는 곳은 성경에 몇 장밖에 없습니다. 창세기 1장과 2장, 그리고 사탄이 요한계시록 20장 10절에서 지옥에 던져지므로 요한계시록 21장과 22장, 이렇게 4장을 제외하고는 전부 그 안에 사탄의 역사가 있습니다.

그러므로 여러분들이 이 사실을 제대로 모르면 성경을 제대로 모를 뿐만 아니라 이해가 더디어 집니다. 구약에서 사탄의 활동은 감추어져 있습니다. 빛 되신 주님이 오실 때 드러나기 때문에 구약에서는 보이지 않는 것입니다. 그러나 그 안에 사탄의 역사가 가득 차 있습니다.

이렇게 하였느냐 여자가 이르되 뱀이 나를 꾀므로 내가 먹었나이다 [14] 여호와 하나님이 뱀에게 이르시되 네가 이렇게 하였으니 네가 모든 가축과 들의 모든 짐승보다 더욱 저주를 받아 배로 다니고 살아 있는 동안 흙을 먹을지니라 [15] 내가 너로 여자와 원수가 되게 하고 네 후손도 여자의 후손과 원수가 되게 하리니 여자의 후손은 네 머리를 상하게 할 것이요 너는 그의 발꿈치를 상하게 할 것이니라 하시고.

2 (계 20:10) 또 그들을 미혹하는 마귀가 불과 유황 못에 던져지니 거기는 그 짐승과 거짓 선지자도 있어 세세토록 밤낮 괴로움을 받으리라.

(2) 이 세상의 실제 문제는 마귀와 하나님과의 영적 투쟁이라는 관점에서만 바르게 이해되어질 수 있다

성경이 여자의 후손과 뱀의 후손의 영적 싸움의 현장으로 계속 흘러가기 때문에 이 세상의 실제 문제는 마귀와 하나님과의 영적 투쟁이라는 관점에서만 바르게 이해될 수 있습니다. 이것을 잘못 이해해서 이상한 소리한다고 말할 수도 있습니다. 그러나 우리는 어느 때든지 이 세상의 실제 문제가 마귀와 하나님과의 영적 투쟁이라는 관점에서만 바르게 이해된다는 것을 깨달아야 합니다.

여러분이 직면하는 문제들은 여러분 주위에 있는 사람이 일으킨 것이 아니라 배후에 역사하는 어둠의 세력이 있기 때문에 일어난 것입니다. 이것을 모르면 아무리 해도 해결이 되지 않습니다. 국회에서만도 별별 일을 많이 합니다. 그러나 문제는 절대 해결되지 않습니다. UN에서도 국제회의를 몇 번씩하고 쉴 새 없이 일을 하지만 문제가 해결되지 않습니다.

인류사에 나타나는 모든 중요한 사건들의 궁극적인 근원은 그 배후에 있는 마귀입니다.

그러면 인간은 무엇이냐?

사실은 사용되어지는 도구입니다. 인간이 대단한 것 같지만 인간이 타락한 이후로는 마귀의 도구 노릇을 하고 있을 뿐입니다. 그저 손에 들려 왔다 갔다 하는 장기판의 장기짝에 불과합니다. 하나님의 손에 붙잡히면 하나님의 도구가 되고, 마귀에 붙잡히면 마귀의 도구가 되는 것입니다. 둘 중에 하나뿐입니다. 그러므로 예수님을 그리스도로 믿고 하나님의 은혜 속에 들어가지 않으면 전부 마귀의 종 노릇을 하게 됩니다.

지나친 얘기가 아니라 이것이 진실입니다.

● 문제의 배후에 역사하는 사탄

대철학자들이 갖고 있는 위대한 철학이 있습니다. 그러나 그 철학이 예수님이 그리스도라는 것을 방해합니다. 위대한 사상가이고 훌륭한 사람이라도 궁극적으로는 인본주의 사상을 가지고 예수님을 믿지 못하게 만듭니다. 물론 부분적으로는 진리가 있습니다. 모두 틀린 건 아닙니다. 그러나 부분적으로 진리가 있다고 해도 궁극적으로 하나님이 권한 일을 막는다는 점에서 틀리다고 할 수 있습니다. 버트런드 러셀이라는 위대한 철학자가 있습니다. 그의 철학은 그럴듯하고 맞는 것들도 많지만 궁극적으로 그리스도를 못 믿게 합니다. 이런 대철학자도 사탄의 종 노릇을 하는 것입니다. 어떻게 보면 거짓 선지자입니다.

인간의 배후에는 언제든지 하나님의 우주를 전복시키기 위해 혼돈의 상태를 야기하는 어둠의 세력이 있습니다. 그렇기 때문에 우리가 하나님의 은혜에 들어오지 않으면, 사탄의 손에 잡혀서 장기짝처럼 사탄의 종 노릇을 하게 되는 것입니다. 이 마귀란 존재는 타락한 천사이기 때문에 힘이 있습니다. 지치지도 않는 강력한 존재입니다. 우리의 삶 자체를 성경은 에베소서 6장 12절에서 이렇게 얘기합니다.

> 우리의 씨름은 혈과 육에 대한 것이 아니요 정사와 권세와 이 어둠의 세상 주관자들과 하늘에 있는 악의 영들에게 대함이라(엡 6:12).

정사와 권세가 바로 사탄의 세력입니다. 이것이 아주 강력합니다. 우리 인간이 이기지 못합니다. 그러나 사탄이 우리의 배후에 역사한다고 해도 이 세상은 여전히 하나님의 것입니다. 여러분이 세상을 주관하고 다스리는 거 같지만, 세상은 법적으로 하나님의 것이고 그리스도가 통치합니다. 하나님이 그 아들을 보내서서 사탄을 정복하고 우리를 구원하고자 하는 것입니다. 그런데 사실은 사탄이 이 세상을 통치하고 있습니다. 둘 다 맞는 얘기입니다.

누가 이상한 행동을 한다고 해서 그 사람에게 나쁘다고 할 필요가 없습니다. 배후에 역사하는 어둠의 세력이 있다는 것을 알고 그 사탄을 꺾어야 하는 것입니다. 사람은 미울 존재가 아니라 사랑할 존재입니다. 미워하는 것은 그 배후에 역사하는 사탄의 세력 때문입니다.

(3) 사탄에 대한 무지는 사탄을 돕는 것이다

사탄에 대한 무지가 사탄을 돕습니다. 사탄의 최고 전략 중에 하나가 모르게 하는 것입니다. '사탄이 어디 있느냐'고 하는 것입니다. 제가 과거 육사에 있었을 때, 교수들이 앉아서 식사하고 있으면 연천에서 무슨 사건이 나고, 어디에서 무슨 사건이 나고, 병사들이 어떻게 해서 사람을 많이 죽이고 그랬다는 얘기들을 합니다. 그리고 자기들끼리 여러 가지 사회적인 이론들을 얘기합니다. 그래서 제가 그 배후에 영적인 세력이 있어서 그런 것이라고 했습니다. 그 영적인 세력이 뭐냐고 묻기에 사탄의 역사라고 했더니 다들 하하 웃어버립니다. 임덕규는 항상 그리스도만 얘기한다고 하면서 믿지를 않습니다. 이것이 사탄의 전략입니다. 사탄이 활동을 하고 있는데, 사탄이 존재하지 않는다고 알게 해서 인간을 지배하는 것입니다. 무지한 것 자체가 사탄을 돕는 일입니다.

그러므로 영적 세계에 대한 이해가 없다면 신앙은 겉돌게 됩니다. 여러분이 구원을 경험할 때, 참되게 예수님을 그리스도로 믿는 순간에 영적 세계 속으로 들어가게 됩니다. 눈에 보이지 않지만 천군 천사들이 여러분을 돕고 섬깁니다. 과거에는 전혀 관계가 없었는데, 예수님을 믿고 영적 세계에 들어오면, "모든 천사들은 섬기는 영으로서 구원 받을 상속자들을 위하여 섬기라고 보내심이 아니냐"(히 1:14)라는 말씀처럼 천사들이 여러분을 인도하고 보호하고 지켜줍니다. 그러나 영적 세계에는 섬기는 천사뿐 아니라 타락한 천사도 있습니다. 그래서 우리가 이 영적 세계에 대해서 확실하게 알아야 하는 것입니다. 그렇지 못하면 사탄을 돕게 됩니다.

(4) 모든 그리스도인은 영적 전쟁 가운데 있다

모든 그리스도인은 영적 전쟁 가운데 있습니다. 우리는 날마다 아담과 하와가 직면했던 문제를 똑같이 직면하면서 살아갑니다. 여러분이 예수님을 그리스도로 믿고 예수님을 나의 왕으로 믿는다면 왕 되신 그분께 순종해야 합니다. 우리는 매일, 왕 되신 그리스도를 쫓을 것이냐, 아니면 내 마음대로 살 것이냐, 둘 중에 하나를 선택해야 합니다. 아담과 하와가 하나님의 말씀을 들을 것이냐, 아니면 내 정욕대로 살 것이냐, 결정하던 것과 같습니다.

창세기 3장에서 사탄이 아담과 하와에게 하나님이 먹지 말라고 했던 실과를 먹으라고 유혹했던 일이 오늘날 우리에게도 일어납니다. 옛날 얘기가 아니라 우리가 지금 직면한 현실입니다. 의롭게 살 것이냐, 속이고 살 것이냐, 내가 살아날 것이냐, 죽어버릴 것이냐, 이것을 날마다 결정해야 합니다. 그리스도인의 삶 자체가 영적인 전쟁입니다.

(5) 우리가 구원을 얻었다는 것은 사탄과 원수 관계가 되었다는 것이다

우리가 구원을 얻었다는 것은 사탄과 원수 관계가 되었다는 의미입니다. 구원을 얻었으니까 이제 사탄과 관계가 없을 것이라고 생각하면 오산입니다. 구원은 여러 가지로 설명할 수 있습니다. 승리자 그리스도의 복음의 관점에서 봤을 때, 우리가 구원을 얻으면 구원 얻은 상태 자체가 사탄과의 원수 관계입니다. 마귀의 자녀에서 하나님의 자녀로 신분이 바뀌어 집니다. 그래서 과거에는 마귀의 종 노릇을 했는데, 이제 마귀를 떠나고 마귀의 말을 듣지 않게 되었습니다. 마귀와 원수 관계가 된 것입니다. 창세기 3장 15절에 보면 하나님이 그렇게 만드셨다는 것을 알 수 있습니다. 핵심적인 메시지입니다.

> 내가 너로 여자와 원수가 되게 하고 네 후손도 여자의 후손과 원수가 되게 하리니(창 3:15).

여러분이 복음 속에 들어오면 사탄의 역사에서는 적대감이 생기게 됩니다. 사탄의 모형으로 뱀이 있습니다. 어떤 사람은 뱀을 좋아해서 목에 감기도 하는데, 보통은 뱀을 보면 본능적으로 '이 죽일 놈아!'라고 소리칩니다. 여러분은 신세대이기 때문에 뱀을 본 적이 없는 사람도 있겠지만, 저는 시골에서 살았기 때문에 뱀이 지겹도록 돌아다니고 엄청 많아서 자주 보았습니다. 이 뱀이 논둑에서 주르륵 나오면 막대기로 탁 내려 칩니다.

어디를 때려야 죽을까요?

몸뚱이를 때리는 것은 소용없습니다. 머리를 쳐야 죽습니다. 이와 같이 사탄의 머리를 발로 꽉 밟아버려야 죽습니다. 하나님이 이것을 우리가 모형적으로 체험하도록 성경의 계시를 통해 보여 주신 것입니다. 그러므로 마귀에 대한 적의를 가져야 합니다. 이것이 우리에게 덕이 되는 것입니다.

(6) 복음전도는 치열한 영적 전쟁이다

복음 전도는 치열한 영적인 전쟁입니다. 우리가 구원을 얻었다면, 구원을 얻음으로써만 만족해서는 안 됩니다. 왜냐하면 우리는 복음의 증인으로 서도록 부름을 받았기 때문입니다.

… 땅 끝까지 이르러 내 증인이 되리라 …(행 1:8).

이것이 삶의 목적입니다. 여러분의 삶의 목적이 복음을 전하는 것이 되지 않으면, 여러분의 인생은 언제든지 어렵습니다. 복음을 전하기 위해서 인내하고 사랑을 실천하며 때로는 손해를 보는 것도 감수해야 하는데, 싸우고 다투면 그 사람에게 복음을 전하지 못하게 됩니다. 복음 전도를 하려는 그 대상은 사탄의 사람이고 마귀의 종 노릇 하는 이 세상 나라 사람입니다. 이 세상 나라 사람을 잡으려면 먼저 배후에 역사하는 어둠의 세력을 결박해야 합니다. 기도를 많이 해야 됩니다. 여러분의 힘으로는 안 됩니다. 그러므로 이 복음전도는 그야말로 치열한 영적인 전쟁입니다.

사탄의 영역을 침범해서 빼앗아 버리는 것이기 때문에, 사탄은 치명적인 타격을 받게 됩니다. 아무리 교회에 충성하고 서로 사랑하고 바자회를 하고 별별 일을 다 한다고 해도 복음이 없거나 복음전도를 하지 않으면 사탄은 거기서 낮잠을 잘 것입니다. 그러나 복음이 선포되고 그 복음의 선포를 받고 나간 신도들이 전도를 한다면 비상이 걸립니다. 이런 교회는 무시무시하기 때문에 어떻게든지 전도를 하지 못하게 하려고 기를 쓰고 방해합니다.

교회가 어떻게 성장합니까?

여러분이 새벽부터 나와서 열심히 기도를 해야 합니다. 복음전도는 현장에서 사탄과 직접 싸우는 투쟁적인 싸움이란 것을 기억하시기 바랍니다. 이것이 삶의 목적이며 우리로 하여금 승리하도록 만드는 것입니다.

제3장
사탄은 존재하는가?

1. 사탄의 기원과 본질

승리자 그리스도 복음의 중요성, 사탄에 대한 이해가 바르게 되도록 지금까지 얘기해 왔습니다. 그러면 도대체 사탄은 어떻게 생겼고, 어떻게 탄생을 했으며, 또 그 지위는 무엇인지에 대해서 이제부터 알아보도록 하겠습니다.

● 명칭

우선 사탄의 명칭부터 알아보겠습니다. 사탄이라는 말은 대적자라는 뜻입니다. 마귀란 말은 중상자라는 말입니다.

> 큰 용이 내쫓기니 옛 뱀 곧 마귀라고도 하고 사탄이라고도 하며 온 천하를 꾀는 자라(계 12:9).

마귀라고도 하고 사탄이라고도 하니까 마귀와 사탄은 같은 말입니다. 여기서 이 마귀를 단수로 쓸 경우에는 사탄과 의미가 똑같은데, "마귀들과 싸울지라"처럼 복수로 '마귀들'이라고 쓸 경우에는 마귀, 사탄 자체가 아니라 마귀의 졸개들을 말합니다. 사실 우리는 사탄이라는 엄청난 존재와 직접 싸우기보다는 그 부하들인 귀신들과 싸운다고 봅니다. '마귀들'과 싸우는 것입니다.

그러면 어째서 마귀와 싸운다고 하고 사탄을 정복한다고 합니까?

사탄은 편재하게 존재하지 않습니다. 하나님은 무소부재하게 계시지만 사탄은 피조물이기 때문에 동시에 다발적으로 나타날 수 없습니다.

그러면 사탄은 어떻게 동시다발적으로 많은 정보를 얻을까요?

조직을 통해서 합니다. 예를 들어서, 우리가 북한에 대해서 말할 때, '김일성이 와서 다 죽였다!'라고 하지만 사실은 김일성이 직접 오는 게 아니라 김일성의 부하들이 와서 공격하는 것입니다. 이런 것처럼 그 부하들의 조직을 통해 신비하게 연락이 됩니다. 사탄이 편재하지 않기 때문에 마귀라고도 하고, 사탄이라고도 하며 옛 뱀, 큰 용, 악한 자[1]로 불립니다. 이 외에도 바알세불이라고도 하는 등 여러 가지 용어가 있습니다.

● 본질(그리스도를 통해 하나님께 창조 받았다)

사탄의 본질은 피조물입니다. 하나님은 창세기 1장에서 모든 것을 말씀으로 창조했습니다. 요한복음 1장 3절에 이런 말씀이 있습니다.

---

1 (요일 5:19) 또 아는 것은 우리는 하나님께 속하고 온 세상은 악한 자 안에 처한 것이며.

> 만물이 그로 말미암아 지은바 되었으니 지은 것이 하나도 그가 없이
> 는 된 것이 없느니라(요 1:3).

골로새서 1장 16절에도 그리스도를 통해서 하나님의 창조가 되었다고 얘기합니다.

> 만물이 그에게서 창조되되 하늘과 땅에서 보이는 것들과 보이지
> 않는 것들과 혹은 왕권들이나 주권들이나 통치자들이나 권세들이나
> 만물이 다 그로 말미암고 그를 위하여 창조되었고(골 1:16).

보이지 않는 것들은 사단의 세력들입니다. 왕권들, 주권들, 통치자, 이것들은 모두 천사의 세력을 말합니다. 이런 것들이 전부 피조물입니다. 그러므로 사탄은 하나님이 창조한 피조물이라는 것을 우리가 확실히 알아야 할 것입니다.

● 타락한 천사

천사의 영들은 창조된 영적인 존재인데, 이들이 타락했다고 합니다. 그래서 타락한 천사입니다. 베드로후서 2장 4절이라든가, 유다서 1장 6절[2]에 나옵니다.

---

[2] (유 1:6) 또 자기 지위를 지키지 아니하고 자기 처소를 떠난 천사들을 큰 날의 심판까지 영원한 결박으로 흑암에 가두셨으며.

하나님이 범죄한 천사들을 용서하지 아니하시고 지옥에 던져 어두운 구덩이에 두어 심판 때까지 지키게 하셨으며(벧후 2:4).

베드로후서 2장 4절에서 타락한 천사가 바로 사탄과 그 졸개 세력들이라는 것을 얘기하고 있습니다.

● **사탄도 나라로 구성되어 등급과 조직이 있다**

사탄은 등급과 조직이 있고 나라를 구성하고 있습니다. 사탄의 나라입니다. 우리 주님께서 마태복음 12장 25-29절에서 이렇게 말씀을 합니다.

예수께서 그들의 생각을 아시고 이르시되 스스로 분쟁하는 나라마다 황폐하여 질것이요 스스로 분쟁하는 동네나 집마다 서지 못하리라 만일 사탄이 사탄을 쫓아내면 스스로 분쟁하는 것이니 그리하고야 어떻게 그의 나라가 서겠느냐 또 내가 바알세불을 힘입어 귀신을 쫓아내면 너희의 아들들은 누구를 힘입어 쫓아내느냐 그러므로 그들이 너희의 재판관이 되리라 그러나 내가 하나님의 성령을 힘입어 귀신을 쫓아내는 것이면 하나님의 나라가 이미 너희에게 임하였느니라 사람이 먼저 강한 자를 결박하지 않고서야 어떻게 그 강한 자의 집에 들어가 그 세간을 강탈하겠느냐 결박한 후에야 그 집을 강탈하리라 (마 12:25-29).

하나님의 나라가 있고, 세상의 나라가 있습니다. 사탄의 나라가 있습니다. 예수님은 하나님 나라 자체가 되는 분입니다. 그분이 이 세상 나라 속에 들어오셨습니다. 이 세상 속에 하나님의 나라가 들어온 것입니다.

국가를 보면 영토, 주권, 국민이라는 세 가지 요소로 구성되어 있습니다. 이 사탄의 나라도 사탄이라는 통치권이 있고, 그를 따르는 수많은 백성들이 있습니다. 즉 안 믿는 사람들입니다. 그리고 그들의 영역이 있습니다. 사탄이 이것을 통치합니다. 이것이 사탄의 나라요, 세상의 나라입니다.

마찬가지로 하나님의 나라는 예수님이 가지고 오셨는데, 예수님이 왕 되신 통치권을 가지고 있고 우리가 그에게 순종을 합니다. 이것이 우리가 하나님 나라의 백성이 되는 것입니다. 그리고 영적인 세계가 있습니다. 이것이 하나님의 나라이고, 그 가시적인 표현이 교회입니다. 그래서 이 세상에는 하나님의 나라와 세상 나라의 치열한 싸움이 진행되고 있습니다. 여러분이 이것을 알아보는 눈을 가져야 됩니다.

● 사탄은 하나의 국가적인 조직을 가지고 있다

사탄도 이 세상 나라라는 나라를 가지고 있습니다. 사탄의 나라에도 하나의 국가적인 조직이 있고, 사탄은 그런 기구 하에서 왕 노릇을 하고 있습니다. 그 내용을 바로 앞서 살펴 본 마태복음 12장 25-29절에서 예수님이 가르쳐 주셨습니다. 에베소서 6장 12절[3]에서 사용한 "통치자"라는 말도 어떤 정치적인 세력을 가지고 있는 자를 말합니다. 그 다음 "권

---

[3] (엡 6:12) 우리의 씨름은 혈과 육을 상대하는 것이 아니요 통치자들과 권세들과 이 어둠의 세상 주관자들과 하늘에 있는 악의 영들을 상대함이라.

세"라는 말도 권위를 쥐고 앉아 있는 자(power)입니다. 이 "어두움의 세상 주관자" 곧 이 세상을 주관하는 어두운 자가 있습니다. 또한 공중에 있는 악한 영들이 있습니다. 그리스도인은 이들과 싸움을 합니다.

이와 같이 마귀, 사탄에게도 엄연히 국권 조직이 서 있어서 그것이 일사불란하게 통제되고 있습니다. 그리고 그것을 자유자재로 구사해서 틈만 나면 하나님 나라의 진행을 방해합니다. 은혜의 왕국이 펼쳐져서 진행될지라도 마귀의 방해는 여전하여 항상 은혜 왕국의 백성이 된 자들을 엿보고 넘어뜨리고자 합니다. 예수님의 비유는 어떤 한 개인의 생활과 그 일생의 문제를 이야기하려는 것이 아니라, 하나님 나라에 대해서 말하는 것입니다. 마귀의 나라가 어떻게 이 땅 위의 하나님 나라에 대항하고 저항하며, 어떻게 틈을 타들어와 공격하는지를 비유로 가르치는 것입니다.

● **사탄은 편재하지 않는다**

앞서 사탄은 편재하지 않는다고 말씀드렸습니다.

> 그런즉 너희는 하나님께 복종할지어다 마귀를 대적하라 그리하면 너희를 피하리라(약 4:7).

마귀를 대적하면 마귀는 떠날 수 있습니다. 그러나 우리 주님은 편만하게 계시기 때문에 피할 수가 없습니다. 시편 139편 9절에서 10절을 보면, "내가 새벽 날개를 타고 바다 끝에 가서 거주할지라도 거기서도 주의 손이 나를 인도하시며 주의 오른손이 나를 붙드시리이다"라고 말씀합니다.

> 주께서 내가 앉고 일어섬을 아시고 멀리서도 나의 생각을 밝히 아시오며(시 139:2).

즉 없는 곳이 없는 것입니다. 하나님은 무소부재합니다. 여러분 안에 계시고, 온 우주에 안 계시는 곳이 없습니다.

> 너희 안에 계신 이가 세상에 있는 자보다 크심이라(요일 4:4).

세상에 있는 이 세상 신보다 크고 위대한 분이기 때문에 이 분을 여러분의 마음 중심에 모시고 살면 사탄을 두려워할 이유가 없습니다. 우리 주님께서 그들을 십자가에서 밟아버렸습니다. 사탄의 등뼈가 부러져 버렸습니다. 등뼈가 부러졌으면 힘이 없는 것입니다. 여러분이 이걸 모르면 사탄에게 속아서 그의 종 노릇을 하게 됩니다.

- **사탄의 타락의 성경적 근거**
  (사 14:12-15; 겔 28:12-17. 바벨론과 두로에 적용된 말이었을지라도 훨씬 더 넓은 의미가 함축되어 있다)

그러면 어떻게 사탄이 타락했을까?

그것은 정확하게 나와 있지 않습니다. 다음과 같은 의문을 가질 수 있습니다.

'하나님은 왜 인간을 에덴 동산에 두고 사탄을 만들었을까?'

인간이 타락하기 전에 사탄이 오는 것을 보면, 인간을 창조하기 전에 사탄이 타락했다는 것을 알 수 있습니다.

사탄의 타락의 근거에 대해 학자들이 여러 가지로 보기 때문에, 이것도 다수설일 뿐 모든 사람이 인정하는 학설이 아닙니다. 예컨대 제가 존경하는 박윤선 목사님도 사탄의 타락의 근거를 그의 주석에서 구체적으로 말하지 않습니다. 아주 보수적인 학자들 가운데서도 사탄의 타락에 관한 것들은 말하지 않습니다. 그런 것들은 하나님의 비밀에 관한 것이기 때문입니다. 칼빈도 그랬습니다.

그러나 추정해보면 그런 근거가 되는 구절이 없지 않기 때문에, 그 근거들을 크게 두 가지로 보겠습니다.

첫 번째 부분은 이사야서 14장 12-15절에 있습니다.

> 너 아침의 아들 계명성이여 어찌 그리 하늘에서 떨어졌으며 너 열국을 엎은 자여 어찌 그리 땅에 찍혔는고 네가 네 마음에 이르기를 내가 하늘에 올라가 하나님의 뭇 별 위에 내 자리를 높이리라 내가 북극 집회의 산 위에 앉으리라 가장 높은 구름에 올라가 지극히 높은 이와 같아지리라 하는도다 그러나 이제 네가 스올 곧 구덩이 맨 밑에 떨어짐을 당하리로다(사 14:12-15).

바벨론 왕에게 하는 얘기이지만 여기에서 '아침의 아들 계명성'을 말하고 있습니다.

두 번째 부분은 에스겔서 28장 12-17절에 나타납니다.

> 인자야 두로 왕을 위하여 슬픈 노래를 지어 그에게 이르기를 주 여호와의 말씀에 너는 완전한 도장이었고 지혜가 충족하며 온전히 아름다웠도다 네가 옛적에 하나님의 동산 에덴에 있어서 각종 보석 곧 홍보석과 황보석과 금강석과 황옥과 홍마노와 창옥과 청보석과 남보석과 홍옥과 황금으로 단장하였음이여 네가 지음을 받던 날에 너를 위하여 소고와 비파가 준비되었도다 너는 기름 부음을 받고 지키는 그룹임이여 내가 너를 세우매 네가 하나님의 성산에 있어서 불타는 돌들 사이에 왕래하였도다 네가 지음을 받던 날로부터 네 모든 길에 완전하더니 마침내 네게서 불의가 드러났도다 네 무역이 많으므로 네 가운데에 강포가 가득하여 네가 범죄하였도다 너 지키는 그룹아 그러므로 내가 너를 더럽게 여겨 하나님의 산에서 쫓아냈고 불타는 돌들 사이에서 멸하였도다 네가 아름다우므로 마음이 교만하였으며 네가 영화로우므로 네 지혜를 더럽혔음이여 내가 너를 땅에 던져 왕들 앞에 두어 그들의 구경거리가 되게 하였도다(겔 28:12-17).

이사야서 14장과 에스겔서 28장을 타락의 근거로 볼 수 있는 이유는 한마디로 교만입니다. 교만이란 하나님께 반역하는 것입니다. 우리가 타락한 것도 전부 교만하기 때문입니다. 이 교만이라는 것이 없는 사람은 없습니다. 본문은 사탄을 향해서 직접 얘기한 것이 아니라 바벨론과 두로 왕에게 전한 말이었습니다. 그러나 이 말이 바벨론과 두로 왕에게 적용되었다 할지라도 훨씬 더 넓은 의미가 있습니다. 바로 사탄의 타락의 근거로 보는 것입니다.

사탄이라는 천사가 타락을 했습니다. '기름 부음을 받고 지키는 그룹임이여'에서 '그룹'은 사탄을 말합니다. '그룹'이라는 말이 천사를 말하는 것이므로 이것을 보고 천사가 타락했다고 봅니다. 그런데 사탄이 타락하면서 많은 졸개들을 데리고 같이 타락을 합니다. 그 근거는 요한계시록 12장 4절에서 찾을 수 있습니다.

> 그 꼬리가 하늘의 별 삼분의 일을 끌어다가 땅에 던지더라 용이 해산하려는 여자 앞에서 그가 해산하면 그 아이를 삼키고자 하더니(계 12:4).

"그 꼬리가"라고 하는데, 용의 꼬리를 말합니다. "하늘의 별 삼분의 일을 끌어다가 땅에 던지더라"라는 말씀은 사탄이 타락한 천사들, 곧 천사들 중에 삼분의 일을 끌어다가 자기 부하로 만들었다고 해석합니다. 그러나 이 의견에 찬성하지 않는 사람도 있다는 것을 알아두시기 바랍니다.

● 원창조설

다수가 사탄의 타락의 근거를 이사야서 14장과 에스겔서 28장, 그리고 졸개들의 세력은 요한계시록 12장에서 보는데, 어떤 사람들은 창세기 1장, 특히 1장 2절을 근거로 그들이 타락했다고 해석하기도 합니다.

> 태초에 하나님이 천지를 창조하시니라(창 1:1).

> 땅이 혼돈하고 공허하며 흑암이 깊음 위에 있고 하나님의 영은 수면 위에 운행하시니라(창 1:2).

혼돈, 공허는 사탄의 역사입니다. 한번 창조했다가 사탄의 반역으로 인하여 다시 창조했다고 보는 것입니다. 이것이 원창조설입니다. 마틴 로이드 존스 같은 사람이 그런 식으로 얘기합니다. 감리교 금란교회의 목사님이 가끔 설교집을 목사님들에게 보내서 저도 그것을 받아보았는데, 그분도 이 주장을 인정하고 있었습니다.

원창조설은 스코필드라는 사람이 스코필드 성경을 쓰면서 전파되기 시작했던 것으로 이에 관한 것은 크게 신빙성은 얻지 못하고 있습니다. 최초에 창조할 때, 혼돈처럼 어떤 형태가 이루어지지 않는 상태에서 만들었다고 보는 것이지, 사탄에 의해 타락되어서 혼돈되었다고 보지는 않습니다.

● **사탄이 견디지 못하는 사람(찬양하는 사람, 겸손한 사람)**

이사야서 14장과 에스겔서 28장에서 본 것과 같이 사탄은 교만해서 타락했습니다. 그래서 인간을 교만하게 만들어 자기 부하로 삼습니다. 사탄은 교만이 본질입니다. 그러므로 누구든지 교만한 사람은 사탄의 종 노릇합니다.

그러나 사탄이 견디지 못하는 두 가지가 있습니다. 하나는 하나님 찬송을 부르는 것입니다. 찬송 가운데 하나님이 거하시기 때문에 찬양을 하면, 특히 피의 찬양을 하면 사탄이 결박당합니다. 여러분에게 뭔가 두려움이 온다면 예수의 피의 찬송을 하면 됩니다.

또 하나는 겸손한 것입니다. 사탄은 겸손한 자 앞에서 견디지 못하고 도망갑니다. 본래 교만하기 때문입니다. 인간의 근본적인 고통은 교만에서 나옵니다. 사탄의 역사인 것입니다. 돈이 있으면 그것을 가지고 교만합니다. 지식이 있으면 그것을 가지고 교만하고, 외모가 좋으면 그것을 가지고 교만하고, 무슨 재능이 있으면 그거 가지고 또 교만합니다. 돈이 많은 사람치고 교만하지 않은 사람을 거의 본 적이 없습니다. 부자로 교만하게 사는 사람보다 먹고 사는데 지장 없을 정도로만 돈을 가지고 사는 사람이 행복자입니다. 여러분은 이것이 전부 사탄의 역사라는 것을 알고 겸손하고 성령 충만해야 합니다. 그러면 사탄은 여러분을 넘보지 못할 것입니다.

● 하나님 나라든가 세상 나라든가 둘 중에 하나

사탄의 역사가 없다고 생각하거나 있든 없든 상관없다고 생각할 수도 있으나 절대 그렇지 않습니다. 이 세상이라는 것은 비유적으로 말하면, 지뢰밭과 같습니다. 요즘은 지뢰밭이 별로 없지만, 제가 60년도에 전방에 갔을 때는 지뢰가 엄청 많았습니다. 그래서 군인들이 모르고 지뢰를 밟아 죽기도 했습니다. 어디에 지뢰가 있는지 모르기 때문에 잘못해서 지뢰를 밟으면 터져서 다리가 날아가고 죽는 것입니다.

이 세상이 바로 그렇습니다. 어느 날 건들건들 걸어 다니다가 지뢰를 밟아서 죽는 것입니다. 사탄이 올무를 만들어서 걸리게 만듭니다. 잘 나가다가 시험에 듭니다. 여러분이 빛 속에서 가면 올무를 만나더라도 하나님께서 천군천사를 이용해서 사탄이 만든 올무를 치워 주십니다. 믿음과 기도 속에서 하루를 감사함으로 지내지 않고, 잘 나간다고 자기 마음대로 건들건들 다니다보면 사탄의 역사에 걸리기 쉽습니다. 인간관계가 틀어지고, 싸우고, 다투고, 손해보고, 잘못 결정하게 됩니다.

그러므로 성령 충만 받아서 사탄의 역사를 없애고, 내 마음 중심에 하나님의 나라를 이루고 다녀야 합니다. 세상 나라든가 하나님 나라든가 둘 중에 하나입니다. 여러분이 하나님 나라에 속하지 않으면 세상 나라에 속합니다. 그 둘 밖에 없기 때문입니다. 하나님의 손에 붙잡히지 않으면 사탄의 손에 붙잡힙니다. 사탄은 엄청나게 센 존재이기 때문에 하나님을 떠난 사람을 틀림없이 잡아냅니다.

그러므로 여러분은 언제든지 주님의 손에 붙잡혀야 합니다. 붙잡히는 방법이 믿음입니다. 사탄을 정복한 그리스도를 믿는 믿음을 충만하게 가지면, 사탄이 무엇을 하든 하나님께서 모든 올무를 천군 천사들을 이용해서 치우십니다. 그래서 형통합니다. 여러분에게 어떤 문제가 생기더라도 기도하다 보면 해결됩니다. 문제가 생긴 것은 우리로 하여금 뭔가 훈련시킨 다음에 새로운 축복을 주기 위한 것이기 때문에 걱정할 것 없습니다. 기도하며 기다리면 됩니다. 이렇게 해서 여러분이 승리하시기를 주님의 이름으로 축원합니다.

2. 신구약 성경이 증거하는 사탄

예수님은 그리스도시요 살아 계신 하나님의 아들이십니다. 예수님은 하나님의 아들 그리스도라는 증거로서 십자가에서 우리 죄를 대신해서 피 흘려 죽으시고 죽은 자들 가운데서 부활하셨습니다. 부활하신 예수님은 지금 성령으로 우리 가운데 역사하고 계십니다. 그래서 "성령의 충만함을 받으라!"라고 명령을 합니다. 이 성령의 충만을 받아야 하나님의 나라가 여러분의 마음 중심에 세워지고, 어둠의 나라, 세상 나라를 이길 수가 있습니다. 여러분에게 하나님 나라가 충만하게 임하면 이 나라의 백성답게 살 수 있도록 하나님이 은혜를 베푸시게 되어 있습니다. 가는 곳에 하나님의 은혜가 나타납니다. 그래서 승리하는 것입니다.

우리는 하나님의 나라가 이 세상 속에 들어와서 사탄의 나라, 이 세상 나라를 정복한다는 복음의 메시지를 듣고 있습니다. 사탄의 나라에서 왕 노릇 하는 이 세상 임금 사탄을 성경에서는 구체적으로 어떻게 증거하고 있는지 계속해서 보겠습니다.

(1) 구약

● 모형적으로 언급

구약성경은 사탄이라고 직접 거명한 것이 그렇게 많지 않습니다. 창세기 3장에서 모형적으로 언급한 것부터가 시작입니다. 창세기 3장 1절부터 15절이 사탄의 역사가 나타나는 유명한 장입니다. 여기에 보면, 창세기에 뱀의 배후로 나오는 사탄을 신약성경에서는 옛 뱀이라고 하고 마귀라고도 하며 사탄이라고도 합니다. 요한계시록 12장 9절과 20장 2절에 그렇게 나오기 때문에 구약에서는 사탄을 모형적으로 얘기한다고 말합니다. 그래서 우리는 뱀 속에 사탄이 들어갔다는 것을 알고 있는 것입니다.

● 구체적으로 언급

구약성경에서 사탄에 대해 구체적으로 언급한 부분이 있습니다. 욥기 1장 6절입니다.

> 하루는 하나님의 아들들이 와서 여호와 앞에 섰고 사탄도 그들 가운데에 온지라(욥 1:6).

하나님의 아들들은 천사들입니다. 그 가운데 사탄도 천사들과 함께 하나님 앞에 나왔습니다. 추정해 보건대, 구약 시대에는 사탄도 하나님 앞에 나올 수 있는 것이 가능했던 것 같습니다.

> 대제사장 여호수아는 여호와의 천사 앞에 섰고 사탄은 그의 오른쪽에 서서 그를 대적하는 것을 여호와께서 내게 보이시니라(슥 3:1).

십자가에서 사탄을 정복하고 참소하는 자를 쫓아내 버리기 전에는, 구약성경에 나온 것과 같이 사탄이 하나님 앞에 나와서 참소하고 비방하는 것이 허락되어 있었던 것으로 생각됩니다. 그러나 이제는 참소도 못하게 만들었습니다. 우리 주님이 십자가에서 하나님께 참소할 수 있는 모든 죄를 도말하셨기 때문에 이제는 참소하는 권한을 없애버린 것입니다. 그래서 사탄은 하나님 앞에 감히 나올 수도 없는 존재가 되었습니다.

● **구약성경에 사탄에 대한 언급이 적은 이유**

그렇다면 구약성경에 사탄에 대해 직접 언급한 부분이 그렇게 많지 않은 이유가 무엇일까요?

사탄이 없다는 뜻일까요?

앞서 설명한 바와 같이 창세기 3장에서 인간이 타락한 이후로부터 사탄의 역사는 계속 되었습니다. 여자의 후손과 뱀의 후손 간의 문제, 사탄의 통제를 받고 있는 문제가 계속 되는 것을 보면, 사탄이 그 안에 편만하게 들어 있는 것을 알 수 있습니다.

구약 전반에 걸쳐서 사탄과 그의 권세자들과 악한 영의 역사가 계속 되는데, 왜 구체적으로 나타나지 않을까요?

이들의 구체적인 활동이 감추어져 있는 이유는 때가 되면 뱀의 머리를 상하게 할 여자의 후손이 인간의 몸으로 땅에 올 때 사탄의 역사가 드러나도록 만드셨기 때문이라고 해석됩니다. 모든 영광을 빛 되신 우리 주님께 돌리는 것입니다. 어둠 속에 숨어 있다가 의의 태양이 찬란하게 들어오니까 전부 드러나는 것입니다.

그래서 구약에는 사탄이 별로 안 나오는 것에 반해, 신약성경에서는 예수님이 메시아 권세를 사용하자마자 사탄이 드러납니다. 예수님이 오시면 사탄이 도망갑니다. 빛 되신 우리 주님의 영광을 위해서 구약성경에서는 감추어져 있다가 주님이 오셔서 사탄의 역사를 꺾어 버리는 것입니다.

(2) 신약

● 거짓의 아비

신약성경에서는 우리 주님이 구체적으로 말씀하신 것만 보겠습니다.

> 너희는 너희 아비 마귀에게서 났으니 너희 아비의 욕심대로 너희도 행하고자 하느니라 그는 처음부터 살인한 자요 진리가 그 속에 없으므로 진리에 서지 못하고 거짓을 말할 때마다 제 것으로 말하나니 이는 그가 거짓말쟁이요 거짓의 아비가 되었음이라(요 8:44).

안 믿는 유대인들에게 "너희는 너희 아비 마귀에게서 났으니"라고 하는데, 여기서 이 마귀란 어떤 자입니까?

처음부터 살인한 자입니다.

무엇을 얘기합니까?

창세기 3장과 4장 사건을 얘기한다고 봅니다. 사탄이 인간을 범죄하게 해서 죽음을 가져오게 만들었다는 말입니다. 그러므로 창세기 3장 사건을 무슨 우화나 설화, 또는 단군 신화 정도로 보는 것은 말이 안 됩니다. 우리 주님이 분명히 요한복음 8장 44절에서 사탄은 처음부터 범죄하게 만들어서 인간을 죽인 자라고 말씀하셨습니다.

● 이 세상 임금

우리 주님은 사탄을 이 세상 임금이라고 세 번이나 말씀하셨습니다.

> 이에 이 세상의 대한 심판이 이르렀으니 이 세상의 임금이 쫓겨나리라(요 12:31).

예수님이 십자가에서 죽으시면 세상 임금 사탄은 쫓겨나게 되어있습니다. 예수님은 요한복음 14장 30절에서 다음과 같이 말씀하셨습니다.

> 이 후에는 내가 너희와 말을 많이 하지 아니하리니 이 세상의 임금이 오겠음이라 그러나 그는 내게 관계할 것이 없으니(요 14:30).

요한복음 16장 11절에서는 다음과 같이 말씀하셨습니다.

> 심판에 대하여라 함은 이 세상 임금이 심판을 받았음이라(요 16:11).

사탄이 이 세상 임금입니다. 이 세상 왕입니다. 사도 바울은 고린도후서 4장 4절에서 "이 세상의 신"이라고도 얘기했습니다. 마귀가 바로 그런 존재입니다. "이 세상의 임금"에서 "이 세상"이라는 말은 물질적인 표현도 될 수 있지만, 세상의 것 중에서 세상 사람을 가리킵니다.
"하나님이 세상을 이처럼 사랑하사"(요 3:16)라고 할 때, 그 세상은 세상 사람을 가리키는 것입니다. 그러므로 이 세상 임금이라는 말은 세상의 모든 사람들, 예수님을 그리스도로 영접하지 않는 모든 사람들의 임금이라는 뜻입니다. 그 통치 안에 있는 것입니다. 마귀의 종 노릇을 한다고 하니까 기분 나쁘다고 생각할 수도 있습니다. 그러나 그것은 성경이 말씀하는 것이기 때문에 어쩔 수가 없습니다. 예수님을 그리스도로, 예수님을 왕으로 영접해서 그분의 권세에 복종하지 않는 한은 누구든지 사탄의 권세에 복종하고 있는 상태입니다. 이 세상 풍속대로 살고 있는 것입니다.

사탄이 만들어놓은 이 세상 문화가 있습니다. 물론 근본적으로 하나님이 건전한 문화를 만드셨습니다. 이것이 타락했고, 그 문화 그대로 세상 사람이 살아가고 있습니다. 우리는 주일에 이쪽으로 오는데 그들은 저쪽으로 갑니다. 자기 풍속대로 살기 때문입니다. 자기 풍속대로 제사 지내고 무엇이든 합니다. 그러나 그것은 사탄이 배후에서 역사하는 것입니다.

우리 주님은 이 세상 임금인 마귀를 멸하기 위해서 오셨습니다.

> 죄를 짓는 자는 마귀에게 속하나니 마귀는 처음부터 범죄함이라 하나님의 아들이 나타나신 것은 마귀의 일을 멸하려 하심이라(요일 3:8).

마귀에 대한 것이 죄악을 멸하게 하는 것입니다. 죄를 지으면 마귀에게 속하게 되어 있습니다. 여러분이 범죄를 했다면 사탄에 속한 자가 되는 것입니다. 사탄이 지배합니다. 빨리 회개하고 돌아와야 합니다.

이와 같이 성경은 세상 임금이 우리를 지배한다고 분명하게 얘기합니다. 구약에서는 애매하게 되어있지만, 빛 되신 우리 주님께서는 세상 임금 사탄에 의해서 지배되고 있는 이 세상에 오셔서 빛을 비추고 '내가 사탄을 정복하러 왔다'고 말씀하시는 것입니다.

어떻게 정복하십니까?

자신의 죽음으로 죽음의 세력을 잡은 자, 마귀를 정복하십니다. 다시 말하면, 십자가의 대속의 죽음을 가지고 죽음의 세력을 잡은 자 마귀를 정복하는 것입니다.[4] 이것을 위해 예수님이 오셨습니다.

3. 사탄의 지위: 과거, 현재, 미래

(1) 과거

● 타락한 후 범죄한 인간 지배

지금까지 사탄의 기원과 타락을 보았습니다. 이제 사탄의 지위에 대해서 일견하고, 구체적인 것을 자세하게 보도록 하겠습니다.

사탄의 지위는 과거는 무엇이었겠습니까?

요약하면, 타락한 후에 범죄한 인간을 지배하고 있었습니다. 그래서 죽음의 형벌 집행자입니다.

> 자녀들은 혈과 육에 속하였으매 그도 또한 같은 모양으로 혈과 육을

---

4 (히 2:14) 자녀들은 혈과 육에 속하였으매 그도 또한 같은 모양으로 혈과 육을 함께 지니심은 죽음을 통하여 죽음의 세력을 잡은 자 곧 마귀를 멸하시며.

함께 지니심은 죽음을 통하여 죽음의 세력을 잡은 자 곧 마귀를 멸하시며(히 2:14).

인간이 사탄의 말을 듣고 타락을 했습니다. 누구 말을 듣고 따른다면 그 사람의 부하라는 말입니다. 어떤 사람이 여러분에게 무언가를 하라고 했을 때 그 말을 들으면, 여러분은 그 사람의 편이 되는 것입니다. 마찬가지로 하나님의 말씀을 듣지 않고 사탄의 말을 들으면 사탄에 예속한 자가 됩니다. 사탄의 부하가 되고, 사탄의 종 노릇 하게 된다는 말입니다.

● 하나님의 경륜으로 죽음의 형벌 집행자가 되었으나 후에 폐지됨

그렇다면 하나님은 왜 그렇게 만드셨을까요?
어째서 사탄의 예하에 있게 만들어서 고통을 당하게 할까요?
그것은 하나님의 경륜입니다. 인간이 하나님께 범죄해서 하나님을 떠나고 죽음이 선고되었습니다. 그때 사탄을, 죽음의 세력을 집행하는 집행자로 임명했다고 해석을 합니다. 그래서 사탄을 죽음의 세력을 잡은 자 마귀라고 하는 것입니다. 세상 사람들이 죽으면 염라대왕이 끌고 간다고 하는데, 어떤 의미에서는 일리가 있는 말입니다. 히브리서 2장 14절의 "죽음의 세력을 잡은 자 곧 마귀"라는 말은 하나님께서 범죄한 인간들을 처벌하기 위해서 하나님의 경륜상 마귀를 사망의 집행자로 임명한 것을 말합니다. 마귀가 인간의 죄를 벌하시는 하나님의 경륜에 이용되는 것입니다.

그러나 이제 사망의 세력을 잡은 자 마귀를 하나님의 아들이 와서 쳐 버립니다. 그래서 마귀는 사망의 세력은커녕 경미한 권세도 가지지 못한 자가 되었습니다. 과거에는 하나님의 경륜상 인간을 지배하고 죽음의 형벌까지 집행하는 자였지만, 우리 주님이 오신 후로는 그 권세가 폐지된 것입니다.

(2) 현재

● 십자가 사건 후 흑암에 갇힘

그러면 현재는 사탄의 상태는 어떠할까요?

십자가의 사건 이후에 사탄은 어디에 있습니까?

현재는 흑암에 갇혀있다, 혹은 세상에 갇혀있다고 봅니다. 베드로후서 2장 4절이라든가, 유다서 1장 6절을 보면 알 수 있습니다. 베드로후서 2장 4절에는 다음과 같이 말씀합니다.

> 하나님이 범죄한 천사들을 용서하지 아니하시고 지옥에 던져 어두운 구덩이에 두어 심판 때까지 지키게 하셨으며(벧후 2:4).

"어두운 구덩이에 두어" 이것을 흑암으로 봅니다. 영적인 세력을 가두어 놓은 것입니다. 그것을 세상에 가두어 놨다고도 말합니다. 이 세상은 흑암의 세상입니다. 하나님이 없는 곳입니다. 하나님이 없는 곳에 사탄이 존재하고, 인간을 지배합니다.

그러나 하나님이 계시고 그분이 나사렛 예수로 오셨다고 믿는 자에게서는 사탄이 도망칩니다. 예수님이 오시면 빛 속에 있는 것이고, 빛이 없다고 하면 어둠 속입니다. 어둠 속에 가두어놨다는 것은 빛이 오셨기 때문에 사탄이 즉시 갇히는 것입니다.

(3) 미래

● 지옥에 던져짐

미래에는 사탄이 어떻게 될까요?
미래에는 지옥에 던져 집니다. 요한계시록 22장 10절[5]에서 마지막으로 이 사실을 확증하겠습니다.

4. 사탄의 역사 체험

● 육신적 체험 불필요, 알기만 하면 된다

사탄을 정복하는 그리스도 얘기를 하니까 사탄의 역사, 귀신들의 역사를 체험해 봐야 귀신을 쫓아낼 수 있다고 생각하는 사람이 있는데 그건 대단히 위험한 생각입니다. 사탄의 역사나 귀신의 역사는 체험할 필

---

[5] (계 22:10) 또 내가 말하되 이 두루마리의 예언의 말씀을 인봉하지 말라 때가 가까우니라.

요가 없습니다. 육신적 체험도 불필요합니다. 사탄이라는 존재가 확실하게 있다는 것만 알면 됩니다. 이것을 모르면 사탄에게 잡히고 사탄의 종 노릇 하게 되는 것입니다. 사탄은 사기꾼이고 속이는 자입니다. 사기꾼과 속이는 자들은 상대방이 사기꾼의 정체를 알게 되면 그 사람에게 절대 가지 않습니다. 그러므로 알기만 하면 되는 것입니다. 일부러 사기를 당해서 저 사람이 사기꾼이었구나, 할 필요가 없습니다. 육신적인 체험은 불필요한 것입니다.

● 귀신들리면 귀신이 보인다

만약 귀신을 체험하거나 사탄을 체험했다면 그것은 귀신들린 사람입니다. 상식적으로 생각해볼 때, 사탄이 눈에 보이거나 귀신이 눈에 보인다면 큰일인 것입니다.

어쩌다 한 번 귀신이 나오면 쫓아내겠지만, 여기서 나오고 저기서 나오면 어떻게 살겠습니까?

요즘에는 화장실이 방에 붙어있지만, 제가 어렸을 때 시골에 살 때는 화장실이 멀리 있었습니다. 그래서 저녁에 화장실에 가는 길이 엄청 무서웠습니다. 집에서 화장실까지 가려면 마당을 건너서 가야 하는데, 그 길이 겁나서 동생을 깨워서 같이 가기도 했습니다. 그러니 거기서 사탄이 나타난다면 놀라서 자빠져버릴 것입니다. 사탄이라는 건 정상적인 사람한테는 보이지 않습니다. 하나님이 그렇게 섭리하셨습니다.

그런데 귀신들린 사람들의 체험이나 수기를 읽어보면, 특히 무당들이 이런 체험을 합니다. 귀신이 눈에 보입니다. 『와이 지저스』라는 책을 쓴 박에녹이라는 사람이 있는데, ROTC 출신이라 그런지 귀신의 세계에 대해 나름대로 잘 이해하고 책을 썼습니다. 귀신들의 세계에는 워낙 거짓말이 많기 때문에 그 내용이 진짜인지 가짜인지는 제대로 알 수가 없지만 그 책을 통해 귀신 체험에 대해 밝혔습니다.

박에녹은 그의 어머니가 일찍 돌아가셔서 어렸을 때 부모로부터 받은 사랑을 그 부모에게 충분하게 갚지 못했습니다. 효도하지 못한 것이 한이 맺히고 어머니를 사모하다 보니 나중에는 어머니 귀신이 들어오게 되었습니다. 귀신이 들린 것입니다. 귀신이 들어오는 체험을 들어보면, 마치 전기가 전구를 통해서 들어올 때 선을 통해서 들어오는 것 같다고 합니다. 무엇인가가 들어오는 느낌이라는 것입니다.

예전에 귀신들린 사람에게서 귀신이 떠났다는 말을 듣고 그 사람에게 복음을 전하려고 고양시에 있는 원당에 간 적이 있습니다. 바짝 마른 사람이었는데, 귀신 체험에 대해 물어보니 귀신이 들어올 때면 따끔따끔하다고 합니다. 육체적으로 뭔가 들어온다는 것입니다. 그럴 때 가만히 있으면 귀신이 들어오는 것입니다. 들어와서 장악합니다. 이들의 말에 의하면 귀신이 들어올 때는 전기가 들어오는 것과 같다고 합니다. 귀신 들린 상태는 전기가 들어와서 환해진 상태인 것입니다.

그런데 전기가 들어오면 타기 마련입니다. 무언가가 타서 빛이 나오는 것처럼 귀신이 안에 들어와서 역사가 있으면 많은 에너지가 소모됩니다. 그래서 비쩍 마르고 아주 고통스러운 것입니다. 그러다가 귀신이 나갈 때가 있습니다. 그때 쉽니다. 그리고 다시 귀신이 들어오면 자기 임의로 살지 못하고 고생합니다. 귀신이 나가면 그제야 쉴 수 있습니다.

김일성이 죽은 날을 예언해서 유명해진 심진송이라는 사람이 있습니다. 지금도 이 사람의 점괘를 보려는 사람이 하도 많아서 3년간의 예약이 모두 마감되었다고 합니다. 그가 쓴 책들을 보면, 동자승이 자기 남편 위에 올라오는 것이 보인다고 합니다.

그러나 우리는 아무리 봐도 보이지 않습니다. 보이지 않아야 정상입니다. 그러므로 귀신은 체험할 필요가 없는 것입니다. 그 존재가 있다는 것을 알기만 하면 됩니다. 그리고 우리 주 그리스도께서 십자가에서 사탄과 모든 졸개들을 발로 밟아서 완전히 정복하고 우리에게 권세를 주었다는 것을 믿어야 합니다. 감히 아무도 우리를 건드리지 못합니다.

> 하나님께로부터 나신 자가 그를 지키시매 악한 자가 그를 만지지도 못하느니라 (요일 5:18).

이 신앙을 가지면 됩니다. 여러분이 이 신앙을 가진 것을 알면 사탄은 도망가 버립니다. 여러분이 이것을 모르기 때문에 붙잡혀 유혹 당하는 것입니다.

제4장
인간의 타락과 사탄의 역사

지금까지 사탄에 대한 개요를 들었습니다. 이제부터는 본격적으로 인간을 지배하고 타락시키는 사탄의 역사, 인간의 타락 현장을 보고자 합니다.

인간의 타락의 배후에는 사탄의 역사가 있었습니다. 사탄은 인간을 범죄하게 해서 인간으로 하여금 하나님을 떠나게 만듭니다. 죄에 대해서 단순히 무슨 실수를 했다든가 나쁜 일을 했다는 것으로만 생각할 것이 아닙니다. 죄란 단순한 악이 아니라 그 배후에 사탄의 역사가 있는 것입니다.

사실은 사탄을 죄의 창시자라고 봅니다. 요한계시록 20장 2절 이하에 보면, 사탄을 무저갱에 가두었다가 나중에 지옥에 던집니다. 사탄을 가둠으로써 온 세상에 죄가 없어졌기 때문에 그 후에 이어지는 천년왕국은 번영을 합니다. 죄를 일으키고 배후에서 역사하는 자를 지옥에 가두어 버린 천국에는 사탄이 없습니다. 이와 같은 사탄의 역사를 인간의 타락과 더불어 살펴보겠습니다.

1. 행위 언약

● 아담: 오늘날 우리가 받은 영생,
   곧 그리스도 안에 있는 생명이 없었다

하나님은 본래 하나님의 형상대로 인간을 창조하시고 인간과 교제하는 조건을 우리에게 주셨습니다. 그것이 순종의 법인 율법입니다. 다시 말하면, 행위 언약입니다. 인간을 하나님의 형상대로 만들었다는 말은 하나님과 교제하는 존재로 만들었다는 의미입니다. 그러므로 우리는 하나님과 교제하며 사는 것이 정상적인 삶입니다. 하나님과의 교제가 없으면 아무리 잘 먹고 출세해도 언제든지 공허합니다. 하나님이 그렇게 만드셨기 때문입니다.

하나님은 교제의 조건으로 하나님의 법, 율법을 지키라고 하셨습니다.

율법이 무엇입니까?

인간이 범죄하기 전의 율법은 '선악을 알게 하는 나무의 실과는 먹지 말라 먹는 날에는 죽으리라'는 말씀이었습니다. 이 율법이 나중에 이스라엘 백성들의 시내산 언약에서 십계명으로 발전합니다. 더 구체화되어 '하나님의 명령들을 지키라'고 하는 것입니다. 이 율법을 지키는 가운데 계속해서 하나님과 영광스런 교제가 있도록 하나님이 그렇게 만드셨습니다.

● 선악을 알게 하는 나무와 생명나무

에덴 동산에는 선악을 알게 하는 나무의 실과만 있는 것이 아니라 생명나무도 있었습니다.

생명나무를 먹으면 영생을 할 텐데 왜 그것은 먹지 않았을까요?

추정컨대, 하나님께서 생명나무를 먹는 방법과 절차 같은 것을 가르쳐주지 않았기 때문에 못 먹었을 것으로 생각합니다. 그리고 하나님의 경륜상 처음부터 그리스도 안에서 인간을 구원하기 위해서 인간을 만드셨기 때문에, 생명나무를 먹기 전에 먼저 선악을 알게 하는 나무의 실과를 먹지 말라는 명령을 거역하게 했다고 볼 수 있습니다.

● 아담과 하와의 의

아담과 하와가 탄생했을 때 그들은 무죄했습니다. 무죄하고 의로운 상태가 되어있었습니다. 그러나 그때의 의는 오늘날 우리가 가지고 있는 의와 다릅니다. 그때의 의는 하나님의 아들 예수 그리스도로 말미암은 의가 아니라, 독자적으로 깨끗하게 태어났기 때문에 가지고 있는 범죄하지 않은 상태의 의입니다. 그것은 언제든지 타락할 가능성이 있는 의입니다. 그러니까 타락한 것입니다.

생명나무가 하나님의 아들 그리스도입니다. 에덴 동산에 있었던 아담의 의는 아직 예수 그리스도 안에 있는 의를 받지 못한 상태의 의였습니다. 필연적으로 불완전한 의입니다. 물론 좋은 의지만 오늘날 우리와 하나님의 관계에서 보면 비교도 안 됩니다. 하나님이 생명나무의 과실을 먹어도 된다고 말씀하지 않았기 때문에 아담은 돌아다니면서도 그것을 먹지 않고 다른 것들만 먹었을 것입니다. 그러다가 마귀의 유혹으로 인하여 소위 행위 언약이라고 하는 율법을 범하게 됩니다. 그것이 창세기 2장 17절[1]입니다.

최초의 아담 안에는 그리스도 안에 있는 생명이 없었습니다. 오늘날 우리가 받은 영생이 없었습니다. 하나님의 경륜은 어떤 의미로 보면, 영원한 생명을 얻도록 하기 위해서 인간의 타락과 죄를 허용하셔서 아담이 본래 갖고 있는 의보다 더 완벽하고 위대한 의, 생명나무의 의를 우리에게 주셨다고 볼 수 있습니다. 생명나무는 그리스도 안에 있는 의이므로 하나님은 이 의를 준비하시기 위해서 창세 전에 삼위 하나님 간에 세우신 구속언약을 가지고 우리를 구원하신 것입니다.

● **하나님과 교제: 말씀, 기도, 순종**

하나님과 인간 사이의 교제의 조건은 '선악을 알게 하는 나무의 실과는 먹지 말라 너희가 먹는 날에는 정녕 죽으리라'라는 약속입니다. 두 사람이 교제를 할 때, '언제 어디에서 보자'라고 약속을 합니다.

그런데 교제하기로 한 약속을 지키지 않으면 어떻게 됩니까?

그 교제가 깨집니다.

인간이 아무리 하나님의 형상으로 만들었다고 해도 여전히 피조물입니다. 창조주와 피조물 사이에는 간극이 있습니다. 하나님의 형상으로

---

1 (창 2:17) 선악을 알게 하는 나무의 열매는 먹지 말라 네가 먹는 날에는 반드시 죽으리라 하시니라.

만들어졌기 때문에 교제할 수 있다는 것과 인격적인 교제란 점에서 인간들 사이의 교제와 똑같지만, 그는 창조주이고 우리는 피조물이기 때문에 넘을 수 없는 벽이 있습니다. 하나님은 인간에게 선악을 알게 하는 나무를 보여 주면서 '너는 피조물이라는 것을 알고 나와 교제해야 된다'고 하셨습니다.

왜 선악을 알게 하는 나무의 실과를 만들어놓고 교제하게 만들었느냐고 얘기할 수도 있습니다. 그 이유는 우리가 선악을 알게 하는 나무를 보면서 '저는 피조물이고 당신은 언제든지 영광스러운 하나님이십니다. 저는 당신의 명령에 복종하는 자입니다'라는 고백과 함께 엎드려야 될 존재라는 것을 알게 하기 위함입니다. 이런 마음을 가져야 하나님과의 교제가 지속됩니다.

선악을 알게 하는 나무의 실과를 먹지 말라는 말씀이 지배하는 한, 우리는 언제든지 하나님의 은총과 빛 속에 살 수 있습니다. 그러나 이 말씀을 듣지 않으면 하나님께 반역하는 것입니다. 군인들의 경우, 지휘관이 어떤 명령을 했다면 그게 법입니다. 그 명령을 듣지 않으면 항명죄가 되고 감옥에 가게 됩니다. 심하면 사형도 당합니다. 마찬가지로 하나님이 인간에게 명령을 했는데 지키지 않았다면 반역하는 것입니다. 하나님은 우리를 경배하고 찬미하는 존재로 지으셨습니다. 하나님과 같이 되려고 하면 안 됩니다. 하나님은 언제든지 우리가 피조물이라는 것을 인정하면서 하나님과 교제하기를 원하십니다.

여러분이 하나님과 교제한다는 것이 무슨 말입니까?

기도하고, 하나님의 말씀을 듣고 순종하는 것입니다. 지금 하나님의 말씀을 듣는 것과 기도해서 하나님께 얘기하는 것들이 모두 교제입니다. 그렇게 주고받는 것이 교제인 것입니다. 어렵게 생각할 필요가 없습니다. 우리가 서로 만나서 교제할 때, 옛날에 재밌었던 일이나 지금까지 있었던 일들을 얘기하고 상대방 얘기를 듣는 것과 같습니다. 이렇게 교제를 하려고 언제 어디서 만나자고 했는데 상대방이 그 자리에 나오지 않으면 그 교제는 깨지는 것입니다.

조건은 하나뿐입니다. 하나님과 교제할 때, 그분을 높이고 찬양하며 경배하고 영광을 돌리는 것이 우리의 일입니다. 그리고 하나님은 우리에게 은혜를 부으시고, 생명을 주시고, 우리를 다스리십니다. 하나님께서 하시는 말씀을 듣고, 기도하면서 서로 주고받는 것이 인생의 축복입니다.

어떤 사람은 설교를 듣다가 하나님 말씀에 무엇인가가 걸려서 기분이 상했다고 합니다. 그러면 그 순간에 마귀에게 잡힙니다. 하나님의 말씀을 싫어하게 되면 사탄이 들어오게 되어 있습니다. 그러므로 절대 시험에 들면 안 됩니다. 설교하는 사람 또한 정신을 바짝 차려서 사람을 시험 들게 하면 안 됩니다. 저도 조심하고 있습니다.

교제의 조건은 쉽게 얘기해서 세 가지입니다. 말씀과 기도와 순종입니다. 그래야 교제가 지속됩니다.

● **예배: 기도**

기도하고 경배하고 찬미하고 예배하는 모든 것들이 우리가 하나님께 드리는 것입니다. 예배의 가장 핵심은 기도하는 것입니다.

예배를 어떻게 생각하십니까?

설교를 듣는 거라고 생각하기 쉬운데, 사실 예배의 본질은 기도입니다. 구약 시대에는 제사를 지냈는데, 이 제사가 예배였습니다. 그러나 신약 시대에는 제사를 지내지 않습니다. 구약 시대에 제사 지내는 것이 신약 시대에 기도하는 것입니다. 기도보다 더 중요한 것이 없습니다. 그래서 우리 주님은 교회를 가리켜 만민이 말씀을 듣는 집이라고 하지 않고, '만민이 기도하는 집'이라고 하셨습니다. 그러므로 교회에 와서는 기도해야 됩니다. 기도하는 것이 하나님께 예배드리는 것이고, 예배의 본질입니다. 제가 칠천번제 기도를 하라고 입을 벌려서 얘기하는 이유입니다. 기도의 체질이 되어야 합니다.

아담과 하와는 특정한 때에 하나님과 교제했던 것 같습니다. 날이 서늘하고 약간 어두울 때면 아담과 하와는 주님께서 오신 것을 알고 기다렸습니다. 하나님은 영이시기 때문에 눈으로 볼 수 없으므로 우리가 하는 것처럼 아담과 하와도 믿음으로 하나님께서 오신 것을 알았을 것입니다.

● 창세기 3장 사건: 인간의 타락과 회복과 복음이 모두 들어 있다

하나님과의 교제가 자연스럽게 이루어지다가 창세기 3장에서 큰 사건이 일어납니다. 복음에 대한 특별한 이해가 있는 분들은 창세기 3장 사건이라고 얘기하는데, 저도 이것을 창세기 3장 사건이라고 명명할 만한 가치가 있다고 생각합니다. 구약성경에서 가장 중요한 장이 있다고 한다면 그건 바로 창세기 3장입니다.

창세기 3장에는 인간의 타락과 회복과 복음이 모두 있습니다. 인간이 범죄하고, 인간을 다시 회복시켜서 복음이 들어가게 하는 모든 과정이 들어 있습니다. 특히 3장 15절에는 모든 축복이 들어 있습니다. 그러니

심히 놀라운 장입니다. 창세기 3장 사건을 얘기하면, 그 교회를 떠나는 사람들이 있는 반면, 인간이 타락했으나 여자의 후손이 뱀의 머리를 밟아버렸기 때문에 승리했다는 복음이 확실하게 훈련된 사람도 있습니다. 우리 교회는 제가 창세기 3장 사건에 대해 분명하게 얘기하고 있으므로 더욱 힘 있게 여자의 후손이 뱀의 머리를 밟아버렸다는 승리자 그리스도 복음에 대한 확실한 이해가 있기를 바랍니다.

여기에서 말하는 여자의 후손으로 오신 분이 주님입니다. 여자의 후손되시는 동정녀 마리아에게서 태어난 예수님이 십자가에서 사탄을 발로 밟았습니다. 십자가에서 죽으시는 그 죽음의 순간이 바로 사탄을 밟는 순간이었습니다. 이것이 핵심입니다. 주님이 사탄을 밟아버렸기 때문에 우리도 예수님의 이름으로 사탄을 밟아버릴 수 있습니다. 이러한 권세가 우리가 누리는 복음인 것입니다.

2. 인간의 타락과 사탄의 역사

(1) 창세기 3장 사건은 역사적 사건이다

이제부터 창세기 3장 사건의 본론에 들어갑니다.

> 그런데 뱀은 여호와 하나님이 지으신 들짐승 중에 가장 간교하니라 뱀이 여자에게 물어 이르되 하나님이 참으로 너희에게 동산 모든 나무의 열매를 먹지 말라 하시더냐 여자가 뱀에게 말하되 동산 나무의 열매를 우리가 먹을 수 있으나 동산 중앙에 있는 나무의 열매는 하나

님의 말씀에 너희는 먹지도 말고 만지지도 말라 너희가 죽을까 하노라 하셨느니라 뱀이 여자에게 이르되 너희가 결코 죽지 아니하리라 너희가 그것을 먹는 날에는 너희 눈이 밝아져 하나님과 같이 되어 선악을 알 줄 하나님이 아심이니라 여자가 그 나무를 본즉 먹음직도 하고 보암직도 하고 지혜롭게 할 만큼 탐스럽기도 한 나무인지라 여자가 그 열매를 따먹고 자기와 함께 있는 남편에게도 주매 그도 먹은지라 이에 그들이 눈이 밝아져 자기들이 벗은 줄을 알고 무화과나무 잎을 엮어 치마로 삼았더라 그들이 그날 바람이 불 때 동산에 거니시는 여호와 하나님의 소리를 듣고 아담과 그의 아내가 여호와 하나님의 낯을 피하여 동산 나무 사이에 숨은지라(창 3:1-8).

14, 15절이 핵심 구절입니다.

여호와 하나님이 뱀에게 이르시되 네가 이렇게 하였으니 네가 모든 가축과 들의 모든 짐승보다 더욱 저주를 받아 배로 다니고 살아 있는 동안 흙을 먹을지니라 내가 너로 여자와 원수가 되게 하고 너의 후손도 여자의 후손과 원수가 되게 하리니 여자의 후손은 네 머리를 상하게 할 것이요 너는 그의 발꿈치를 상하게 할 것이니라 하시고(창 3:14-15).

● **창세기 3장은 알레고리인가? 아닙니다!**

인간의 타락과 나중에 회복시키는 것을 예언한 창세기 3장 사건을 알레고리로 이해하는 사람들이 있습니다. 그들은 이 사건이 피조물에 대한 내용일 뿐 진짜라고 말할 수 있는 것은 아니라고 주장합니다. 다시 말하면 역사적인 사건이 아니라고 보는 것입니다. 예전에 선교회 간사님이 침례신학교에서 신학공부를 하셨습니다. 창세기를 공부한다고 하시기에 제가 물었습니다.

"집사님, 그 교수님은 창세기 3장의 사건을 어떻게 해석하던가요?
나무의 실과를 어떻게 해석합니까?
비유적으로 해석합니까?"

그렇게 해석한다고 합니다. 창세기 3장 사건을 역사적인 사건으로 보지 않고, 그게 사과면 어떻고 무화과나무면 어떠냐는 식으로 보는 것입니다. 그렇게 가르치고 있었습니다. 그래서 이렇게 얘기했습니다.

"그건 아닙니다. 역사적인 사건으로 봐야 합니다. 알레고리라든가 비유적으로 보면 안 됩니다."

사도 바울은 창세기 3장 사건을 고린도후서 11장 3절에서 역사적 사실로서 얘기하고 있습니다.

> 뱀이 그 간계로 하와를 미혹한 것같이 너희 마음이 그리스도를 향하는 진실함과 깨끗함에서 떠나 부패할까 두려워하노라(고후 11:3).

디모데전서 2장 13, 14절에서도 창세기 3장의 타락 사건, 사탄에게 속은 사건을 그대로 인용하고 있습니다.

> 이는 아담이 먼저 지음을 받고 하와가 그 후며 아담이 속은 것이 아니고 여자가 속아 죄에 빠졌음이라(딤전 2:13-14).

이것을 알레고리라고 하면, 이것이 거짓이 됩니다. 그러므로 반드시 역사적 사실로 믿어야 합니다.

● **창세기 3장은 역사적 사실이다**

창세기 3장의 인간의 타락 사건은 성경에서 가장 비극적인 장이라고 볼 수 있습니다. 그래서 이것을 역사적인 사실로 믿지 않는 신학자들도 많이 있습니다. 창세기 1장과 2장에 보면 하나님이 첫 사람 아담을 만듭니다. 그런데 창세기 3장에서 아담이 타락하는 사건을 비유나 설화로 보면 성경의 우리 주 예수 그리스도도 실제 인물이 될 수 없게 됩니다.

"첫 사람 아담"(고전 15:45)이라고 말합니다. 그리고 예수님을 "둘째 사람"(고전 15:47) 또는 "마지막 아담"(고전 15:45)이라고 말합니다. 첫 사람이 있고, 첫 사람이 실패한 것을 둘째 사람이 와서 회복합니다. 첫 사람 아담, 그리고 마지막 아담 혹은 둘째 사람 아담으로 성경은 설명하기 때문에 첫 사람 아담을 우화나 설화라고 하면 예수 그리스도의 복음은 허구가 됩니다. 첫 사람이 우화라면, 둘째 사람인 예수님이 오신 것도 우화라고 볼 수밖에 없는 것입니다.

첫째 사람이 실제로 존재했고 실패했기 때문에 똑같은 둘째 사람이 율법을 지킵니다. "선악을 알게 하는 나무의 열매는 먹지 말라"(창 2:17)는 말씀을 우리 주님이 오셔서 이 율법을 지킵니다. 그리고 지키지 못한 죄까지 모두 감당합니다. 왜냐하면 우리 주님은 첫 사람이 실패한 것을 회복하기 위하여 오셨기 때문입니다.

창세기 3장의 사실을 역사로 믿지 않으면 복음이 허구가 됩니다.

20세기 중반의 대신학자 칼 바르트라는 사람이 이 사건을 역사적 사실로 믿지 않았습니다. 이런 식으로 말하는 사람이 많습니다. 그러나 매우 잘못된 생각입니다. 여러분은 이것을 확실하게 알고 역사적 사실로 믿어야 합니다. 절대 속으면 안 됩니다.

● 죄의 삯은 사망

"죄의 삯은 사망이요"(롬 6:23)라고 하는데, 왜 사망이라고 합니까?
하나님이 창세기 3장 19절에서 '네가 내 명령을 어겼음으로 너는 흙으로 돌아가라'고 사망의 선고를 했기 때문입니다. 하나님께 범죄한 값이 바로 죄의 삯으로 나오는 사망입니다. 그러나 창세기 3장을 역사적 사실로 제대로 믿지 않으면, 이 모든 것이 허구가 됩니다. 안타깝게도 많은 사람들이 비유적으로 믿거나 명목상으로 믿습니다. 누구든지 죽음에 직면해 있기 때문에 더욱 '죄의 삯은 사망'이라는 것을 알아야 하는데, 죽음을 죄 값이라고 인정하지 않습니다.

● 실존주의 철학자들의 오류

죽음을 창세기 3장 사건의 결과로 보지 않는다면, 죽음이라는 것이 대체 무엇입니까?
많은 사람들이 자연 현상의 일부라고 생각합니다. 소위 실존주의자들의 주장입니다. 하이데거나 사르트르 같은 20세기 초반의 위대한 실존주의 철학자들이 지금도 크게 인정받고 있습니다. 이런 철학자들은 죽음이라는 것이 자연 현상에 불과하다고 얘기합니다. 나무가 살았다 죽는 것처럼 인간이 죽는 것도 자연스러운 일이므로 두려워할 필요가 없다고 합니다. 그냥 자연으로 돌아간다고 보는 것입니다.

● 죽음은 형벌의 결과

죽음이 자연 현상입니까?

자연 현상이라는 것은 예를 들면, 키가 자라고 저녁에 잠을 자는 것처럼 평안하고 두려움이 없습니다. 그런데 우리가 죽음을 맞을 때 보면, 두려움과 공포가 있습니다.

왜 그렇습니까?

형벌이기 때문입니다. 이 형벌은 우리 조상 아담과 하와가 범죄한 사건의 결과로 모든 인류에게 들어왔습니다. 아담과 하와가 모든 인류의 머리요, 대표이기 때문입니다. 대표가 실패하면 모두 실패하는 것입니다. 대한민국의 대표 선수가 국제대회에 나가서 꼴찌를 하면 대한민국이 꼴찌를 했다고 합니다.

축구에서 우승했다고 하면, 그 선수들이 이긴 것입니까?

대한민국 모든 사람의 승리입니다. 마찬가지로 첫 사람 아담이 모든 인류의 머리입니다. 안 믿는 타락한 인류의 머리입니다. 그러나 둘째 사람, 마지막 아담은 구원받은 모든 사람들의 우두머리입니다. 그래서 둘 중의 하나를 선택해야 됩니다. 첫 사람 아담에 속해 있느냐, 아니면 마지막 아담에 속해 있느냐, 둘 중에 하나입니다. 첫 사람 아담에 속해 있으면 죽음과 저주에 놓이게 됩니다. 둘째 사람, 예수님을 우리의 대표로 모시면 생명과 영생이 있습니다. 실로 놀라운 일입니다. 그래서 창세기 3장 사건을 역사로 믿어야 하는 것입니다.

(2) 마틴 루터의 창세기 3장에 대한 분명한 이해

창세기 3장이 얼마나 중요한지에 대해 마틴 루터는 분명하게 얘기한 바 있습니다. 창세기 3장에 관한 것, 인간의 타락에 관한 것들을 초대교회에서는 잘 알고 있었습니다. 잘 알았기 때문에 힘 있게 사탄의 역사를 정복하고 꺾으며 살았습니다. 그러나 중세시대에 들어오면서 이 복음이 없어지게 됩니다. 연구는 많이 했지만 사탄을 정복하는 복음이 없어졌기 때문에 사탄의 존재도 유야무야 없어지고 말았습니다. 심지어 유명한 어거스틴조차도 창세기 3장을 이해하지 못했습니다. 비유로 알고 있을 뿐이었습니다.

그런데 종교개혁가인 마틴 루터가 창세기 3장에 대한 역사적 사실성을 새롭게 발견합니다. 루터는 사탄을 정복한 메시지를 알고 있기 때문에 루터의 요리문답을 보면 대단히 힘이 있습니다. 마틴 루터가 쓴 찬송가가 있는데, 사탄을 정복한 대장 예수님을 따라가면 이긴다는 내용의 찬송입니다. 그 찬송가는 힘이 있고 용감합니다. "내 주는 강한 성이요"라는 찬송을 마틴 루터는 사탄을 정복하면서 불렀습니다.

그때 당시 마틴 루터를 죽이려 했던 자들이 누구였습니까? 교황들을 비롯한 모든 사람들이 사탄의 하수인들이었습니다. 사탄과의 치열한 싸움을 했기 때문에 루터는 누구보다도 이 사실을 잘 알았습니다. 그래서 앞으로 창세기 3장에 대한 설교의 상당 부분은 루터의 창세기 강해를 참고해서 설명을 하려고 합니다.

루터는 창세기 3장을 아주 자세하게 다룹니다. 죄와 모든 악이 어떻게 세상에 침투해 왔는지를 확실하게 알려줍니다. 이 세상 속에 사탄의 역사가 들어왔습니다. 로마서 5장 12절에 보면 죄가 세상에 들어왔다고 얘기합니다. 죄를 인격시하고 있습니다.

그 말이 무슨 뜻입니까?

죄라는 것은 어떤 상태인데, 그 죄가 인격시 됐다는 것은 배후에 창세기 3장에서 죄를 짓게 한 사탄의 역사가 있다는 것을 의미합니다. 죄의 배후에 인격이 들어 있는 것입니다. 그래서 로마서 5장 12절에서 "그러므로 한 사람으로 말미암아 죄가 세상에 들어오고"라고 얘기합니다. "한 사람으로 말미암아"라는 말씀은 아담으로 말미암아 죄가 세상에 들어왔다는 것을 말합니다. 죄가 세상에 들어왔다는 말은 그 안에 죄의 인격적인 세력이 있는데, 그것이 이 세상에 들어왔다는 뜻입니다. 사탄의 역사라는 것을 사도 바울이 설명한 것입니다. 모든 죄악은 사탄으로 인해서 이 세상에 침투하는 것입니다. 하나님은 계시를 통해서 이 사실을 정확하게 알려주고 있습니다.

● 세상에 전해 내려온 설화나 고전

세상에 있는 많은 역사와 오랫동안 전해져온 설화나 고전을 보면, 옛날 옛적에 찬란한 천국이 있었다, 혹은 무슨 낙원이 있었다고 합니다. 에덴 동산과 같은 찬란한 것이 있었다는 전설이 인간 사회 속에 전승으로 내려온 것입니다.

아담이 몇 세까지 살았습니까?

930세까지 살았습니다. 그렇게 오랫동안 사는 동안 후손들에게 가르쳤을 것입니다.

'하나님이 신령한 첫 사람으로 나를 만들었는데, 하나님과 교제하다가 하나님께 반역해서 에덴 동산을 떠나게 되었고, 그 후로 고생을 했다. 그러나 하나님께서 말씀하시기를, 앞으로 여자의 후손이 오니까 이걸 믿고 구원 얻으라고 하셨다.'

아마도 930년 동안 살면서 만나는 모든 사람들에게 이렇게 얘기했을 것입니다. 그래서 그것이 전승되어 왔을 것입니다.

그런데 놀랍게도 에덴이나 찬란한 환상은 남아있는데, 사탄의 역사와 인간의 타락은 사라졌습니다. 사탄이 인간을 미혹해서 멸망시킨다는 얘기는 어느 곳에도 없습니다. 오직 성경에만 있습니다.

왜 그렇습니까?

추정이지만, 사탄이 이 사실을 모르게 했을 것이라고 봅니다. 이것이 알려지면 자기의 존재가 드러나기 때문입니다. 그래서 사탄에 대한 것만 전승되지 못했습니다.

종교가 어떤 의미로는 사탄의 종 노릇을 합니다. 예수님을 그리스도로 믿지 못하게 하기 때문입니다. 하나님과 그 아들 예수 그리스도를 못 믿게 합니다. 십자가의 사건을 못 믿게 하고, 인간의 타락을 못 믿게 합니다. 인간이 타락해버린 것은 무슨 노력을 해도 해결할 수 없습니다. 그런데 종교로 그것이 해결된다고 얘기합니다. 이것이야말로 하나님을 대적하는 것입니다. 하나님을 못 믿게 만드는 것이 곧 사탄의 종 노릇입니다. 사탄의 앞잡이 노릇을 하는 것입니다.

(3) 실제 유혹자는 사탄이었다

뱀은 여호와 하나님이 지으신 들짐승 중에 가장 간교하니라(창 3:1).

뱀이 유혹을 한다고 나옵니다. 실제 유혹자는 요한복음 8장 44절[2]이나 고린도후서 11장 3절[3], 요한계시록 12장 9절[4]에 보는 것과 같이 마귀입니다. 옛 뱀 곧 마귀라고도 하고 사탄이라고도 하는 자[5]입니다. 옛날 아담과 하와를 멸망시켰던 그것이 바로 사탄과 마귀라고 분명하게 말합니다. 실제 유혹자가 마귀 곧 처음부터 살인한 자라고 주님이 말씀하셨습니다. 거짓말쟁이요, 거짓의 아비입니다. 사탄은 입을 벌렸다 하면 거짓을 말합니다. 사탄의 특징이 거짓말입니다. 이 세상 신이 다스리는 이 세상은 거짓말투성이입니다. 거짓의 아비가 마귀이기 때문입니다.

여러분은 빛의 자녀로서 거짓을 말하면 안 됩니다. 정직하게 살아야 됩니다.

빛의 열매는 모든 착함과 의로움과 진실함에 있느니라(엡 5:9).

---

2 (요 8:44) 너희는 너희 아비 마귀에게서 났으니 너희 아비의 욕심대로 너희도 행하고자 하느니라 그는 처음부터 살인한 자요 진리가 그 속에 없으므로 진리에 서지 못하고 거짓을 말할 때마다 제 것으로 말하나니 이는 그가 거짓말쟁이요 거짓의 아비가 되었음이라.

3 (고후 11:3) 뱀이 그 간계로 하와를 미혹한 것같이 너희 마음이 그리스도를 향하는 진실함과 깨끗함에서 떠나 부패할까 두려워하노라.

4 (계 12:9) 큰 용이 내쫓기니 옛 뱀 곧 마귀라고도 하고 사탄이라고도 하며 온 천하를 꾀는 자라 그가 땅으로 내쫓기니 그의 사자들도 그와 함께 내쫓기니라.

5 (계 20:2) 용을 잡으니 곧 옛 뱀이요 마귀요 사탄이라 잡아서 천 년 동안 결박하여.

그것이 여러분이 하나님의 자녀라는 특징입니다.

(4) 사탄은 자기 말로써 하나님의 말씀을 공격한다

> 뱀이 여자에게 물어 이르되 하나님이 참으로 너희에게 동산 모든 나무의 열매를 먹지 말라 하시더냐(창 3:1).

사탄이 유혹을 할 때, 이런 식으로 어떤 부분이 어긋나게 얘기합니다. 그래서 뱀 자체가 마귀가 아니라 뱀 속에 사탄이 들어갔다고 보는 것입니다. 사탄은 마치 하나님이 내린 금지 명령이 잘못된 것처럼 말합니다. 하나님이 정말로 너희에게 동산 모든 나무의 실과를 먹지 말라고 했냐고 놀란 척 물으면서 그 말씀에 대한 신앙을 흔듭니다. 이것이 사탄의 전략입니다. 하나님의 선하신 뜻을 공격합니다. 하나님께서 동산 나무의 실과를 먹지 못하게 한 것이 선하지 못한 것처럼 교묘하게 말을 바꿉니다.

아담과 하와가 실과를 먹지 말라고 하신 하나님의 말씀을 가지고 있었을 때는 그 속에 하나님의 빛이 있었고, 그걸 지키는 것이 바로 하나님께 대한 예배이고 경배였습니다. 여러분이 예배에 참석했는데, 하나님 말씀을 듣지 않고 여러분에게 재미있는 것을 듣다가 축도가 끝났다면 여러분은 예배를 드린 것이 아닙니다. 왜냐하면 하나님의 말씀이 우리 마음에 경배를 일으키기 때문입니다. 그리고 한 주 동안 하나님 말씀에 순종하는 삶을 살다가 와서 예배를 드려야 진정한 예배가 되는 것입니다.

그런데 사탄이 하나님의 말씀이 뭔가 잘못된 것처럼 의심을 가지게 만듭니다. 이것이 뱀이 궁극적으로 갖고 있는 목표입니다. 자기 말로써 하나님의 말씀을 공격합니다. 하나님의 말씀을 잃어버리면 전부 잃어버리는 것입니다. 이것이 핵심입니다. 아담에게 하신 말씀은 "선악을 알게 하는 나무의 열매는 먹지 말라 네가 먹는 날에는 반드시 죽으리라"(창 2:17)입니다. 그러나 뱀은 "참으로 너희에게 동산 모든 나무의 열매를 먹지 말라 하시더냐"(창 3:1)라고 애매모호하게 얘기해서 사람을 속입니다. 더구나 직접 계시가 아닌 간접적으로 계시를 전달받은 하와에게 먼저 갔습니다. 하와는 확신이 부족하기 때문에 쉽게 유혹하기 위함이었습니다. 만약 아담에게 그렇게 얘기했다면 뱀에게 '하나님의 말씀을 방해하는 사탄아, 물러가라!'라고 하면서 쫓아냈을 것입니다. 사탄이 하는 일이 그렇게 교활한 것입니다. 말로써 하나님의 말씀을 공격해옵니다.

(5) 모든 악은 불신 또는 하나님의 말씀과 하나님께 대한 의심에서 생긴다

사탄은 갖은 노력과 시도를 다해서 하나님의 말씀으로부터 사람을 이간시킵니다. 그리고 그 말씀을 변질시키고자 합니다. 말씀을 빼앗고 말씀에 대한 신뢰를 잃어버리게 해서 자기 말을 듣게 만듭니다. 이러면 인간은 끝납니다. 불신이라는 것은 하나님의 말씀에 대한 신뢰가 없는 것입니다. 사탄은 하나님 말씀을 몰아내고 더럽힌 다음에 자기 말을 심으려고 합니다. 이것이 문제인 것입니다.

하와는 사탄의 거짓말에 의해서 하나님의 말씀을 떠났기 때문에 나무에 접근해서 나무의 실과를 따먹을 수 있었습니다. 하와가 가서 보니 먹음직하고 좋아서 먹은 것이 아닙니다. 맨 처음에 그 나무를 볼 때는 먹음직스럽거나 보암직하게 보이지 않았습니다. 하나님을 경배하고 찬미하는 마음으로 봤었습니다. 그것을 잊어버리고 사탄의 말을 들으니까 눈이 달라져 버린 것입니다. 여러분 안에 하나님 말씀을 잃어버리면, 예수와 그리스도의 복음을 잃어버리면, 세상이 눈에 크게 보이게 됩니다. 그러므로 하와가 사탄의 거짓말에 의해서 하나님의 말씀을 떠나 버렸을 때, 이미 타락했던 것입니다.

사탄이 하나님의 말씀으로부터 하와를 떼어놓기 위해 한걸음 더 나아갑니다. 하와가 아담처럼 확실하게 '아니다!'라고 말하고, '사탄아 물러가라!'라고 하면 되었을 것입니다. 그러나 하와는 다음과 같이 말합니다.

> 여자가 뱀에게 말하되 동산 나무의 열매를 우리가 먹을 수 있으나 동산 중앙에 있는 나무의 열매는 하나님의 말씀에 너희는 먹지도 말고 만지지도 말라 너희가 죽을까 하노라 하셨느니라(창 3:2-3).

창세기 2장 17절의 말씀과 조금 달라졌습니다. 하나님께서는 '네가 먹으면 반드시 죽으리라'라고 말씀 하셨는데, 하와는 "죽을까 하노라"라고 애매하게 얘기합니다. 게다가 말씀을 바꾸기도 합니다. '먹지 말라'고만 했는데, "만지지도 말라"라는 말을 덧붙여서 말씀을 변질시키고, 말씀에 대한 신뢰를 다르게 갖게 합니다.

● 죄의 근본은 말씀의 포기

여러분은 죄의 근본이 말씀의 포기라는 것을 알고, 항상 하나님의 말씀을 듣고 믿음이 충만해야 합니다. 모든 믿음은 하나님의 말씀에 기초한 것입니다. 말씀을 덮어놓고 무조건 믿는 사람이 있는데, 그렇게 믿으면 안 됩니다. 믿음의 기초가 하나님의 말씀이기 때문에 말씀을 들어야 믿음이 생깁니다.

> … **믿음은 들음에서 나며** …(롬 10:17).

우리는 들어야 됩니다. 이 말씀을 잃어버리면 죄악에 빠지는 것입니다. 말씀이 있는 곳에 반드시 믿음이 있습니다. "선악을 알게 하는 나무의 열매는 먹지 말라 네가 먹는 날에는 반드시 죽으리라 하시니라"라는 말씀이 있으면, 이 말씀이 그들에게 생명이고, 예배이고, 경배이며 축복이어야 합니다. 이 말씀 속에 믿음이 포함되어 있습니다. 이것을 잃어버리면 하나님의 신뢰가 사라져 버리는 것입니다.

그래서 마귀는 하와가 하나님의 말씀을 애매하게 말하는 것을 보고 본격적으로 공격합니다.

> **뱀이 여자에게 이르되 너희가 결코 죽지 아니하리라**(창 3:4).

하와가 "죽을까 하노라"라고 애매하게 얘기하니까, 마귀는 '죽지 않는다'고 확실하게 얘기합니다.

> 너희가 그것을 먹는 날에는 너희 눈이 밝아져 하나님과 같이 되어 선악을 알 줄 하나님이 아심이니라(창 3:5).

마귀가 하나님의 말씀을 적극적으로 부인합니다.

여기서 주목해야 할 것은 마귀의 시험에서 공격은 언제든지 하나님의 말씀에 초점을 맞추고 있다는 것입니다. 하나님의 말씀을 잃어버리면 전부 잃어버리는 것입니다. 마귀가 유혹하고 요구하는 것이 아니라 말씀이 없으면 마귀가 유혹하게 되어 있습니다. 그래서 마귀는 "너희가 결코 죽지 아니하리라"라고 하고, '너희가 하나님과 같이 되리라'라고 하면서 새로운 말을 더합니다.

오늘날 뉴에이지 운동을 하는 사람들은 '너희는 하나님과 같이 모두 신이다'라고 주장합니다. 어떤 의미로는 '너희 안에 불성이 있다' 또는 '하나님의 신성이 있다'는 말과 같다고 봅니다. 범신론자들의 주장도 전부 비슷합니다. 자기 안에 하나님의 신성이 있고, 자기가 하나님과 똑같다고 합니다. 여기도 하나님이고, 저기도 하나님이라고 합니다. 그러나 하나님은 이 세상에 초월해 계신 존재입니다.

그 초월해 계신 하나님이 어떻게 우리에게 자기 자신을 계시하셨습니까?

말씀으로 계시했습니다. 그래서 하나님은 말씀과 함께 하시는 것입니다.

(6) 하와는 자신의 마음속에서 실과를 먹고 싶은 욕망이 일기 전에 하나님이 아담에게 하신 말씀을 잃었다

여러분이 하나님을 붙잡으려면 눈에 보이는 것을 붙잡으려고 하는 것이 아니라 말씀을 붙잡아야 합니다. 말씀을 붙잡지 않고 기도하다가 어마어마한 분이 나타난다면 그것은 귀신들린 사람일 수 있습니다. 여러분이 엎드려 기도할 때, 하나님의 말씀에 나타나신 하나님의 위대함과 영광스러움이 여러분에게 잡혀야 합니다.

여러분은 어떻게 기도합니까?

여러분이 하나님 앞에 나아와서 기도할 때, 하나님에게서 구만리같이 멀리 떨어져 있습니까?

그렇다면 여러분은 기도를 제대로 못하는 겁니다.

기도하는 것은 하나님과 대화하는 것이기 때문에 하나님이 여러분 앞에 계십니다.

그것을 어떻게 인식하면서 기도합니까?

그분이 꿈속에서도 나타나고 기도할 때마다 나타난다면, 그것은 틀림없이 귀신 들린 것입니다. 하나님은 형상이 아니고 말씀으로 자기 자신을 계시하셨기 때문에 그렇게 될 수 없습니다. 영이시기 때문에 말씀 속에 계시고, 말씀과 함께 하시고, 말씀대로 우리에게 자신을 계시합니다. 하나님의 말씀을 붙잡고 하나님이 위대한 사랑의 계시라는 것을 알고, 위대하고 전능하신 분이라고 고백하면, 크신 하나님의 사랑, 놀라운 하나님의 권능이 여러분을 잡는 것입니다. 말씀 속에 계시된 그분을 인식하면서 기도해야 합니다.

이것을 잃어버리면 모두 잃어버리는 것입니다. '너희가 하나님과 같이 되리라'고 한 것은 사탄의 거짓말입니다. 사탄은 말씀과 그 말씀을 신뢰하는 믿음을 공격합니다. 말씀을 잃어버리면 '사탄아, 물러가라!'라고 하지 못하고, 사탄의 말을 그럴 듯하다고 생각하게 됩니다. 하와는 자신의 마음속에 실과를 먹고 싶다는 욕망이 일어나기 전에 이미 하나님이 아담에게 주셨던 말씀을 잃어버렸던 것입니다. 만약 하와가 말씀에 매달렸다면 하나님에 대한 두려움과 경외심, 그리고 믿음을 계속 지켰을 것입니다.

(7) 사탄의 제안에 비추어 그 나무를 본즉 하와는 육체적인 것을 주목하게 되었다

하와가 말씀을 잃어버렸기 때문에 믿음을 지키지 못하게 되었습니다. 하나님에 대한 경멸과 사탄에 대한 순종이 뒤따르게 된 것입니다. 하와가 사탄으로부터 나무의 실과를 먹어도 결코 죽지 않고, 그것을 먹는 날에는 하나님과 같아진다는 말을 들은 후, 6절에서 대단히 의미 있는 말씀이 나옵니다.

> 여자가 그 나무를 본즉 먹음직도 하고 보암직도 하고 지혜롭게 할 만큼 탐스럽기도 한 나무인지라 여자가 그 열매를 따먹고 자기와 함께 있는 남편에게도 주매 그도 먹은지라(창 3:6).

하와는 과거에 그 나무의 실과를 볼 때에는 언제든지 하나님의 말씀을 생각했습니다. 그분을 경배하고, 찬미하며 그분에게 순종하는 삶을 생각했습니다.

그런데 하나님의 말씀을 교묘하게 바꿔서 '먹어도 네가 죽지 않고 하나님과 같이 된다'는 사탄의 제안을 듣고 나서 보니까, 옛날에는 그렇게 보지 않았던 눈이 달라집니다. 그 열매가 먹음직하게 보입니다. 보암직도 합니다. 지혜롭게 할 만큼 탐스럽기도 합니다. 그래서 그 열매를 따 먹고 자기와 함께 있는 남편에게도 주매, 그도 먹어 버린 것입니다.

사탄이 말씀을 빼앗고 자기 말을 그 속에 집어넣었기 때문에 하와가 타락해서 육체적인 것에 주목하게 됩니다. 영적인 것을 최고의 상태로 봤던 눈이 이제는 육체적인 것을 주목하게 됩니다. 이것은 사탄이 인간이 가진 하나님의 말씀에 대한 믿음을 공격한 결과입니다.

● **말씀이 곧 하나님이고 권능**

여러분이 하나님의 말씀을 가지고 있으면, 이 말씀이 곧 하나님이시고 권능을 나타내기 때문에 엄청난 힘을 가지고 있는 것과 같습니다. 그러나 이것을 잃어버리면 그 순간부터 힘이 없어집니다. 저는 개인적으로 하나님의 말씀을 암송하고 묵상하는 것을 저의 필생의 사업으로 하고 있습니다. 매일 새벽에 일찍 일어나서 수백 구절을 암송하고 묵상합니다. 새벽에 말씀을 암송하고 묵상하고 기도하고 나면 하늘을 움직일 만한 믿음이 생깁니다.

그런데 일 년에 두서너 번 정도는 그렇지 않은 경우가 있습니다. 암송하고 묵상하는 데 실패하면 머리가 아파져서 그만두게 됩니다. 그러면 근심이 들어앉습니다. 하나님의 수많은 말씀이 제 안에 가득 차면 충분히 복을 받고 힘이 나는데, 이것이 채워지지 않습니다. 어제도 밥을 먹었지만, 오늘도 먹어야 됩니다. 매일 밥을 먹는 것과 마찬가지로, 날마다 말씀을 먹고 양육되어야 합니다. 여러분은 하나님의 말씀으로 지어진 존재이기 때문입니다.

성경은 인간이 하나님의 말씀으로 창조되었다고 얘기합니다. 그렇기 때문에 그 말씀을 먹고 살아야 합니다. 그 말씀을 먹으면서 믿고 순종하고 따르며 살아야 합니다. 말씀을 충만하게 채우면 힘과 능력, 믿음이 생깁니다. 믿음은 하나님의 말씀에 대한 심리적이며 행동적인 응답입니다. 하나님의 말씀을 무조건 덮어놓고 믿는다면, 그 믿음은 대단히 엉성하고, 허구적인 믿음일 수 있습니다. 정확하게 하나님의 말씀을 듣고 순종하고 그대로 따르는 믿음이 진짜 믿음입니다. 말씀 없이 무슨 환상을 보거나 특별한 무언가를 해서 믿는 사람은 궁극적으로 큰 실패에 이르게 됩니다.

● **아담과 하와가 잃어버린 후사권을 예수님이 오셔서 회복하신다**

아담과 하와가 최고의 말씀되시고 힘과 능력이 되는 그 말씀을 잃어버린 후, 그들은 아무 힘이 없는 존재가 되고 맙니다. 말씀을 가지고 있었을 때에는 아담과 하와가 만물의 영장이었습니다. 하나님께서 아담과 하와를 세상에 지으시고 그날에 왕으로 세웠습니다. 에덴 동산의 왕으로서 통치하도록 임명했습니다. 앞으로 오실 왕 되신 그리스도의 모형이었지만, 모든 피조물들은 왕의 명령을 들었습니다. 왕권의 표현으로, 아담이 공중에 나는 새들의 이름을 모두 지어주었습니다. 매우 뛰어난 지성을 갖고 있는 존재였습니다.

그런데 지금은 피조물이 인간의 능력에 순종하기는커녕 오히려 인간을 물어버립니다. 모기 하나도 말을 듣지 않습니다. '모기야 사라져라!'라고 명령해도 안 듣고 계속 공격을 합니다. 한 2년간을 그렇게 했는데도 모기들이 계속 달려들었습니다. 끊임없이 투쟁을 합니다.

왜 그렇습니까?

후사권을 잃어버렸기 때문입니다. 아담과 하와가 말씀을 가지고 있고, 하나님과 깊은 교제를 가졌을 때에는 권능이 있어서 온 우주 만물을 통치하고 다스렸습니다. 그러나 말씀을 잃어버리자 아무 능력 없는 존재가 되었습니다. 그런 능력이 나타나지 않습니다. 그래서 이 말씀에 완벽하게 순종하고 그 말씀되신 분이 오셔서 아담과 하와가 가졌던 본래의 권리를 되찾는데, 그 권리가 후사권입니다. 상속권이라고도 합니다. 이것을 회복합니다. 그러나 이것을 우리에게 전부 주지 않았습니다.

어디서 이 권리를 누릴까요?

우리는 천년왕국 또는 신천신지에서 우리 주님과 더불어 왕 노릇 할 것입니다.

● **육신의 정욕, 안목의 정욕, 이생의 자랑**

하나님의 말씀을 듣고 사는 존재가 이제는 사탄의 말을 듣는 존재가 되었습니다. 사탄의 종 노릇 하게 되었습니다. 왜냐하면 하나님이 먹지 말라고 하신 금단의 열매, 먹음직도 하고 보암직도 하고 지혜롭게 할 만큼 탐스러운 열매를 먹었기 때문입니다. 이것을 요한일서 2장 16절[6]에서는 '먹음직도 하다'는 "육신의 정욕," '보암직도 하다'는 "안목의 정욕," 그리고 '지혜롭게 할 만큼 탐스럽기도 하다'는 "이생의 자랑"이라고 이 세 가지를 표현합니다.

그래서 우리 주님이 마지막 아담으로 오셔서 이것에 대한 시험을 받습니다. 마태복음 4장에서 먹음직도 하고 보암직도 하고 지혜롭게 할 만큼 탐스럽기도 한 세 가지 유혹에 대한 시험에서 우리 주님은 정확하게 승리합니다. 아담과 하와는 실패하지만, 마지막 아담인 주님은 확실하게 성공해서 아담과 하와가 잃어버렸던 후사권을 회복합니다.

(8) 범죄 후 하나님은 낯선 존재, 두려워하는 존재, 원수 맺은 존재가 되었다

아담의 범죄 후 인간은 타락을 하게 됩니다. 창세기 3장 8절에 보면, 과거에는 하나님을 그렇게 사랑하고 교제하기를 좋아하며 하나님을 만나는 시간이 기대되었는데, 범죄 후에는 하나님이 낯설고 두려워하는 존재, 원수 맺는 존재가 되었습니다.

> 그들이 그 날에 바람이 불 때 동산에 거니시는 여호와 하나님의 소리를 듣고 아담과 그의 아내가 여호와 하나님의 낯을 피하여 동산 나무 사이에 숨은지라(창 3:8).

---

[6] (요일 2:16) 이는 세상에 있는 모든 것이 육신의 정욕과 안목의 정욕과 이생의 자랑이니 다 아버지께로부터 온 것이 아니요 세상으로부터 온 것이라.

과거에는 하나님께서 돌아오시는 발자국 소리가 그들에게 기쁘고 감격스러운 소리였습니다. 그러나 하나님의 말씀에 반역하고 범죄한 후에는 하나님께서 그들에게 찾아오는 소리를 들었을 때, 무슨 몽둥이를 들고 찾아와서 따지거나 우레처럼 찾아오지 않았음에도 불구하고 두려움과 공포로 숨었습니다. 그들에게 이제 하나님은 더 이상 과거의 친밀한 존재가 아니라 완전히 낯선 존재입니다. 두려운 존재가 되었습니다. 그리고 인간은 하나님과 원수 맺는 존재가 되었습니다.

하나님을 떠났다는 것은 인간에 관한 비극 중에 비극입니다.

여러분은 하나님을 만나는 것이 얼마나 귀한 것인지 압니까?

인간이 예수님을 믿는다는 말은 하나님을 만난다는 뜻입니다. 인간이 하나님을 만나려고 별별 노력을 다 했으나, 다른 길이 없었습니다. 그 길을 우리 주님이 마련해 주신 것입니다. 그래서 주님을 만나는 것이 하나님을 만나는 길입니다.

그런데 인간이 하나님을 떠났습니다. 그들은 하나님을 떠나지 말고 잘못했다고 용서를 구하고 붙어있으면 되는데, 그들은 숨었습니다. 아이들이 무슨 잘못을 했다고 해도 아버지한테 매 맞을 각오하고 집에 붙어있으면 되는데, 겁나서 도망나간 것입니다.

그렇게 나가면 어떻게 됩니까?

고아가 되어 버립니다. 아이들이 나가서 고아가 되면, 힘 있는 사람들이 붙잡아서 껌팔이를 만들어서 이용합니다. 조폭들이 아이들을 시켜서 돈을 벌어오게 하고, 돈을 못 벌어오면 두들겨 패는 것과 같습니다. 그리고 돈을 벌어오면 자기들이 가져갑니다.

(9) 하나님의 재판의 의미(하나님, 인간, 사탄)

결국 인간이 껌팔이와 같은 신세로 전락했습니다. 마귀의 유혹으로 하나님께 범죄해서 하나님을 떠난 인간, 이 타락한 인간들에게 하나님은 재판정을 여시고 이들을 불러들입니다. 본문에는 나오지 않습니다만, 하나님은 아담과 하와를 나오게 하고 그 자리에 마귀도 불러서 현장에서 재판을 합니다. 하나님은 먼저 아담에게 '너는 왜 먹지 말라고 한 나무 열매를 먹었느냐?'라고 묻습니다.

'당신이 나한테 주신 여자가 먹으라고 했습니다.'

하나님이 자기에게 여자를 주셨기 때문이라고 책임을 전가합니다. 하나님은 하와에게도 같은 질문을 했습니다.

'당신이 만든 뱀이 와서 나를 꾀었습니다.'

하와 역시 자기가 하지 않았다고 대답합니다. 사탄은 당연히 물어볼 필요도 없습니다. 그래서 물어보지도 않고 당장에 처벌을 선고합니다.

이 재판정에 하나님이 어떤 방법으로 인간을 구원하느냐에 관한 중요한 의미들이 들어 있습니다. 하나님이 범죄한 인간들과 재판정을 열 때, 그 안에는 세 인격체가 있었습니다. 하나님이라는 인격체가 계셨고, 아담과 하와, 즉 인간이라는 인격체가 있었으며, 나머지 하나는 사탄이라는 인격체가 있었습니다. 이 세 인격체 상호 간의 관계가 우리가 현재 주장하고 있는 복음입니다.

인간이 하나님께 범죄한 후, 인간은 마귀에게 붙잡혀서 마귀의 말을 듣는 자가 되고 맙니다. 아무 힘이 없기 때문에 자기 힘으로는 구원을 얻을 수 없습니다. 그럼에도 불구하고 인간은 열심히 노력해서 구원을 얻으려고 합니다. 그것이 지금의 종교입니다.

종교를 통해서 구원을 얻을 수 있습니까?

얻지 못합니다. 절대 못 얻습니다.

봉은사 주지로 계시는 명진 스님이라는 분이 있습니다.『스님은 사춘기』라는 자서전을 쓰셨는데, 다 그럴듯한 소리지만 한 마디로 '나는 누구인가'를 알아보고 싶다는 내용이었습니다.

'내가 누구인가?'

이걸 알아보려고 불교에 입문했습니다. 고행도 하면서 힘들게 노력했습니다.

그렇게 해서 답을 알아냈느냐?

그러나 답이 없었습니다.

인간이 하나님을 떠나서는 어떻게 해보려고 해도, 하나님은 초월해 계시기 때문에 이 지구상의 피조물 속에서는 하나님을 만날 수 없습니다. 불가능합니다.

내가 누구라는 것을 알려면 어떻게 해야 됩니까?

여러분이 누구입니까?

여러분은 피조물입니다. 하나님이 여러분을 하나님의 형상대로 만드셨습니다. 우리는 그 답을 이미 알고 있습니다. 우리는 하나님의 형상대로 지음을 받은 존재이므로 이 형상을 회복해야 합니다.

우리가 잃어버린 이 형상을 어떻게 회복합니까?

하나님의 형상이 그리스도로 오셔서 우리 안에 들어오면 하나님의 형상이 회복됩니다. 하나님을 경배하는 자가 됩니다. 그리스도를 영접하면 되는 것입니다. 이것이 비밀입니다. 이것을 모르니까 갖은 노력을 하고, 별별 고생을 하고, 고행까지 하면서 알아내려고 하는 것입니다. 그러나 모두 헛수고입니다.

① 하나님의 의의 회복(하나님 자신)

처음부터 인간이 회개하고 엎드렸다면 문제가 없었습니다. 그러나 타락한 자들이 스스로 구원을 얻으려고 해도 인간에게는 구원할 수 있는 힘이 없습니다. 그래서 하나님은 자기 자신을 위해서 자기가 문제를 해결하는 것입니다. 인간이 하나님께 범죄함으로 말미암아 하나님의 영광이 가려지고 위엄이 손상되었습니다. 이 죄를 인간이 해결할 방법이 없기 때문에 자기 자신을 가지고 자기만족을 얻습니다. 이것이 그리스도가 감당한 속죄의 죽음에 담겨있는 비밀입니다. 하나님은 하나님 자신을 위해서 인간에게 속죄제물을 보내어 그 인생을 구원합니다. 그렇게 해서 자기의 영광을 회복하기 위함입니다. 복음 그 자체는 일차적으로 하나님의 영광을 위한 것입니다. 그래서 자기 자신이 그리스도 안에서 대속의 죽음을 통해 자기 자신의 의를 회복합니다.

하나님의 공의가 무너졌을 때, 전부 쓸어버리지 않고 살려두려면 그 공의가 회복이 되어야 합니다. 한 국가에서 대통령이 통치를 하는데, 모든 사람들이 범죄했습니다. 그때 이 사람들을 살려주려면, 그 근거가 있어야 합니다. 하나님이 보시기에 그들에게 아무 희망이 없었기 때문에 자기 자신으로 의를 나타낸 것입니다.

'내 아들이 너희를 대신해서 십자가에 죽음으로써 너희의 모든 문제를 해결하고, 너희가 구원을 얻을 것이다.'

그래서 하나님의 의가 찬란한 것입니다. 우리는 아무 공로 없는데도 하나님은 그 아들을 대속의 제물로 보내서 우리를 구원하셨습니다. 우리는 죽었다 깨어나도 우리 힘으로는 구원을 얻지 못합니다. 이것이 죄사함의 복음입니다.

② 하나님의 위로(하나님과 인간)

하나님과 인간 사이를 보면, 지금 인간은 하나님 앞에서 덜덜 떨고 있는 존재입니다. 하나님께 범죄함으로 말미암아 하나님의 심판을 받는 존재이기 때문입니다. 이 희망 없는 무리들에게 하나님은 위대한 사랑을 베풀어서 그들을 격려하고 일으킵니다. 이것이 사랑의 계시입니다. 의로운 하나님이지만, 동시에 자기 아들을 십자가에 죽게 함으로써 위대한 사랑을 부어 주십니다.

> 하나님이 세상을 이처럼 사랑하사 독생자를 주셨으니 이는 저를 믿는 자마다 멸망치 않고 영생을 얻게 하려 하심이라(요 3:16).

우리가 하나님을 사랑한 것이 아니라 하나님이 우리를 먼저 사랑했습니다. 요한일서 4장 9절[7]에서도 그렇게 얘기합니다. 하나님은 자기 자신을 위해서 자기 아들을 통한 죄사함의 복음으로 자기의 의를 나타냅니다. 그리고 인간에게는 이 위대한 사랑을 부어주시고 깨닫게 함으로써 우리로 하여금 감격함으로 일어나 거듭나게 하고 구원을 얻게 합니다.

---

[7] (요일 4:9) 하나님의 사랑이 우리에게 이렇게 나타난 바 되었으니 하나님이 자기의 독생자를 세상에 보내심은 그로 말미암아 우리를 살리려 하심이라.

③ 사탄의 정복(하나님과 사탄)

하나님은 사탄에게 질문 없이 바로 심판을 내리십니다. 사탄은 구원을 얻을 필요도 없기 때문에 처음부터 심판하는 것입니다. 이것이 사탄을 정복하신 승리자 그리스도의 복음입니다.

사탄은 범죄를 했으므로 어떤 질문도 없이 처음부터 심판합니다. 인간한테는 왜 그렇게 했는지 물어보지만, 사탄은 반역한 자이기 때문에 처음부터 아무것도 물어보지 않고 선고를 하는 것입니다. 바로 창세기 3장 14, 15절입니다. 대단히 위대한 말씀입니다.

> 여호와 하나님이 뱀에게 이르시되 네가 이렇게 하였으니 네가 모든 가축과 들의 모든 짐승보다 더욱 저주를 받아 배로 다니고 살아 있는 동안 흙을 먹을지니라(창 3:14).

이어서 하나님이 사탄에게 저주의 선언을 합니다.

> 내가 너로 여자와 원수가 되게 하고 너의 후손도 여자의 후손과 원수가 되게 하리니 여자의 후손은 네 머리를 상하게 할 것이요 너는 그의 발꿈치를 상하게 할 것이니라 하시고(창 3:15).

하나님이 재판을 하면서 사탄을 정복하는 저주의 선포를 하는데, 놀랍게도 이 미혹자에 대한 저주의 선포가 인간에게는 복음이 되었습니다.

왜 그렇습니까?

인간은 지금 하나님을 떠나 마귀에게 붙잡혀서 마귀의 종 노릇 하고 있습니다. 그런데 하나님의 선포로 마귀를 정복하셔서 그 예속에서 빠져나올 거라는 희망을 갖게 합니다. 구약 백성들은 앞으로 누군가가 와서 사탄을 정복한다는 믿음을 가짐으로써 구원을 얻습니다. 신약 백성들은 이 말씀대로 성취된 그분을 보면서 구원을 얻습니다. 이것이 그리스도 복음입니다. 사탄에게 한 저주의 선포가 인간에게는 복음이 되는 것입니다.

이와 같이, 재판정에 나타나는 세 인격의 방향에 따라 세 가지 복음이 우리에게 보여집니다. 이것이 위대한 십자가를 통한 성취의 복음입니다. 이것을 모두 균형이 있게 알아야 합니다. 한 쪽만 강조하면 복음이 치우쳐져서 풍성하게 누리지 못합니다. 이제 더욱 구체적으로 살펴보겠습니다.

(10) 하나님의 약속은 미혹자에 대한 저주의 형태로 선포되었다

창세기 3장 14절에서 하나님이 뱀에게 선언합니다.

> 여호와 하나님이 뱀에게 이르시되 네가 이렇게 하였으니 네가 모든 가축과 들의 모든 짐승보다 더욱 저주를 받아 배로 다니고 살아 있는 동안 흙을 먹을지니라(창 3:14).

하나님은 뱀에게 크게 두 가지를 선고합니다. 뱀에게 선고한 것이지만, 사실은 보이지 않는 유혹자에 대한 심판도 됩니다. 비가시적인 유혹자에 대한 형벌을 가시적인 피조물인 뱀에게 한 형벌로 표현한 것입니다. 뱀이 저주를 받았지만 비유적으로 사탄 또한 이 방법대로 저주를 받습니다.

어떤 저주입니까?

"배로 다니고"라고 합니다. 지금은 뱀이 기어 다니지만, 과거에는 뱀이 꼿꼿이 서서 돌아 다녔을 것이라고 봅니다.

그렇다면 기어 다닌다는 말이 무슨 뜻입니까?

비가시적인 유혹자에 대한 설명을 하자면, 천사로서 하늘에서 찬란하게 하나님께 영광을 돌리며 사는 자가 이제는 어둠 속에 갇혔다는 의미입니다. 그래서 사탄을 저주한 것으로 보는 것입니다. 그 다음의 "살아 있는 동안 흙을 먹을지니라"라는 말은 사탄이 뱀처럼 흙을 먹는 것이 아니라 비유적인 설명입니다. 사탄이 이렇게 큰 굴욕을 당하는 슬픈 존재가 된 것입니다.

① 사탄은 슬픈 존재이다

여러분이 귀신들린 것을 경험을 하지 않은 것은 천만다행입니다. 귀신 들리고 무당 생활을 한 사람들의 책을 보면 전부 비극적입니다. 몹시 슬퍼하고 힘들어합니다. 심진송과 같은 사람들은 모두 비극적이었고, 슬퍼하고 괴로워했습니다. 마태복음 8장 29절을 보면, 사탄은 하나님이 사탄을 밟아버린다는 것을 알고 있었습니다.

> 이에 그들이 소리 질러 이르되 하나님의 아들이여 우리가 당신과 무슨 상관이 있나이까 때가 이르기 전에 우리를 괴롭게 하려고 여기 오셨나이까 하더니(마 8:29).

즉 우리가 아직 지옥으로 갈 때가 되지 않았는데 왜 벌써 오셔서 괴롭게 하냐고 합니다. 예수님은 여자의 후손이고 뱀의 머리를 상하게 할 것이기 때문입니다.

귀신들린 사람들은 미래의 자기 운명이 어떻게 되는지 이미 알고 있기 때문에 슬픈 존재입니다. 주로 한 맺힌 사람들이 귀신에 들리는데, 심진송이 쓴 글에 의하면 그도 아주 한 맺힌 사람이었습니다. 귀신이 전기처럼 들어와서 움직이며 자기를 지성으로 섬기라고 합니다. 섬기기 싫지만 안 하면 죽이려고 하니까 할 수 없이 섬겨야 합니다. 사탄이 우리 안에 충만하면 감격이 아니라 슬픔과 비애를 갖게 됩니다. 배로 다닐 뿐 아니라 흙을 먹는 굴욕적인 삶을 살게 됩니다. 그런 자기 미래를 알기 때문에 슬픈 것입니다.

여러분이 아무리 대단한 사람이라도, '내년 이맘때, 나는 지옥에 떨어진다'라는 것을 알고 있다고 생각해 보십시오.

밥 먹는 게 제대로 소화가 되겠습니까?

내일 죽더라도 그것을 모르고 살면 행복하게 살 텐데, 2년 후에 죽는다고 하고 심지어 지옥에 간다고 하면 입맛이 뚝 떨어질 것입니다.

얼마나 슬프고 괴롭겠습니까?

그래서 하나님은 다음날 죽을지라도 죽는 순간을 알려주지 않습니다. 인간에게 그것을 알려주면 골치 아파 집니다.

그러나 저는 어느 날엔가 하나님이 저를 부를 때가 되면, '임덕규야, 너는 돌아올 때가 되었다'고 확증을 주고 알게 할 것이라고 생각합니다. 그때는 제가 발버둥 칠 필요가 없습니다. '그렇습니까?' 하고 기쁨으로 알 것입니다. 하지만 지금은 그것을 인식하지 않기 때문에 힘을 다해서 건강하려고 노력하고, 힘을 다해서 사랑하고, 힘을 다해서 복음을 전하는 것입니다.

② 원수 맺는 관계

하나님의 약속이 미혹자에 대한 저주의 형태로 선포되었다는 것이 복음의 비밀입니다. 놀랍게도 이 비밀이 사탄에게 가장 먼저 선포되었습니다. 초창기에는 이 복음이 감추어져 있었습니다. 이것이 우리가 이 복음을 잘 알아야 할 이유입니다. 창세기 3장 14절에 이어서 15절에서는 하나님이 사탄에게 더 치명적인 말씀을 합니다.

> 내가 너로 여자와 원수가 되게 하고 너의 후손도 여자의 후손과 원수가 되게 하리니 여자의 후손은 네 머리를 상하게 할 것이요 너는 그의 발꿈치를 상하게 할 것이니라 하시고(창 3:15).

이 창세기 3장 15절은 구약성경에서 가장 중요한 구절입니다. "내가 너로 여자와 원수가 되게 하고 네 후손도 여자의 후손과 원수가 되게 하리니"라는 말씀을 보면, 하나님은 유혹자와 유혹받은 자들 사이에 원수 관계를 설정합니다. 여자의 후손 세력과 뱀의 후손 세력이 있습니다.

인간들이 모두 타락해서 뱀의 후손에 붙잡혔기 때문에 하나님이 어떤 특정한 사람을 여자의 후손 계열로 일으키지 않으면 복음이 절대 유지되지 않습니다. 여러분이 누가 가르치지도 않았는데도 믿음이 일어나서 사탄을 대적한다는 말입니다. 가만히 놔두면 모두가 사탄의 종 노릇 하게 됩니다. 그러나 하나님이 창세 전에 예정하신 자라면 여자의 후손으로 태어날 수 있습니다. 이것이 비밀입니다. 전부 하나님이 하신 일입니다.

세상은 여자의 후손과 뱀의 후손 간의 싸움터입니다. 한 가정에서도 싸움이 있을 수 있습니다. 믿는 사람과 안 믿는 사람이 있기 때문에 그렇게 됩니다. 둘이 대적하도록 하나님이 그렇게 만드신 것입니다.

창세기 25장 23절[8]에 야곱과 에서의 이야기가 나옵니다. 리브가가 이삭으로부터 아이를 가졌는데, 그 임신한 뱃속이 싸움터가 됩니다. 쌍둥이 아이들이 서로 싸우는 것입니다. 하나님이 리브가에게 말씀합니다.

> 두 국민이 네 태중에 있구나 두 민족이 네 복중에서부터 나누이리라 이 족속이 저 족속보다 강하겠고 큰 자가 어린 자를 섬기리라
> (창 25:23).

하나는 에서이고, 다른 하나는 야곱입니다. 에서의 후손은 뱀의 후손 계열이고, 여자의 후손 계열은 야곱으로 이어집니다. 태어나기 전부터 둘이 원수가 됩니다. 하나님이 서로 싸우도록 만드셨습니다.

이 싸움의 결전지가 어디입니까?

십자가입니다. 십자가에서 사탄의 세력을 정복하고, 하나님의 아들이 싸워서 승리합니다. 십자가가 마지막 결전지인 것입니다. 이와 같이 하나님은 특정한 후손들을 세워서 싸움을 일으키십니다.

"내가 너로 여자와 원수가 되게 하고 너의 후손도 여자의 후손과 원수가 되게 하리니"라는 말씀은 하나님이 유혹한 자와 유혹을 받은 자 사이

---

8 (창 25:23) 여호와께서 그에게 이르시되 두 국민이 네 태중에 있구나 두 민족이 네 복중에서부터 나누이리라 이 족속이 저 족속보다 강하겠고 큰 자가 어린 자를 섬기리라 하셨더라.

에 원수 됨을 설정하는 것입니다.

(11) 창세기 3장 15절의 네 가지 중요한 요소

창세기 3장 15절의 "여자의 후손은 네(뱀의) 머리를 상하게 할 것이요"가 승리자 그리스도 복음의 주제 말씀입니다. 이것을 분석해 보면, 크게 네 가지의 중요한 요소가 있습니다.

① 하나님이 사람과 마귀를 서로 원수가 되게 함

"내가 너로 여자와 원수가 되게 하고." 즉 하나님이 사람과 마귀가 서로 원수가 되게 하십니다. 구원이라는 것은 하나님의 단독 역사입니다. 인간과 사탄을 서로 원수가 되게 만들어서 구원하는 것이 기독교 구원관의 특징입니다. 하나님은 구원자를 일으켜서 사탄의 세력과 싸우도록 만듭니다.

② 사람이 마귀와 원수 된 상태가 구원

사람이 마귀와 원수 된 상태가 구원입니다. 사람이 마귀의 말을 듣고 그들과 친해진 것이 죽음을 가져왔습니다. 하와는 사탄의 모형이라고 여겨지는 뱀과 친했습니다. 뱀과 친해지면 안 됩니다. 뱀이 말씀을 가지고 유혹하면, 처음부터 '사탄아 물러가라!'라고 해서 쫓아냈어야 합니다. 그러지 않고 뱀과 친해졌기 때문에 문제가 생긴 것입니다. 사람이 마귀와 원수 된 상태가 구원이므로, 앞으로 사람이 마귀로 더불어 원수 된 날이 오게 됩니다. 이것이 예수님과 사탄의 관계입니다.

③ 여자의 후손과 뱀의 후손의 계속되는 적대 행위

 여자의 후손과 뱀의 후손은 서로 적대 행위를 계속합니다. 한편으로는 택한 백성이 있고, 다른 한편으로는 마귀를 따르는 사람들이 있습니다. 마귀를 따르는 사람은 그 육체가 마귀에게서 난 것은 아니지만 그 생활은 마귀를 따르는 삶입니다. 그래서 계속 적대 행위를 합니다.

 세상에는 여자의 후손과 뱀의 후손의 계열들이 있습니다. 이유도 없이 내가 예수님을 믿는다고 미워하는 사람이 있습니다. 여러분이 건성으로 살면 그렇지 않은데, 참되게 빛 가운데서 예수의 향기를 드러내면서 믿음으로 살면 당장에 적대감을 보입니다. 가족까지도 그렇습니다. 다음과 같이 얘기할 수 있습니다.

 "우리 부부는 안 믿어도 언제든지 편안하고 행복한데요?"

 그것은 여러분이 빛 가운데 살지 않기 때문에 믿음이 없는데도 관계가 좋은 것입니다. 여러분이 참되게 빛 속에 들어와서 신령한 예수 중심의 삶을 살면, 남편이나 아내가 싫어하게 되어 있습니다.

 어느 날 자기 부인에게 나보다 더 사랑하는 애인이 생겼다고 하면 어떻게 되겠습니까?

 예수라는 라이벌이 생긴 것입니다. 그러면 당장에 못 믿게 할 것입니다. 그럴 때는 그리스도도 좋지만 당신도 좋아한다고 잘 얘기해야 합니다.

④ 택한 백성의 구원은 그 백성이 마귀의 머리를 상하게 함으로 성립됨

 택한 백성의 구원은 그 백성이 마귀의 머리를 상하게 함으로써 성립

됩니다. "여자의 후손은 네 머리를 상하게 할 것이요"라는 말씀이 승리자 그리스도 복음의 본질입니다. 앞으로 오실 여자의 후손은 사탄의 머리를 밟아버릴 것입니다. 그래서 이 창세기 3장 15절의 이 말씀이 매우 중요한 것입니다. 이 안에 구원의 복음이 모두 들어 있습니다.

마틴 루터는 다음과 같이 말했습니다.

> 이 본문은 성경 어디에서나 발견되어지는 고상하고 영광스러운 모든 것을 그 자체 안에 포함하고 내포한다.

창세기 3장 15절이 신약성경의 내용들을 내포하고 있다는 뜻입니다. 그래서 이 말씀은 신약성경에 비추어 볼 때 찬란하게 나옵니다. 창세기 3장 15절의 말씀을 많은 사람들이 원시복음이라는 말로 표현합니다. 이 복음이 나중에 그대로 성취됩니다. 예수님이 여자의 후손으로 오셔서 뱀의 머리를 상하게 함으로써 인생들을 구원하는 것입니다.

(12) 사망의 선고

하나님의 약속이 사실은 미혹자에 대한 저주의 형태로 선포되었음에도 불구하고, 그것이 인간에게는 구원의 복음이 되었습니다. 하나님은 사탄을 먼저 심판했습니다. 그 다음으로 창세기 3장 16절[9]에서 여자를 심판하고, 17절부터 19절[10]에서 아담, 인류를 심판합니다. 그래서 창세

---

9 (창 3:16) 또 여자에게 이르시되 내가 네게 임신하는 고통을 크게 더하리니 네가 수고하고 자식을 낳을 것이며 너는 남편을 원하고 남편은 너를 다스릴 것이니라 하시고

10 (창 3:17-19) [17] 아담에게 이르시되 네가 네 아내의 말을 듣고 내가 네게 먹지 말라 한

기 3장 19절에서 "너는 흙이니 흙으로 돌아갈 것이니라"라는 심판을 받게 됩니다. 사망의 선고가 인간에게 내려지는 것입니다.

① 타락한 아담 이후 인간은 원죄를 갖고 태어난다

인간이 사망의 선고를 받은 사실을 사도 바울은 로마서 5장 12절에서 이렇게 요약했습니다.

> 그러므로 한 사람으로 말미암아 죄가 세상에 들어오고 죄로 말미암아 사망이 들어왔나니 이와 같이 모든 사람이 죄를 지었으므로 사망이 모든 사람에게 이르렀느니라(롬 5:12).

한 사람, 아담의 범죄로 인해 죄가 세상에 들어왔습니다. 마귀란 인격체를 통해서 들어온 것입니다.

> 모든 사람이 죄를 지었으므로 사망이 모든 사람에게 이르렀느니라 (롬 5:12).

즉 아담이 우리의 대표입니다. 아담이 죄를 지었기 때문에 사망이 왔고, 아담의 사망이 모든 사람들의 사망이 되었습니다. 그래서 우리가 죽는 것입니다.

나무의 열매를 먹었은즉 땅은 너로 말미암아 저주를 받고 너는 네 평생에 수고하여야 그 소산을 먹으리라 [18] 땅이 네게 가시덤불과 엉겅퀴를 낼 것이라 네가 먹을 것은 밭의 채소인즉 [19] 네가 흙으로 돌아갈 때까지 얼굴에 땀을 흘려야 먹을 것을 먹으리니 네가 그것에서 취함을 입었음이라 너는 흙이니 흙으로 돌아갈 것이니라 하시니라.

사망은 앞서 말씀 드린 것처럼 죄의 형벌로서 오는 것입니다. 자연 현상으로 오는 것이 아니라 죄의 형벌로서 오기 때문에 사람들은 죽음을 두려워합니다.

> 사망아 너의 승리가 어디 있느냐 사망아 네가 쏘는 것이 어디 있느냐 사망이 쏘는 것은 죄요 죄의 권능은 율법이라 우리 주 예수 그리스도로 말미암아 우리에게 승리를 주시는 하나님께 감사하노니 (고전 15:55-57).

"사망이 쏘는 것"은 무슨 말입니까?

두려움입니다. 죽음은 공포입니다. 그러나 예수 그리스도로 말미암아 죽음을 이기게 되었습니다.

모든 사람은 태어나면서부터 죽음이라는 병균을 가지고 태어납니다. 모든 사람이 그렇습니다. 어느 누구도 예외가 없습니다. 믿는 사람들도 죽음의 씨앗을 가지고 나옵니다. 때가 되면 우리 주님이 말씀하신 "너는 흙이니 흙으로 돌아갈 것이니라"라는 선언을 받아야 됩니다. 인간이 흙으로 돌아간다는 표현은 원죄에 대한 사형 선고를 말합니다.

여기서 원죄라는 말은 행위를 가리키는 것이 아니라 상태를 말합니다. 아담과 하와가 나무의 실과를 따먹었다는 행위가 아니라, 아담과 하와가 하나님의 말씀에 불순종해서 실과를 따먹고 부패했다는 상태가 원죄입니다. 인간의 부패성, 이것이 원죄입니다. 아담의 범죄로 인하여 모든 인간은 태어나면서부터 하나님을 사랑하고, 하나님을 의지하고, 존귀하게 여기고, 신뢰하던 마음을 모두 잃어버렸습니다. 인간의 마음이 태어나면서부터 하나님을 두려워하고, 미워하고, 싫어합니다. 하나님을 떠났기 때문입니다.

> 모든 사람이 죄를 범하였으매 하나님의 영광에 이르지 못하더니
> (롬3:23).

모든 사람이 원죄를 갖고 태어납니다. 영원한 생명이 없는 존재로 이 세상에 태어나는 것입니다. 하나님으로부터 떠나서 숨어버립니다. 하나님과 교제할 수 없습니다. 생명 되시는 분을 떠나면 부패되어 버립니다. 사람이 죽어서 생명이 나가면 그때부터 부패하기 시작합니다. 그러나 살아 있으면, 아무리 약해서 어떻게든 숨을 쉬고 있으면 백날가도 썩지 않습니다.

② 땅에서 분리되어 뿌리 뽑힌 풀과 같다

하나님의 생명으로부터 떨어져 나가자마자 인간은 부패되어 버립니다.

> 또한 그들이 마음에 하나님 두기를 싫어하매 하나님께서 그들을 그 상실한 마음대로 내버려 두사 합당하지 못한 일을 하게 하셨으니
> (롬 1:28).

하나님을 모시는 것을 싫어하기 때문에 하나님이 없는 상태 곧 상실된 상태로 두었다고 합니다.

그러면 어떻게 됩니까?

> 곧 모든 불의, 추악, 탐욕, 악의가 가득한 자요 시기, 살인, 분쟁, 사기, 악독이 가득한 자요 수군수군하는 자요(롬 1:29).

여러분 안에 불의, 추악, 탐욕, 악의, 별별 것이 다 들어 있습니다. 이것이 하나님을 떠난 상태, 죽어있는 상태입니다. 부패되고 타락한 상태입니다.

비유로 얘기하자면, 어떤 사람은 땅에서 뿌리째 뽑힌 풀과 같습니다. 땅에 심어놓은 풀이 뽑히면 이것을 살았다고 봅니까, 죽었다고 봅니까? 살았다고 하기도 하고, 죽었다고 하기도 합니다. 땅에서 뽑힌 후에도 당분간 살았다가 나중에는 말라비틀어져 죽습니다. 이것이 인간의 상태입니다. 인간도 하나님을 떠나도 일정한 기간 동안 삽니다. 그러나 뿌리가 뽑혔기 때문에 그 삶은 산 것이 아닙니다. 죽은 것이나 마찬가지입니다. 일단 뿌리가 뽑혔다는 것은 죽은 것입니다. 일정한 기간 동안 생을 영위하다가 나중에 말라비틀어집니다.

그렇다면 뽑힌 풀을 어떻게 해야 합니까?

땅 속에 다시 심어야 합니다. 하나님과 연합되어야 합니다. 하나님이신 그리스도의 은혜 속에 들어가야 되는 것입니다. 그래야 회복됩니다.

③ 아담은 왜 즉시 죽지 않았는가? 아담은 살았지만 죽었다

하나님이 "너는 흙이니 흙으로 돌아갈 것이니라"라고 죽음을 선언했는데, 아담은 930세까지 살았습니다.

어째서 아담은 그렇게 오랫동안 살았습니까?

영적으로 볼 때, 그들은 하나님께 범죄하고 하나님을 떠난 순간에 이미 죽었습니다. 그 증거가 있습니다. 모든 사람들은 사는 동안 죽음을 느끼면서 살아갑니다. 혹시 어딘가 아프기라도 하면, '이거 혹시 암 아니야?'라고 하며 죽음을 느끼고 두려워합니다. 평생 동안 더 건강한 몸, 생명 연장 같은 것을 추구합니다. 줄기세포를 만들어서 더 좋은 생명의 삶을 살겠다고 발버둥 칩니다. 이런 것들이 바로 죽었다는 것을 증명하는 것입니다.

왜 그럽니까?

영생이 없기 때문입니다. 살았지만 사실은 죽어 있기 때문입니다. 산 죽음(living death)을 사는 것입니다.

(13) 진정한 생명과 자유

인간이 일생을 추구하는 것은 생명과 자유입니다. 창세기 3장에서 인간이 하나님을 떠난 것을 인간이 하나님으로부터 독립을 선언한 것으로 설명합니다.

죄의 본질이 무엇입니까?

하나님께 의존되어 살고 있는 인간이 하나님으로부터 떨어져 나가서 자유를 주장하는 것입니다. 인간이 가장 좋아하는 단어 중의 하나가 자유입니다. 군인들을 보면, 그들에게는 자유가 최고입니다. 무언가를 하라고 명령하면 싫어합니다. 가만 놔두는 것을 좋아합니다.

왜 그렇습니까?

그것이 자유이기 때문입니다.

인간이 하나님을 떠나서 자유롭게 살고 영원한 생명을 누리고자 하지만, 하나님을 떠나는 순간 그들은 영생을 잃어버리고 죽음을 느끼면서 살아가게 됩니다. 생명을 추구하면서 살고자 하지만 죽음을 느끼며 살고 있고, 자유를 누릴 줄 알았는데 자유는커녕 사탄에 붙잡힌바 되어 있습니다.

진정한 자유, 진정한 생명을 얻으려면 생명의 주인공 되신 예수, 자유의 주인공 되신 예수 안에 들어오면 됩니다. 예수 생명이 여러분 안에 있으면 영원한 생명을 얻습니다. 죽음에 대해서 자유합니다. 뿐만 아니라 여러분이 예수님을 자신의 구주로 영접하고 그분에게 순종하면 진정한 자유를 얻습니다.

진리를 알지니 진리가 너희를 자유롭게 하리라(요 8:32).

예수 안에 들어와야 자유합니다. 그분께서 주시는 자유로 여러분이 자유합니다. 복음을 받아야 명예로부터, 권력으로부터, 돈으로부터, 무슨 쾌락에서 자유를 느낄 수 있습니다. 그렇지 않으면 전부 돈의 노예요, 쾌락의 노예입니다. 요즘은 재미없으면 못 삽니다.

그렇지 않은 사람이 누가 있습니까?

전부 그렇습니다. 인간에게는 진정한 자유가 없는 것입니다. 그래서 하나님께 돌아와야 하고, 하나님을 만나야 합니다.

창세기 3장에서 일어난 사건이 인생 모든 문제의 근본입니다.

오늘날도 동일하게 인간에게 나타나는 사건이 무엇입니까?

창세기 3장에서 나온 것과 같이 하나님께 반역하고, 하나님을 떠나는 것입니다. 이 창세기 3장을 회복하는 것이 복음입니다.

이것을 누가 회복했습니까?

첫 사람이 실패한 것을 둘째 사람이 오셔서 회복했습니다. 둘째 사람은 땅에서 나신 메시아이면서 하늘에서 나셨습니다. 하나님의 아들이시기 때문에 완벽하게 하나님께 순종하고 사탄을 정복합니다. 영생과 자유를 줍니다. 이걸 가리켜서 복음이라고 하는 것입니다.

(14) 하와는 '생명'이라는 의미, 즉 아담은 사탄에 대한 승리의 약속을 믿었다

아담이 창세기 3장 14, 15절, 특별히 15절에서 사용되어진 이 복음을 믿었다는 증거가 있습니다. 아담 이후로부터 아담, 셋, 에노스, 계속 나와서 노아까지 10고조에 이르게 되는데, 이 사람들을 여자의 후손의 계열로 봅니다. 이들이 믿음을 가졌다고 봅니다. 그렇게 보는 근거가 있습니다.

> 아담이 그의 아내의 이름을 하와라 불렀으니 그는 모든 산 자의 어머니가 됨이더라(창 3:20).

아담이 자기 아내에게 하와라고 이름을 붙여줍니다. 하와라는 이름은 생명이라는 뜻입니다. 인간이 하나님을 떠남으로 말미암아 생명이 없는 존재가 되었는데, 아담은 자기 아내 이름을 생명이라고 지었습니다. 아담이 자기 아내 이름을 하와, 생명이라고 부른 것 자체가 바로 아담이 앞으로 오실 메시아가 생명을 주실 것으로 믿었다는 증거입니다. 하나님이 일종의 집행 유예의 축복을 주신 것입니다.

> **여호와 하나님이 아담과 그의 아내를 위하여 가죽옷을 지어 입히시니라**(창 3:21).

하나님은 그 믿음을 보시고 가죽옷을 지어 입힙니다. 가죽옷이라는 것은 짐승의 가죽으로 만든 옷을 말합니다. 아담과 하와 앞에서 짐승을 잡아서 죽이고 가죽옷을 입혔다는 것입니다. 이것을 보고 학자들은 피의 희생제사를 드렸다고 설명합니다. 무화과나무 잎을 입으면 부서지고 밟혀버리지만 가죽옷을 입으면 견고하고 영원합니다. 그래서 이것이 예수 그리스도의 의, 피의 복음의 의를 말한다고 해석합니다. 하나님이 동물의 가죽옷을 취하셨다는 말은 먼저 동물을 죽여서 희생제사를 드렸다는 것으로 볼 수 있기 때문입니다.

제5장
하나님의 구원계획과 경륜

　　예수님은 그리스도시요 살아 계신 하나님의 아들입니다. 예수님이 하나님의 아들 그리스도라는 증거로서 십자가에서 우리 죄를 대신해서 피 흘려 죽으시고 죽은 자들 가운데서 부활하셨습니다. 이 죽음과 부활의 복음으로 여러분 인생의 모든 문제가 처리되고 해답을 얻습니다. 그리스도의 죽음은 죄악 가운데 빠진 인생들을 구원하는 구원의 복음이고 기쁜 소식입니다.
　　그리스도의 죽음은 하나님께 범죄해서 하나님을 두려운 존재로 여기게 된 인간을 격려하고 일으켜 세우는 사랑의 계시입니다. 동시에 예수 그리스도가 십자가에서 죽으심으로 말미암아 사탄을 정복합니다. 죄와 사탄의 세력을 정복해서 어둠에서 빛으로, 사탄의 권세에서 하나님께로 돌아오게 하는 신비의 복음입니다. 여러분이 이 세 가지 복음들을 잘 알아야 복음을 누리되 풍성하게 누릴 수 있는 것입니다.

● 하나님의 구원계시

지금까지 우리는 승리자 그리스도의 복음을 살펴보았습니다. 여자의 후손으로 오신 예수님이 사탄의 머리를 밟아서 사탄을 정복한 사건이 승리자 그리스도 복음의 핵심입니다. 이 복음의 비밀들을 우리가 하나하나 알아보고 있습니다. 특별히 창세기 3장의 복음이야말로 비밀 중의 비밀이고 감추어져 있던 비밀입니다. 여러분은 창세기 3장의 계시를 통해서 하나님이 사탄의 존재를 드러내신 것을 보게 됩니다. 또한 사탄이 인간을 미워하고 미혹했다는 사실과 여자의 후손을 통해서 사탄을 정복했다는 승리의 사실도 동시에 알게 됩니다.

창세기 3장에 나오는 인간의 타락과 사탄의 역사는 실제로 역사적인 사실입니다. 결코 알레고리가 아닙니다. 우화도 아닙니다. 이것을 역사적인 사건으로 믿지 않으면 예수님도 역사적인 인물이 될 수 없습니다.

첫 사람 아담의 범죄로 인한 율법의 실패, 즉 하나님께 영광 돌리는 것의 실패를, 마지막 아담 또는 둘째 아담이라고 부르지만 정확하게는 마지막 아담으로 오신 예수님이 회복하셨습니다. 예수님은 인간의 모든 죄를 모두 대속하시되 완벽하게 순종하면서 율법을 성취하시고, 율법이 이루지 못한 것을 십자가에서 대신 죽음으로 담당했습니다. 아담이 실패했던 하나님의 말씀 곧 율법을 자원하는 마음으로 완전하게 순종함과 동시에 순종하지 못한 것에 대한 저주까지 담당함으로써 완벽하게 하나님의 말씀을 성취한 것입니다.

● 둘째 사람 예수

아담이 잃어버렸던 것을 둘째 사람 예수님이 오셔서 회복하고 이 권리를 우리에게 주셨습니다. 그 권리를 모두 누리게 하지는 않지만, 그래도 믿음으로 누리게 하고 있습니다. 여러분이 지금 믿음을 세우면 믿음이 일어납니다. 그러면 믿음을 누리게 되고 "지금은 거울로 보는 것같이 희미하나 그때에는 얼굴과 얼굴을 대하여 볼 것이요"(고전 13:12)라는 말씀과 같이 그 나라에 가서 우리 주님을 얼굴과 얼굴을 대하듯 그리스도와 함께 누리는 삶을 살 것입니다.

우리가 그 나라에 가면 어떻게 됩니까?

요한계시록 22장 4, 5절에서 하나님이 약속을 합니다.

> 그의 얼굴을 볼 터이요 그의 이름도 그들의 이마에 있으리라 다시 밤이 없겠고 등불과 햇빛이 쓸 데 없으니 이는 주 하나님이 그들에게 비치심이라 그들이 세세토록 왕 노릇 하리로다(계 22:4-5).

그를 섬기고 그의 얼굴을 보며 그의 이마에 하나님의 말씀이 있습니다. 그리고 세세토록 왕 노릇 합니다. 이것이 마지막 신천신지에서 사는 우리의 삶입니다. 왕 노릇 하는 것입니다.

이와 같이, 우리가 살펴보고 있는 창세기 3장의 내용은 절대 알레고리나 우화가 아니라 역사적인 사건입니다. 그렇기 때문에 역사적인 인물인 예수님이 오셔서 첫 사람 아담의 실패를 완성한 것입니다. 이것을 성경이 자세하게 보여 줍니다. 앞으로 우리가 신약성경에서 예수님을 설명할 때, 아담이 실패한 것을 완벽하게 성취하는 놀라운 사실을 보게 될 것입니다.

● 구약에서는 모형적으로 계시

구약에서는 그것을 모형적으로 설명합니다. 그래서 여러분이 창세기 3장에 대한 확실한 이해를 가지고 역사적 사실로 믿어야 됩니다. 창세기 3장에서 뱀이 유혹자로 나타나는데, 이것을 구약성경만 보면 알 수 없습니다. 그러나 신약성경에서는 그 사실을 가르칩니다. 구약은 뿌리이고 신약은 열매라고 합니다. 뿌리만 봐서는 감나무인지 배나무인지 모르지만 열매를 보면 바로 알게 됩니다. 꽃이 열매로 맺은 요한계시록 20장 2절에서 "옛 뱀이요 마귀요 사탄이라"라고 말씀하기 때문에, 인간을 유혹한 뱀 속에 사탄이 들어갔다는 것을 비로소 알게 되는 것입니다.

사탄은 자신의 말로써 하나님의 말씀을 공격했습니다. 사탄이 우리를 유혹할 때 다른 것으로 유혹하지 않습니다. 오직 여러분이 하나님의 말씀을 갖지 못하도록 공격합니다. 말씀을 잃어버렸다면 전부 잃어버린 것입니다. 모든 악은 불신 곧 하나님의 말씀과 하나님께 대한 의심에서 생기는 것입니다.

하와는 그 자신의 마음속에 실과를 따먹고 싶은 욕망이 일기 전에 이미 하나님이 아담에게 하신 말씀을 잃어버렸습니다. 그 이전에는 그 실과를 하나님의 말씀대로 보았기 때문에, 그 말씀이 그들의 경배요, 찬미의 대상이었습니다. 먹지 말라는 말씀에 '아멘! 당신은 창조주 하나님이시요 나의 경배를 받을 분입니다'라고 대답했습니다.

그런데 사탄이 실과를 먹어도 죽지 않고, 하나님과 같이 된다고 하며 유혹했을 때, 하와가 사탄의 제안에 비추어 그 나무를 보니 그 실과가 먹음직도 하고, 보암직도 하고, 지혜롭게 할 만큼 탐스럽기도 했습니다. 하와의 눈이 완전히 육체적인 것에 주목하게 된 것입니다. 여러분이 하나님의 말씀을 잃어버리면 죽는 것입니다. 그래서 말씀의 요약인 그리스도의 복음을 잘 붙들어야 합니다.

1. 여자의 후손은 아브라함의 후손으로 구체화된다

(1) 하나님의 계획 속에 있던 여자의 후손 계열

- **아담 이후 10고조: 아담, 셋, 에노스, 게난, 마할랄렐, 야렛, 에녹, 므두셀라, 라멕, 노아**

  여자의 후손은 네 머리를 상하게 할 것이요 너는 그의 발꿈치를 상하게 할 것이니라 하시고(창 3:15).

하나님이 앞으로 여자의 후손이 와서 뱀의 머리를 상하게 할 것이라고 약속하셨습니다. 어떤 방법으로 성취하실지 살펴보겠습니다. 인간은 현재 하나님의 말씀에 불순종하고 사탄의 말을 들어서 그에 예속되어 있습니다. 그렇기 때문에 인간을 붙잡고 있는 사탄을 먼저 정복해야 인간이 자유를 얻습니다. 그래서 하나님은 여자의 후손이 와서 이 사탄을 정복하게 될 것이라고 약속하신 것입니다. 이 여자의 후손은 어떤 경로를 통해서 이 세상에 오며, 어떻게 사탄의 머리를 박살낼 것인지에 대한 이야기가 구약성경입니다. 창세기 12장부터 마지막 50장까지 그 이야기입니다.

여자의 후손은 여자로부터 나오는 사람이므로 수없이 많을 것입니다. 그러나 언제 어디서 나올지 알 수가 없습니다. 하나님이 여자의 후손이 와서 뱀의 머리를 상하게 한다고만 말씀하셨기 때문에 사탄은 전전긍긍합니다. 언제 여자의 후손이 나와서 자기를 죽일지 모르기 때문에 여자가 아이를 낳을 때마다 고민할 것입니다.

여자의 후손은 아담과 하와 이후에 아브라함으로 구체화 되는데, 하나님은 그 전에 이미 여자의 후손의 계열을 마음속에 담고 계셨습니다. 10고조인 아담, 셋, 에노스, 게난, 마할랄렐, 야렛, 에녹, 므두셀라, 라멕, 그 다음에 노아로 계속해서 전개되는 이 사람들을 믿음의 계열로 봅니다. 여자의 후손 계열입니다.

그러면 뱀의 계열은 누구입니까?

바깥으로 떨어져나간 가인이라든가 다른 사람들을 뱀의 계열로 봅니다.

● **믿음의 전승**

이 때까지 믿음의 계열은 하나님의 계획 속에만 들어 있었습니다. 이들을 통해서 여자의 후손으로 나올 사람들을 준비시키고 계셨는데, 여자의 후손이 나올 10고조 이후에 나온 인생들이 창세기 11장에서 결정적으로 하나님께 반역을 합니다. 바로 바벨탑 사건입니다. 인간들이 하나님과 같이 되고자하고, 자기들의 이름을 세우기 위해 바벨탑을 쌓는 사건입니다. 이 일로 인하여 인간은 전부 타락하고 맙니다.

성경을 보면 사람들의 나이가 많습니다. 므두셀라 같은 경우는 969세까지 살았습니다. 아담이 930세까지 살았고, 노아도 950세까지 삽니다. 그런데 노아 이후로부터 수명이 조금씩 줄어듭니다. 노아의 아들들은 수명이 500세 정도였습니다.

그러나 결정적으로 나이가 200세 미만으로 줄어든 것을 언제로 볼까요? 아브라함이 175세까지 살았는데, 수명이 이처럼 줄어든 것은 바벨탑 사건 곧 인간의 반역 사건부터입니다. 하나님의 경륜입니다.

왜 그렇습니까?

하나님은 인간을 만든 다음에 "생육하고 번성하여 땅에 충만하라"라고 했습니다. 땅에 충만해야 됩니다. 그러려면 오래 살아야 됩니다. 아담이 오래 살아야 되는 것입니다. 어떤 사람은 가인이 결혼했다는 것을 보고, 그때 사람도 없었는데 어떻게 결혼을 하냐고 물어봅니다. 아담은 930년 동안 살 동안, 가인과 아벨 외에도 다른 자녀들을 많이 낳았습니다. 그리고 그때는 근친결혼을 했습니다.

오래 살아야 할 또 하나의 이유가 있습니다. 땅에 충만하고 번성해야 되기 때문에 많이 낳았을 뿐 아니라, 아담과 하와가 범죄한 사실과 여자의 후손이 뱀의 머리를 상하게 한다는 위대한 믿음을 전승할 필요도 있었습니다. 지금은 성경을 보고 알지만, 그 당시에는 성경이 없었기 때문에 전승을 통해서 복음을 듣게 됩니다. 어떤 문제가 생기면 먼저 아담에게 가서 '아담 할아버지여, 이런 문제를 어떻게 해결해야 합니까?'라고 물어보았을 것입니다. 아담이 얼마나 오래 살았냐면, 므두셀라 때까지 살았습니다. 므두셀라는 969살까지 살았고, 그때에 노아의 아들인 셈까지 보았습니다.

셈이 누구입니까?

하나님이 노아의 홍수 사건으로 인간을 모두 쓸어버렸을 때 살았던 사람입니다. 그 사람이 아브라함이 있을 때부터 야곱까지 봅니다. 매듭이 몇 개 안 됩니다. 할아버지, 아버지, 아들이기 때문에 전승이 확실합니다. 몇 십대가 지나서 흩어지면 전승이 불완전할 수 있지만, 몇 대가 안 되기 때문에 왜곡되지 않고 전승될 수 있었습니다.

(2) 아브라함의 후손

● **여자의 후손이 아브라함의 후손으로 구체화됨**

하나님이 마음속에 갖고 있었던 여자의 후손을 세상 앞에 구체적으로 계시를 합니다. 이것이 아브라함을 부르는 사건입니다. 하나님이 아브라함을 부른 이후로부터는 여자의 후손이 아브라함의 후손으로 대치됩니다. 이제는 아브라함을 통해서 아담과의 언약, 곧 여자의 후손이 사탄의 머리를 발로 밟아버리는 승리의 약속이 이어집니다. 창세기 12장 2절에 보면 하나님이 아브라함을 부릅니다.

> 내가 너로 큰 민족을 이루고 네게 복을 주어 네 이름을 창대하게 하리니 너는 복이 될지라(창 12:2).

하나님이 아브라함을 불러서 아브라함으로 하여금 여자의 후손으로 삼고자하는 결정적인 언약은 창세기 15장에서 찾아볼 수 있습니다.

> 아브람이 또 이르되 주께서 내게 씨를 주지 아니하셨으니 내 집에서 길린 자가 내 상속자가 될 것이니이다 여호와의 말씀이 그에게 임하여 이르시되 그 사람이 네 상속자가 아니라 네 몸에서 날 자가 네 상속자가 되리라 하시고 그를 이끌고 밖으로 나가 이르시되 하늘을 우러러 뭇별을 셀 수 있나 보라 또 그에게 이르시되 네 자손이 이와 같으리라 아브람이 여호와를 믿으니 여호와께서 이를 그의 의로 여기시고(창 15:3-6).

하나님께서 아브라함을 불러서 '너로 큰 민족을 이루겠다'고 약속하십니다. 그때 아브라함은 75세였습니다. 그 후 아브라함이 가나안 땅에 거한지 10년 가까이 되는데도 자손이 없자, 아브라함은 자신이 없어졌습니다. 그래서 자기 집에서 길린 사람으로 상속자를 삼으려고 했으나, 하나님은 '아니다! 네 몸에서 난 자가 상속자가 되고, 너의 후손에서 앞으로 여자의 후손으로서의 사명을 감당할 자가 올 것이다'라고 합니다. 뭇별을 세는 것처럼 아브라함의 자손이 많게 될 것이라는 하나님의 말씀을 아브라함은 믿습니다.

여기서 창세기 15장 5절의 "네 자손이 이와 같으리라"라는 말씀은 여자의 후손이 아브라함의 후손으로 바뀐 것을 말합니다. 아브라함의 자손이 뭇별을 세는 것처럼 창대케 되고, 여기서 메시아가 나올 것이라는 하나님의 말씀을 아브라함은 믿은 것입니다.

> 아브람이 여호와를 믿으니 여호와께서 이를 그의 의로 여기시고
> (행 15:6).

믿음으로 말미암아 의로 여긴다는 말이 창세기 15장 6절에서 처음 나옵니다. 마틴 루터는 이것을 보고, 아브라함은 선지자이고 신령한 사람이기 때문에, 앞으로 그 씨를 통해서 뱀의 머리를 상하게 할 여자의 후손이 올 것이라고 해석했습니다.

믿음이 무엇입니까?

의(義)입니다. 오직 믿음으로 말미암아 의로워집니다. 아브라함은 여자의 후손으로 오는 메시아를 믿는 믿음으로 구원을 얻었습니다. 예수님을 믿는 믿음으로, 앞으로 오실 예수님을 자기 메시아로 믿음으로써 구원을 얻은 것입니다. 즉, 신구약 백성 모두가 예수님을 통해서 구원을 얻습니다. 다만 그때는 예수님이 안 오셨을 뿐입니다.

여자의 후손이 아브라함의 후손으로 구체화되고, 하나님의 특별한 섭리대로 아브라함의 후손에서 메시아가 나옵니다.

마태복음의 첫 번째 단어가 무엇입니까?

아브라함입니다.

> 아브라함과 다윗의 자손 예수 그리스도의 계보라(마 1:1).

여기에 아브라함이 나옵니다. 아브라함이 아니면 메시아가 나올 수 없습니다.

● 이스마엘은 여자의 후손이 아님

하나님이 아브라함에게 한 약속은 즉시 이루어지지 않았습니다. 아브라함에게 자기 씨를 주어야 되는데, 십 년이 되도록 자식이 없었습니다. 그래서 아브라함의 아내 사라는 창세기 16장 2절[1]에서 "내 여종에게 들어가라"라고 합니다.

첩을 들이는 것입니다. 가나안에 들어간 지 십 년 후였습니다. 하갈은 이스마엘[2]이라는 아들을 낳습니다. 아브라함은 이스마엘도 그의 자손이기 때문에 이 아이가 앞으로 여자의 후손이 될 이의 조상이라고 생각합니다. 그러나 하나님은 단호하게 아니라고 하십니다.

---

1 (창 16:1-4) [1] 아브람의 아내 사래는 출산하지 못하였고 그에게 한 여종이 있으니 애굽 사람이요 이름은 하갈이라 [2] 사래가 아브람에게 이르되 여호와께서 내 출산을 허락하지 아니하셨으니 원하건대 내 여종에게 들어가라 내가 혹 그로 말미암아 자녀를 얻을까 하노라 하매 아브람이 사래의 말을 들으니라 [3] 아브람의 아내 사래가 그 여종 애굽 사람 하갈을 데려다가 그 남편 아브람에게 첩으로 줄 때는 아브람이 가나안 땅에 거주한 지 십 년 후였더라 [4] 아브람이 하갈과 동침하였더니 하갈이 임신하매 그가 자기의 임신함을 알고 그의 여주인을 멸시한지라.

2 (창 16:15-16) [15] 하갈이 아브람의 아들을 낳으매 아브람이 하갈이 낳은 그 아들을 이름하여 이스마엘이라 하였더라 [16] 하갈이 아브람에게 이스마엘을 낳았을 때에 아브람이 팔십육 세였더라.

● 하나님이 사라에게 여자의 후손을 약속함[3]

창세기 17장 1절[4]에 보면, 아브라함이 구십 구세 때에 하나님이 나타나서 말씀을 합니다. 구십 구세쯤 되니 아브라함은 힘이 없어졌습니다. 게다가 아내는 경수가 끊어져서 아이를 낳지 못합니다. 그런데 그때 하나님이 아브라함에게 나타나서 사라에게 아들을 낳아주겠다고 약속을 합니다. 그 말씀을 듣고 아브라함은 웃어 버립니다.

> 아브라함이 엎드려 웃으며 마음속으로 이르되 백 세 된 사람이 어찌 자식을 낳을까 사라는 구십 세니 어찌 출산하리요(창 17:17).

그것을 보고 하나님이 말씀을 합니다.

> 하나님이 이르시되 아니라 네 아내 사라가 네게 아들을 낳으리니 너는 그 이름을 이삭이라 하라 내가 그와 내 언약을 세우리니 그의 후손에게 영원한 언약이 되리라(창 17:19).

---

3 (창 17:15-19) [15] 하나님이 또 아브라함에게 이르시되 네 아내 사래는 이름을 사래라 하지 말고 사라라 하라 [16] 내가 그에게 복을 주어 그가 네게 아들을 낳아 주게 하며 내가 그에게 복을 주어 그를 여러 민족의 어머니가 되게 하리니 민족의 여러 왕이 그에게서 나리라 [17] 아브라함이 엎드려 웃으며 마음속으로 이르되 백 세 된 사람이 어찌 자식을 낳을까 사라는 구십 세니 어찌 출산하리요 하고 [18] 아브라함이 이에 하나님께 아뢰되 이스마엘이나 하나님 앞에 살기를 원하나이다 [19] 하나님이 이르시되 아니라 네 아내 사라가 네게 아들을 낳으리니 너는 그 이름을 이삭이라 하라 내가 그와 내 언약을 세우리니 그의 후손에게 영원한 언약이 되리라.

4 (창 17:1) 아브람이 구십구 세 때에 여호와께서 아브람에게 나타나서 그에게 이르시되 나는 전능한 하나님이라 너는 내 앞에서 행하여 완전하라.

이삭이란 말은 웃는다는 뜻입니다. 구십 구세 된 사람에게 자식이 있다고 하니까 아브라함이 웃어버린 것입니다. 사라도 장막 문에서 그 말을 듣고 웃어버립니다. 하나님이 왜 웃느냐 말씀합니다.

> 사라가 두려워서 부인하여 이르되 내가 웃지 아니하였나이다 이르시되 아니라 네가 웃었느니라(창 18:15).

(3) 이삭의 출생[5]

● 이삭은 그리스도의 모형

하나님은 약속하신 대로 행하셨습니다.

> 여호와께서 말씀하신대로 사라를 돌보셨고 여호와께서 말씀하신대로 사라에게 행하셨으므로 사라가 임신하고 하나님이 말씀하신 시기가 되어 노년의 아브라함에게 아들을 낳으니(창 21:1-2).

---

[5] (창 21:1-10) [1] 여호와께서 말씀하신대로 사라를 돌보셨고 여호와께서 말씀하신대로 사라에게 행하셨으므로 [2] 사라가 임신하고 하나님이 말씀하신 시기가 되어 노년의 아브라함에게 아들을 낳으니 [3] 아브라함이 그에게 태어난 아들 곧 사라가 자기에게 낳은 아들을 이름하여 이삭이라 하였고 [4] 그 아들 이삭이 난 지 팔 일 만에 그가 하나님이 명령하신 대로 할례를 행하였더라 [5] 아브라함이 그의 아들 이삭이 그에게 태어날 때에 백 세라 [6] 사라가 이르되 하나님이 나를 웃게 하시니 듣는 자가 다 나와 함께 웃으리로다 [7] 또 이르되 사라가 자식들을 젖먹이겠다고 누가 아브라함에게 말하였으리요마는 아브라함이 노경에 내가 아들을 낳았도다 하니라 [8] 아이가 자라매 젖을 떼고 이삭이 젖을 떼는 날에 아브라함이 큰 잔치를 베풀었더라 [9] 사라가 본즉 아브라함의 아들 애굽 여인 하갈의 아들이 이삭을 놀리는지라 [10] 그가 아브라함에게 이르되 이 여종과 그 아들을 내쫓으라 이 종의 아들은 내 아들 이삭과 함께 기업을 얻지 못하리라 하므로.

구약성경을 보면 족장들이 많이 나옵니다. 창세기에는 네 명의 족장 이야기가 12장부터 50장까지 나오는데, 대체로 성경에 분량이 많은 사람이 힘 있는 사람입니다. 많이 기록되는 것입니다. 아브라함의 경우, 14장에 걸쳐서 쓰여 있습니다. 그런데 이삭은 2장에 불과합니다. 그 뒤의 야곱은 9장에 걸쳐 나오고, 요셉도 14장으로 내용이 깁니다. 사실 이삭은 족장들 가운데서 그다지 탁월하지 못했습니다. 그런데 이삭이 태어나는 과정은 모든 사람이 갈망하고, 갈망하고, 갈망했습니다. 무려 25년 동안 기다렸습니다. 기다리다, 기다리다, 기다려서 태어난 것이 바로 이삭입니다.

구약의 인물 중에서 이삭처럼 큰 기대 속에서 태어난 인물이 거의 없습니다. 하나님이 주겠다고 약속했는데, 안 주셔서 기다리기를 10년, 20년, 25년 만에 나온 것입니다. 그것도 아브라함이 백 세 되어서야 나왔습니다. 늙어서 아이를 낳지 못할 것이라고 생각하던 때에 이삭을 낳게 합니다.

어떻게 낳게 합니까?

하나님의 능력으로 낳게 합니다.

이삭이 어떻게 태어납니까?

하나님의 능력으로 태어납니다. 사라가 아이 낳는 것이 불가능함에도 불구하고 하나님의 능력으로 아이를 낳게 한 것입니다.

그래서 이삭은 우리 주 예수 그리스도의 정확한 모형이 됩니다. 이 모형이 되게 하기 위해서 이삭 자체는 별 볼일 없는 사람이었음에도 불구하고 그 출생 과정이 예수님의 탄생과 유사했던 것입니다.

● 사라의 찬양은 마리아의 찬양 서곡

사라가 찬양하는 것이 마리아의 송가와 비슷합니다.

> 사라가 이르되 하나님이 나를 웃게 하시니 듣는 자가 다 나와 함께 웃으리로다 또 이르되 사라가 자식들을 젖먹이겠다고 누가 아브라함에게 말하였으리요마는 아브라함의 노경에 내가 아들을 낳았도다 하니라 (창 21:6-7).

이것을 히브리어로 보면 찬가입니다. 시입니다. 사라의 찬가입니다. 사라의 찬가는 마리아의 송가와 비슷합니다. 마리아가 임신한 후에 이렇게 노래했습니다.

> 내 영혼이 주를 찬양하며 내 마음이 하나님 내 구주를 기뻐하였음은 그의 여종의 비천함을 돌보셨음이라 보라 이제 후로는 만세에 나를 복이 있다 일컬으리로다 능하신 이가 큰 일을 내게 행하셨으니 그 이름이 거룩하시며 긍휼하심이 두려워하는 자에게 대대로 이르는도다 그의 팔로 힘을 보이사 마음의 생각이 교만한 자들을 흩으셨고 권세 있는 자를 그 위에서 내리치셨으며 비천한 자를 높이셨고 주리는 자를 좋은 것으로 배불리셨으며 부자는 빈 손으로 보내셨도다 그 종 이스라엘을 도우사 긍휼히 여기시고 기억하시되 우리 조상에게 말씀하신 것과 같이 아브라함과 그 자손에게 영원히 하시리로다 하니라 (눅 1:46-55).

마리아가 "내 영혼이 주를 찬양하며"라고 찬가를 부르는 것을 보고, 학자들은 사라의 찬가가 마리아의 찬가의 서곡이라고 말합니다.

아브라함과 사라의 관계 가운데서 사라는 마리아의 모형이 됩니다. 그렇기 때문에 그렇게 신비한 방법으로 아이가 태어나는 것입니다. 이삭이 고대하고, 고대해서 하나님의 능력으로 태어난 것처럼 우리 주님도 하나님의 능력, 성령의 능력으로 탄생하셨습니다. 처녀의 몸에서 여자의 후손으로 태어난 것입니다. 이것이 구약성경과 신약성경을 관통하는 하나님 말씀의 통일성입니다.

2. 승리자 그리스도의 구약의 전형적 모형(여호수아, 다윗)

예수님은 그리스도시요 살아 계신 하나님의 아들입니다. 예수님이 하나님의 아들 그리스도라는 증거로 십자가에서 우리 죄를 대신해서 피흘려 죽으시고 죽은 자들 가운데서 부활하셨습니다. 이 죽음과 부활의 복음 속에 모든 은혜가 다 들어 있다는 것이 우리 교회가 갖고 있는 메시지입니다. 복음이 여러분 인생 문제의 답입니다. 여러분이 갖고 있는 모든 인생 문제가 복음으로 해답을 얻고 해결이 됩니다. 어떤 어려움과 힘든 환경에 있다 할지라도 하나님의 아들 예수 그리스도의 이름으로 해결이 됩니다. 그리스도의 복음 속에 모든 증거가 다 들어 있습니다. 그리스도 안에 영원한 생명과 여러분의 미래와 가족과 직장, 모든 것이 들어 있습니다. 모든 것이 그분의 수중에 있습니다.

● 하나님이 그리스도 안에서 하신 일

여러분이 복음을 알되 깊이 알아야 되는데, 그 복음의 가장 핵심적인 것은 하나님께서 그리스도 안에서 하신 일이라고 볼 수 있습니다. 하나님께서 그리스도 안에서 하신 일을 십자가의 성취로 설명하겠습니다.

첫 번째는 죄에 대한 구원입니다. 하나님 자신이 자기 자신의 희생을 통해서 자기의 의를 완성하는 것입니다. 이것이 죄인의 구원입니다. 오직 예수뿐입니다.

두 번째는 인간이 범죄해서 하나님을 두려워하고 떠난 무리들에게 하나님이 위대한 사랑을 부음으로써 그들로 하여금 감동되어 그 사랑에 반응하도록 권고하는 것입니다. 십자가의 사랑입니다. 하나님의 성품을 계시하는 것입니다.

세 번째는 우리를 유혹해서 붙잡고 있는 자, 사탄을 정복하는 것입니다.

> 강한 자가 무장을 하고 자기 집을 지킬 때에는 그 소유가 안전하되 더 강한 자가 와서 그를 굴복시킬 때에는 그가 믿던 무장을 빼앗고 그의 재물을 나누느니라(눅 11:21-22).

"강한 자"는 마귀입니다. 강한 자가 와서 우리를 붙잡고 있습니다. 사탄의 포로입니다. 그런데 사탄보다 "더 강한 자"가 와서 "강한 자"의 머리를 박살내고 포로로 잡힌 자들을 구해냅니다. 이것이 복음입니다. 하나님께서 그 아들을 보내어 십자가에서 강한 자, 사탄의 머리를 밟아버리고, 거기에 포로 되어 있는 인생들을 끄집어냅니다. 어둠에서 빛으로, 사탄의 권세에서 하나님께로 돌아오게 합니다. 이것이 구원입니다. 예수 그리스도의 복음은 죄와 사탄으로부터 해방되는 것입니다.

십자가의 성취를 다르게 표현하면, 나라와 나라와의 싸움에서 승리하는 것입니다. 하나님의 나라가 세상 나라를 정복함으로 인해 우리가 세상 나라에서 하나님 나라로 옮겨갑니다.

> 그가 우리를 흑암의 권세에서 건져내사 그의 사랑의 아들의 나라로 옮기셨으니 그 아들 안에서 우리가 속량 곧 죄 사함을 얻었도다
> (골 1:13-14).

과거에는 사탄의 백성들이었는데 하나님이 건져내어 그의 사랑하는 아들의 나라로 옮겼습니다. 하나님 나라의 백성이 되었습니다. 이것이 승리자 그리스도의 복음입니다.

● 구약에 나타난 승리자 그리스도의 모형

여자의 후손이 뱀의 머리를 상하게 할 것이라는, 미혹자에 대한 저주의 선포가 인간에게는 구원의 언약이 되었다는 신비가 승리자 그리스도의 복음입니다. 인간들은 아무 능력이 없습니다. 강한 자에게 붙잡혀 마귀의 종 노릇하고 있을 뿐입니다. 여러분이 조폭이라는 강한 자에게 붙잡혀 꼼짝 못하는 것과 같습니다. 이것을 뽑아내려면 더 강한 자가 와서 그를 결박하든가 꺾어버려야 합니다.

그렇기 때문에 여자의 후손이 뱀의 머리를 상하게 한다는 승리자 그리스도 복음이 우리가 꼭 알아야 복음인 것입니다. 이 복음의 핵심은 여자의 후손된 예수님이 십자가에서 사탄을 밟아버린 것입니다. 구약성경에서 예언하고, 모형적인 인물을 세워 설명했던 것을 그대로 성취한 이가 신약성경의 예수님입니다.

구약성경에서 승리자 그리스도의 전형적 모형으로 보는 중요한 인물이 여호수아와 다윗입니다. 사탄의 나라가 나라이기 때문에 하나님의 나라에서 싸우려면 왕권을 행사하는 왕의 지위를 가진 사람이 나타나야 합니다. 그래야 적극적으로 사탄을 정복할 모형의 역할을 할 수 있습니다.

그러나 이삭만 봐서는 사탄을 정복할 그리스도를 발견하기가 어렵습니다. 모세를 통해서도 사탄을 정복할 그리스도를 발견하기가 어렵습니다.

왜 그렇습니까?

왕권만을 적극적으로 행사하지 않았기 때문입니다. 모세 시대는 정교일치의 시대입니다. 정치와 종교 통치권이 같이 묶여 있었습니다. 그래서 모세는 제사장으로서 자기가 제사를 지냅니다. 선지자로서 대언도 합니다. 그리고 통치도 합니다. 모세는 이 삼권을 모두 가지고 있는 사람이었습니다. 그렇기 때문에 적극적으로 사탄을 정복할 모형으로 볼 수 없는 것입니다. 그저 중보자로서의 역할만 두드러지게 말할 수 있습니다.

여자의 후손, 곧 아브라함의 후손이 자라가면서 메시아의 모형, 그리스도의 모형을 설명하기 위해 정교일치의 모세 시대가 지나고 여호수아

시대에 들어섭니다. 여호수아 시대에 이르러 정치와 종교가 분리되기 시작합니다. 모세가 그렇게 하게 했습니다.

'예수님이 그리스도'라는 말에서 '그리스도'란 선지자, 제사장, 왕이라는 세 가지 직함을 가리킵니다. 이 세 가지 직함에 대해 하나님은 기름 부음을 주어서 그 사명을 완수하게 했습니다. 모세는 이 세 가지를 모두 행했습니다. 그 후 하나님의 섭리에 따라 모세가 아론을 제사장으로 세우고, 따로 왕권도 세우면서 정교가 분리됩니다. 아론이 모세보다 먼저 죽었기 때문에 하나님은 아론의 아들 엘르아살에게 기름을 부어서 대제사장이 되게 하고, 왕권 행사를 해서 대적들과 싸워 이기는 역할은 여호수아에게 맡깁니다. 그래서 사탄을 정복하고 밟아버릴 역할이 여호수아에게서 두드러지게 나타나게 됩니다.

다윗도 승리자 그리스도의 모형으로 보는데, 다윗은 물론 선지자입니다. 제사장 역할도 합니다. 그러나 본래의 사명은 왕입니다. 아주 전형적인 왕입니다. 왕이기 때문에 하나님 나라의 왕으로서 왕권을 행사하고, 이 세상 나라의 왕인 사탄을 발로 밟아버립니다. 이 두 사람이 사탄의 모형인 대적을 발로 밟아버리기 때문에 승리자 그리스도 역할의 전형적인 모형이 되는 것입니다.

(1) 여호수아

● 여호수아의 이름

여자의 후손으로서 뱀의 머리를 발로 밟아버린 그리스도의 전형적인 모형이 되는 대표적인 구약 인물이 여호수아와 다윗입니다. 먼저 여호수아부터 살펴보겠습니다. 여호수아라는 이름의 뜻은 '여호와께서 구원하심' 또는 '여호와는 구원이시다'입니다. 마태복음 1장 21절을 보면, 예수라는 이름을 말할 때, "자기 백성을 그들의 죄에서 구원할 자이심이라"라고 합니다. 여호수아라는 이름은 히브리어로 여호수아이지만, 헬라어로 바꾸면 예수가 됩니다. 70인역에는 아예 '눈의 아들 예수'라고 바꾸어서 썼습니다. 여호수아는 이름 자체까지도 예수와 똑같습니다.

> 여호와의 종 모세가 죽은 후에 여호와께서 모세의 수종자 눈의 아들 여호수아에게 말씀하여 이르시되 내 종 모세가 죽었으니 이제 너는 이 모든 백성과 더불어 일어나 이 요단을 건너 내가 그들 곧 이스라엘 자손에게 주는 그 땅으로 가라(수 1:1-2).

모세가 죽은 후, 하나님은 즉시 여호수아에게 이스라엘 백성들을 데리고 가나안 땅에 들어가라고 합니다. 모세가 죽지 않으면 가나안 땅에 들어갈 수 없었습니다.

이 말이 무슨 뜻입니까?

모세는 율법의 대표입니다. 율법은 하나님 나라 지경까지만 인도합니다. 하나님 나라는 율법을 가지고는 들어갈 수 없습니다. 그래서 백성들을 데리고 들어가는 것은 여호수아입니다. 예수님이 끌고 들어가야 되는 것입니다. 그렇기 때문에 율법에 대해서 모세는 죽어야 됩니다. 그래야 새로운 지도자이며, 예수님의 모형인 여호수아가 백성들을 이끌고 가나안 땅, 하나님 나라로 들어가는 것입니다.

모세가 시작한 출애굽의 역사를 완성하여 이스라엘 백성을 가나안에 정착시킨 여호수아는 율법이 시작한 구원의 역사를 완성하는 예수 그리스도의 모형입니다. 여호수아, 그 이름이 헬라어로 예수입니다.

> 아들을 낳으리니 이름을 예수라 하라 이는 그가 자기 백성을 그들의 죄에서 구원할 자이심이라 하니라(마 1:21).

여호수아는 예수 그리스도와 이름까지 같은 그림자인 것입니다.

● 거룩한 전쟁

① 가나안 전쟁의 서전(緒戰): 여리고 정복과 아이 정복

여호수아의 활동을 보면, 여자의 후손이신 예수님이 사탄을 정복하는 것을 볼 수 있습니다. 왕권 행사 곧 왕 되신 그리스도의 역사입니다. 여호수아 6장에 여리고 정복이 나옵니다. 7장, 8장은 아이성 정복입니다. 여리고 정복 전쟁과 아이 정복 전쟁은 이스라엘의 가나안 정복 전쟁의 서전이었습니다. 아직 본격적인 전쟁이 아닙니다.

② 가나안의 일곱 족속들의 동맹

가나안에는 일곱 족속이 있었습니다. 전쟁이 본격적인 단계에 들어서자, 이 일곱 족속들이 모여서 동맹을 맺고 힘을 합쳐서 이스라엘 군대와 싸웁니다. 여호수아는 이들을 밟아버립니다. 그들은 사탄의 세력인 것입니다. 그 과정이 9장 이하에 잘 나와 있습니다.

> 이 일 후에 요단 서쪽 산지와 평지와 레바논 앞 대해 연안에 있는 헷 사람과 아모리 사람과 가나안 사람과 브리스 사람과 히위 사람과 여부스 사람의 모든 왕들이 이 일을 듣고 모여서 일심으로 여호수아와 이스라엘에 맞서서 싸우려 하더라(수 9:1-2).

이스라엘의 정복을 막는 왕들에 대한 설명입니다. 헷 사람과 아모리 사람과 가나안 사람과 브리스 사람과 히위 사람과 여부스 사람은 가나안 땅 전부를 가리키는 표현입니다. 여기에 일곱 족속 중에서 대단히 약했던 기르가스 족속은 빠져 있습니다. 이 가나안 왕들은 이스라엘 백성이 여리고와 아이를 정복한 사실을 듣고는 긴급히 모여서 대책을 세웁니다.

> 모여서 일심으로 여호수아와 이스라엘에 맞서서 싸우려 하더라 (수 9:2).

가나안 족속들이 군사동맹을 맺고 이스라엘 백성을 치는 일에 한 마음이 된 것입니다.

그런데 그 중에 기브온 족속이 이스라엘 백성과 함께 하는 여호와의 능력을 두려워하여 이스라엘과 조약을 맺고자 합니다. 그래서 자기들은 가나안 족속이 아닌 것처럼 속여서 여호수아로부터 자기들을 살리리라는 약속을 받아냅니다. 여호수아와 그 족장들이 하나님께 묻지도 않고 그들에게 속아서 가나안 족속들과 약조를 맺은 것입니다. 삼일 후에 그들이 근처에 사는 사람인 것을 알고 죽이고자 했으나, 하나님의 이름으로 그들을 살리기로 약속했기 때문에 치지 못하고 종으로 삼게 됩니다.

③ 본격적인 가나안 전쟁: 남부 다섯 왕의 군사동맹

가나안 족속들이 자기들을 배반하고 나간 기브온을 보고 보복을 하기 위해 남부 다섯 왕이 동맹해서 기브온을 공격하기 시작합니다.

> 그 때에 여호수아가 아이를 빼앗아 진멸하되 여리고와 그 왕에게 행한 것같이 아이와 그 왕에 행한 것과 또 기브온 주민이 이스라엘과 화친하여 그 중에 있다 함을 예루살렘 왕 아도니세덱이 듣고 크게 두려워하였으니 이는 기브온은 왕도와 같은 큰 성임이요 아이보다 크고 그 사람들은 다 강함이라 예루살렘 왕 아도니세덱이 헤브론 왕 호함과 야르뭇 왕 비람과 라기스 왕 야비아와 에글론 왕 드빌에게 보내어 이르되 내게로 올라와 나를 도우라 우리가 기브온을 치자 이는 기브온이 여호수아와 이스라엘 자손과 더불어 화친하였음이니라 하매 아모리 족속의 다섯 왕들 곧 예루살렘 왕과 헤브론 왕과 야르뭇 왕과 라기스 왕과 에글론 왕이 함께 모여 자기들의 모든 군대를 거느리고 올라와 기브온에 대진하고 싸우니라(수 10:1-5).

기브온이 이스라엘과 화친한 것을 듣고 남은 가나안 족속들이 전부 연합합니다. 남부 다섯 왕이 동맹을 맺어 강력한 세력을 만들고 먼저 기브온을 공격하는 것입니다.

④ 본격적인 가나안 전쟁: 남부 가나안의 정복

기브온은 공격을 당하게 되자 여호수아에게 구원 요청을 합니다.

> 여호수아가 모든 군사와 용사와 더불어 길갈에서 올라가니(수 10:7).

이제는 전면 전쟁입니다. 동맹한 남부 가나안 족속들의 다섯 왕과 여호수아가 전면 전쟁을 합니다. 가장 강력한 전쟁입니다.

> 그때에 여호와께서 여호수아에게 이르시되 그들을 두려워하지 말라 내가 그들을 네 손에 넘겨주었으니 그들 중에서 한 사람도 너를 당할 자 없으리라 하신지라(수 10:8).

가나안 정복 전쟁은 거룩한 전쟁이고 여호와의 전쟁입니다. 사탄을 정복하는 것은 인간이 하지 못합니다. 사탄의 종 노릇 하는 인간은 할 수가 없습니다.

누가 합니까?

하나님이 하십니다. 그러므로 이 전쟁은 사실 하나님의 전쟁이고 여호와의 전쟁입니다. 이스라엘 백성은 도구로 사용됩니다. 가나안 족속들이 범죄를 많이 했기 때문에, 이들을 정복하고자 하는 도구로 이스라엘 백성이 사용된 것입니다. 그래서 하나님이 도우시지 않으면 이 싸움에서 이길 수 없습니다.

하나님께서 "두려워하지 말라 내가 그들을 네 손에 넘겨주었으니 그들 중에서 한 사람도 너를 당할 자 없으리라"라고 약속을 합니다. 그래서 여호수아가 길갈에서 밤새도록 올라가 그들을 기습합니다.

> 여호와께서 그들을 이스라엘 앞에서 패하게 하시므로 여호수아가 그들을 기브온에서 크게 살육하고 벧호론에 올라가는 비탈에서 추격하여 아세가와 막게다까지 이르니라 그들이 이스라엘 앞에서 도망하여 벧호론의 비탈에서 내려갈 때에 여호와께서 하늘에서 큰 우박 덩이를 아세가에 이르기까지 내리시매 그들이 죽었으니 이스라엘 자손의 칼에 죽은 자보다 우박에 죽은 자가 더 많았더라(수 10:10-11).

하나님의 전쟁이고, 하나님이 이기게 하셨습니다.

⑤ 본격적인 가나안 전쟁: 하늘과 땅의 권세를 가진 그리스도의 모형

이 전쟁은 하나님의 전쟁이고, 사탄과 대적하여 싸우는 결정적인 전투입니다.

> 여호와께서 아모리 사람을 이스라엘 자손에게 넘겨 주시던 날에 여호수아가 여호와께 아뢰어 이스라엘의 목전에서 이르되 태양아 너는 기브온 위에 머무르라 달아 너도 아얄론 골짜기에서 그리할지어다 하매(수 10:12).

이 전쟁은 결정적인 전투이기 때문에, 하나님의 아들이 십자가에서 사탄을 밟아버린 것에 비견되는 전쟁입니다. 이 전쟁에서 완벽하게 승리하기 위해서 여호수아는 해가 중천에 계속 떠 있게 만드는 놀라운 일을 일으킵니다. 어두워지면 적을 공격하지 못하기 때문에 성령의 감동으로 그렇게 한 것입니다. 전무후무한 사건입니다. 그리스도께서 사탄을 밟아버린 것의 모형이 되는 아주 중요한 사건입니다.

그저 '모기야 사라져라!' 이렇게 해도 모기들이 말을 안 듣고 달려드는데, 어떻게 태양을 멈추라고 하겠습니까?

하나님 뜻이 아니면 안 되는 것입니다. 이러한 신적 영감이 예언자의 필요로 부여되었다고 볼 수 있습니다. 그래서 여호수아가 왕의 왕 되신 분의 이름으로 명령했다고 보는 것입니다. 자연 왕국을 통치하시는 하나님의 절대 주권이 여기에서 이루어집니다. 원수에게 충분히 보복할 시간을 소유하고, 사탄의 완전한 패배를 가져오기 위해서 태양은 넘어가면 안 되었습니다. 전부 때려 부술 때까지 낮이 계속 되어야 했습니다.

"태양아 너는 기브온 위에 머무르라"라고 여호수아가 명령하는 것이 하늘과 땅의 모든 권세를 가진 그리스도의 모형이 됩니다. 하늘과 땅의 모든 권세를 가졌기 때문에 태양이 그렇게 순종한 것입니다.

> 태양이 머물고 달이 멈추기를 백성이 그 대적에게 원수를 갚기까지 하였느니라(수 10:13).

13절을 보면, 하루 종일 태양이 중천에 머물러서 내려가지 않았습니다.

> 여호와께서 사람의 목소리를 들으신 이같은 날은 전에도 없었고 후에도 없었나니 이는 여호와께서 이스라엘을 위하여 싸우셨음이니라 (수 10:14).

14절에서 하나님의 전쟁이고 여호와의 전쟁이라는 것을 밝힙니다. 땅의 모든 권세를 가지신 그분, 바람과 파도도 순종하게 하는 그리스도의 모형으로 여호수아를 사용하신 것입니다.

우리 주님께서 십자가에서 사탄을 밟아버릴 때에는 그 반대 현상이 일어납니다. 사탄을 밟아버렸더니 태양이 찬란하게 비치는 것이 아니라 점점 어두워졌습니다. 일식인 것처럼 캄캄해져 버립니다. 그것이 3시간 동안이나 지속되었습니다.

이 현상을 어떻게 해석합니까?

그리스도께서 십자가에서 우리의 영적인 원수를 정복하셨을 때에는 여호수아의 전쟁에서 태양이 나타난 기적과 정반대의 현상이 나타난 이유가 무엇입니까?

예수님은 자신의 승리를 위해서 태양 빛을 필요로 하는 분이 아닙니다. 여호수아는 모형이기 때문에 태양 빛이 있어야 이기지만, 예수님은 자신이 의의 태양이시기 때문에 태양이 굳이 필요 없는 것입니다. 오히려 어두워야 예수님이 그리스도이신 것을 더 확실하게 증거할 수 있습니다. 그래서 반대로 태양이 캄캄해져 버린 것입니다. 이런 식으로 사탄을 정복하는 것입니다.

⑥ 본격적인 가나안 전쟁: 어두움의 세력을 이기신 그리스도의 승리와 그를 통한 신자들의 승리의 예표

이 전쟁의 추이를 보면, 이 다섯 왕들이 싸우다가 패배하여 도망을 갑니다. 16절에서 이들이 도망가다가 막게다 굴에 들어가 숨는 내용이 나옵니다.⁶ 어떤 사람이 여호수아에게 와서 그 다섯 왕이 굴에 숨었다고 전하자, 그 굴을 막아놓고 지키라고 합니다. 그리고 전쟁이 끝난 다음에 그 굴의 어귀를 열고 그들을 끄집어냅니다.

> 그 때에 여호수아가 이르되 굴 어귀를 열고 그 굴에서 그 다섯 왕들을 내게로 끌어내라 하매 그들이 그대로 하여 그 다섯 왕들 곧 예루살렘 왕과 헤브론 왕과 야르뭇 왕과 라기스 왕과 에글론 왕을 굴에서 그에게로 끌어내니라 그 왕들을 여호수아에게로 끌어내매 여호수아가 이스라엘 모든 사람을 부르고 자기와 함께 갔던 지휘관들에게 이르되 가까이 와서 이 왕들의 목을 발로 밟으라 하매 그들이 가까이 가서 그들의 목을 밟으매 여호수아가 그들에게 이르되 두려워하지 말며 놀라지 말고 강하고 담대하라 너희가 맞서서 싸우는 모든 대적에게 여호와께서 다 이와 같이 하시리라 하고(수 10:22-25).

여호수아가 다섯 왕들을 끌어낸 다음에 자기와 함께 있던 지휘관들을 불러서 "이 왕들의 목을 발로 밟으라"라고 합니다. 그리스도께서 자기를 따르는 제자들을 불러서 '사탄을 밟으라'고 명하셨습니다. 이것이 창세기 3장 15절 여자의 후손이 뱀의 머리를 밟아버린 사건의 모형입

---

6 (수 10:16-19) [16] 그 다섯 왕들이 도망하여 막게다의 굴에 숨었더니 [17] 어떤 사람이 여호수아에게 고하여 이르되 막게다의 굴에 그 다섯 왕들이 숨은 것을 발견하였나이다 하니 [18] 여호수아가 이르되 굴 어귀에 큰 돌을 굴려 막고 사람을 그 곁에 두어 그들을 지키게 하고 [19] 너희는 지체하지 말고 너희 대적의 뒤를 따라가 그 후군을 쳐서 그들이 자기들의 성읍에 들어가지 못하게 하라 너희 하나님 여호와께서 그들을 너희 손에 넘겨 주셨느니라 하고.

니다. 우리 주님이 정확하게 실현하십니다. 그렇게 한 다음에 목을 밟고 쳐서 죽이는 것입니다.

하나님은 여기에서 어두움의 세력을 이기신 그리스도의 승리와 그를 통한 신자들의 승리를 예표해서 보여 주셨습니다. 구속자의 모든 원수, 우리 주 그리스도의 모든 원수들을 시편 110편 1절[7]의 "내가 네 원수들로 네 발판이 되게 하기까지"라는 말씀처럼 밟아버립니다. 발판을 밟아버리는 것입니다. 이것이 우연이 아닙니다. 창세기 3장 15절에서 원수를 밟아버리라고 하는데, 이것의 정확한 모형인 여호수아가 대적 중의 대적을 불러서 자기 부하들에게 '밟으라'고 명령하고 죽이는 것입니다.

그리스도께서 모든 원수들을 발로 밟아버렸기 때문에 우리도 그런 권세를 가지게 됩니다. 발판이 되게 하는 것, 바로 복음의 핵심입니다. 그러나 완전히 밟아서 지옥으로 던지지 않았기 때문에 사탄이 아직은 활동하고 있습니다. 이 메시지에 대해서 사도 바울이 로마서 16장 20절에서 이렇게 말합니다.

> **평강의 하나님께서 속히 사탄을 너희 발아래에서 상하게 하시리라**
> (롬 16:20).

이것은 모형이지만 앞으로 우리 주님이 진짜 사탄의 세력을 십자가에서 발로 밟아버릴 것입니다. 그것의 정확한 모형이 여호수아인 것입니다. 여호수아는 그 이름까지도 헬라어로 예수였습니다. 그 예수님이 원수를

---

7 (시 110:1) [다윗의 시] 여호와께서 내 주에게 말씀하시기를 내가 네 원수들로 네 발판이 되게 하기까지 너는 내 오른쪽에 앉아 있으라 하셨도다

발로 밟아버리고, 우리들도 원수를 발로 밟아버리게 하는 것입니다.

(2) 다윗

사탄을 발로 밟아버리고 정복하는 승리자 그리스도의 또 다른 모형이 다윗입니다. 다윗은 그야말로 왕 되신 그리스도의 진정한 모형입니다. 그는 사탄으로 상징되어지는 골리앗을 발로 밟아버리고 목을 쳤습니다. 우리는 이스라엘의 용사요 왕인 다윗을 통해 장차 승리자로 오실 그리스도의 승리에 대한 가장 확실한 그림자를 볼 수 있습니다.

● **기름 부음 받은 자**

> 여호와께서 사무엘에게 이르시되 내가 이미 사울을 버려 이스라엘 왕이 되지 못하게 하였거늘 네가 그를 위하여 언제까지 슬퍼하겠느냐 너는 뿔에 기름을 채워 가지고 가라 내가 너를 베들레헴 사람 이새에게로 보내리니 이는 내가 그의 아들 중에서 한 왕을 보았느니라 하시는지라(삼상 16:1).

하나님께서 사무엘에게 기름 뿔을 가지고 이새의 아들에게 가서 기름을 부어 '기름 부음 받은 자'를 만들라고 하십니다. 기름 부음 받은 자가 '그리스도'입니다. 히브리어로는 '메시아'입니다. 앞으로 여자의 후손으로 와서 뱀의 머리를 밟아버려야 할 모형입니다.

그것을 누구에게 하라고 하십니까?

이새의 아들에게 가서 기름을 부어 메시아로 삼으라고 합니다. 사탄을 발로 밟아버릴 사람을 만들라는 말입니다.

> 사무엘이 기름 뿔병을 가져다가 그의 형제 중에서 그에게 부었더니 이 날 이후로 다윗이 여호와의 영에게 크게 감동되니라 사무엘이 떠나서 라마로 가니라 여호와의 영이 사울에게서 떠나고 여호와께서 부리시는 악령이 그를 번뇌하게 한지라(삼상 16:13-14).

사울이 기름 부음을 받아서 성령의 감동된 바가 있었으나 하나님의 신이 떠나버리자, 귀신의 영이 들어와서 귀신에게 사로잡힙니다. 대신 다윗이 기름 부음을 받습니다. 기름 부음이라는 말은 성령을 말합니다. 요한일서 2장 20절[8], 27절[9]을 보면, "기름 부음이 모든 것을 너희에게 가르치며"라고 합니다. 성령을 의미하는 것입니다. 기름 부음을 받은 자, 이 말은 '성령을 받은 자'라는 뜻의 구약적인 표현입니다.

● **그리스도인은 기름 부음 받은 자**

신약에서도 누구든지 예수님을 믿으면 기름 부음 받은 자가 됩니다. 그리스도인이면 그리스도의 직함을 가진 것입니다.

왜 그렇습니까?

---

8   (요일 2:20) 너희는 거룩하신 자에게서 기름 부음을 받고 모든 것을 아느니라.

9   (요일 2:27) 너희는 주께 받은 바 기름 부음이 너희 안에 거하나니 아무도 너희를 가르칠 필요가 없고 오직 그의 기름 부음이 모든 것을 너희에게 가르치며 또 참되고 거짓이 없으니 너희를 가르치신 그대로 주 안에 거하라.

성령이 계시기 때문입니다. 예수님도 이 지상에 오셔서 살다 가셨을 때에는 자기 힘으로 사역을 하지 못했습니다.

그렇다면, 어떻게 했습니까?

기름 부음을 받아서 성령의 충만함으로 했습니다. 그분은 성령으로 잉태되셨기 때문에 태어났을 때 이미 성령의 권능을 받으셨습니다. 그러나 메시아의 사역을 할 만큼 충만한 성령의 권능은 없었습니다. 그래서 메시아 사역의 준비로 요단 강에서 세례를 받고 올라올 때에 하나님의 성령이 비둘기같이 충만하게 임했습니다. 요한복음 3장 34절[10]을 보면, 하나님이 나사렛 예수에게 성령을 기름 붓듯 풍성하게 부었다고 합니다. 한량없이 부었습니다. 하나님이 성령을 한량없이 부으셨기 때문에 메시아의 사역을 하는 것입니다.

메시아가 무엇입니까?

성령 충만 받은 자를 메시아라고 합니다. 기름 부음 받은 자, 성령을 받은 자가 메시아입니다. 그러므로 여러분들도 사실은 기름 부음 받은 자입니다. 성령을 받았기 때문입니다.

● **선지자, 제사장, 왕의 세 가지 직분**

메시아는 선지자, 제사장, 왕의 세 가지 직분을 가진 자입니다. 여러분은 자신이 별 볼일 없다고 생각하면 안 됩니다. 하나님이 예수님을 믿는 자에게 성령을 부어서 기름 부음 받은 자가 되게 합니다. 여러분은

---

[10] (요 3:34) 하나님이 보내신 이는 하나님의 말씀을 하나니 이는 하나님이 성령을 한량 없이 주심이니라.

세 가지 지위를 모두 가졌습니다. 하늘나라의 왕의 왕이 주시는 권세를 갖게 된 것입니다. 여러분이 선지자요, 제사장이요, 왕입니다.

여러분이 선지자가 되었기 때문에 세상 속에서 두려워할 필요가 없습니다. 세상은 앞으로 어떻게 될지 모릅니다. 돈이 아무리 많아도 불안과 공포에 떱니다. 미래를 모릅니다. 그러나 여러분은 예언자요, 선지자입니다. 과거, 현재, 미래에 대해 훤하게 압니다. 미래를 전부 알고 있습니다. 여러분의 미래는 주님과 더불어 영생복락 할 것이라고 정해져 있습니다. 걷는 걸음걸이를 주님과 더불어 동행합니다. 세상 사람들은 미래에 대해 아무것도 모르고 다니는데, 여러분은 예언자요, 선지자로서 모두 알기 때문에 세상의 지도자입니다.

미래를 알면 그 사람이 지도자이지 않겠습니까?

그렇기 때문에 우리가 지도자인 것입니다. 우리는 인생의 가는 길을 훤하게 알고 있습니다. 점쟁이처럼 안다는 것이 아니라 우리의 종착지인 천국에 들어가는 것을 확실하게 안다는 말입니다.

또 제사장입니다. 대제사장 되시는 우리 주님께서 우리를 제사장으로 삼으셨습니다. 아론이 대제사장입니다. 그리고 그 아들들은 일반 제사장입니다. 그들이 대제사장을 도와서 일을 합니다. 이와 같이 대제사장 되시는 예수님을 우리가 순종하고 따르면서 하나님께 나아갑니다. 여러분이 제사장인 겁니다.

그러면 제물은 무엇입니까?

여러분 자신이 제물입니다. 제물을 드려야 제사장 노릇을 할 수 있습니다. 제물이 있어야 하나님께 나아갑니다. 영적인 제물 없이는 예배를 제대로 드리지 못합니다. 참다운 신앙, 믿음, 사랑, 기도, 헌신, 봉사, 순종, 이런 것들이 신약 시대의 제물입니다. 이 제물을 가지고 예수 그리스도 이름으로 제사장이 되어서 주님을 만나러 가야 합니다. 하나님 앞에 나아와 제사를 드리는 것입니다. 세상은 이 비밀을 모르고 하나님이 어디 있냐고 하지만, 여러분은 이것을 알고 있습니다. 하나님 만나는 길도 알고, 기도도 합니다.

그리고 왕 되신 그리스도를 모시고 왕권 행사를 합니다. 여러분은 예수 그리스도 이름으로 '사탄아, 물러가라!'라고 명하는 권세 있는 자입니다.

요한계시록 12장 12절을 보면, 사탄이 쫓겨날 때 "자기의 때가 얼마 남지 않은 줄을 알므로 크게 분내어 너희에게 내려갔음이라"라고 합니다. 어떤 학자들은 마귀가 말세에 자기가 지옥에 갈 때가 된 것을 알고 발악하며 내려갔다고 해석을 합니다. 만일 그 해석대로 본다면 사탄의 역사는 갈수록 심해질 것입니다.

우리가 과거에는 제사장의 직함을 가지고 하나님을 만나고 기도하면서 살아갔는데, 요즘에는 갈수록 영적인 문제가 심각해지고 있습니다. 자살하는 사람도 엄청 많습니다. 자살하는 사람들의 배후에 대부분 사탄의 역사가 있습니다. 우울증, 무기력증 등 입니다. 군에 사역하셨던 분들의 얘기를 들어보면, 요즘 신병들 가운데 세 명 중에 한 명은 무기력하다고 합니다. 사람들이 놀고먹는 것은 잘 하는데, 공부하라고 하면 그것은 못합니다. 무언가를 할 의지가 없습니다. 이러한 무기력증 같은 것들이 전부 사탄의 역사입니다. 우울증이나 각종 중독들도 마찬가지입니다. 알콜 중독, 마약 중독, 노름 중독, 게임 중독의 배후에 거의 대부분 사탄의 역사가 있습니다. 배후에 있는 사탄이 그를 잡아서 죽이려고 합니다.

그러면 이것을 어떻게 해야 합니까?

이 문제를 해결하는 방법은 왕 되신 그리스도를 그 안에 영접하게 하는 것입니다. 복음을 알아야 합니다. 사탄에 붙들려서 시달리고 있다면, 구주를 영접해야 합니다. 십자가에서의 자신의 죽음으로 죽음의 세력을 정복한 예수의 십자가 공로를 믿고 구원을 받아야 합니다. 죄사함을 받아야 합니다. 그러면 사탄은 물러가게 되어있습니다.

● **기름 부음 받은 자 다윗**

다윗은 기름 부음 받은 자가 되는 순간부터 고난과 역경이 닥치기 시작합니다. 성경에 나오지는 않지만 평범한 목동으로서의 삶이 끝나버립니다. 여러분의 일생도 성경에는 없지만, 하나님의 계획과 시간표에는 모두 나와 있습니다. 생명록과 함께 또 다른 책이 펼쳐져 있다고 하는데, 그 책에 우리가 했던 모든 행위들이 기록되어 있을 것이라고 봅니다. 예수 안 믿는 사람이 그 입을 벌려서 자기의 행위를 부인하지 못하도록 그 책을 보여 주고 '네가 이렇게 악독한 사람이다'라고 얘기할 것입니다. 여러분들의 일거수일투족도 모두 쓰여 있을 것입니다. 그러나 죄는 모두 가렸을 것입니다.

① **사탄의 모형 골리앗**

다윗은 기름 부음 받은 자가 된 뒤로부터 사탄과의 치열한 싸움을 위한 준비자로서 세워지게 됩니다. 사탄의 모형인 골리앗과의 싸움과 승리, 이것이야말로 여자의 후손과 뱀의 후손과의 싸움의 진수라고 할 수 있습니다. 성경에는 사무엘상 17장 1절부터 52절에 걸쳐 길게 나와 있습니다.

> 블레셋 사람들이 그들의 군대를 모으고 싸우고자 하여 유다에 속한 소고에 모여 소고와 아세가 사이의 에베스담밈에 진 치매 사울과 이스라엘 사람들이 모여서 엘라 골짜기에 진 치고 블레셋 사람들에 대하여 전열을 벌였으니 블레셋 사람들은 이쪽 산에 섰고 이스라엘은 저쪽 산에 섰고 그 사이에는 골짜기가 있었더라 블레셋 사람들의 진영에서 싸움을 돋우는 자가 나왔는데 그의 이름은 골리앗이요 가드 사람이라 그의 키는 여섯 규빗 한 뼘이요 머리에는 놋 투구를 썼고 몸에는 비늘 갑옷을 입었으니 그 갑옷의 무게가 놋 오천 세겔이며 그의 다리에는 놋 각반을 쳤고 어깨 사이에는 놋 단창을 메었으니 그 창 자루는 베틀 채 같고 창 날은 철 육백 세겔이며 방패 든 자가 앞서 행하더라(삼상 17:1-7).

골리앗이라는 블레셋의 장수가 엄청난 무장을 하고 나와서 이스라엘 군대를 모욕합니다. 또 그 신의 이름으로 욕을 합니다. 골리앗은 전형적인 사탄의 모형입니다. 그래서 이 전쟁이 기름 부음 받은 자와 사탄의 치열한 전쟁을 상징한다고 봅니다.

> 그가 나와 싸워서 나를 죽이면 우리가 너희의 종이 되겠고 만일 내가 이겨 그를 죽이면 너희가 우리의 종이 되어 우리를 섬길 것이니라 (삼상 17:9).

거인이 나와서 소리치니까 아무도 그 앞에 나가지 못합니다.

> 사울과 온 이스라엘이 블레셋 사람의 이 말을 듣고 놀라 크게 두려워하니라(삼상 17:11).

블레셋 사람 골리앗을 크게 두려워하는 것입니다.

② 기름 부음 받은 자 다윗의 참전

하나님은 이 어려운 때를 위해서 하나님의 백성, 기름 부음 받은 자를 세우고 사용하셨습니다. 다윗이 전장에 참여하는 그 순간에 하나님의 섭리가 나타납니다. 다윗의 형들이 사울의 전쟁터에 참전합니다. 이에 다윗의 아버지인 이새가 자기 아들들의 안부를 물어보고자 막내아들인 다윗에게 '네 형들이 잘 있는가 알아보라'고 하면서 예물을 가지고 가게 합니다.

다윗이 그 전쟁터에 갔을 때, 어떤 자가 나와서 큰 소리를 치며 이스라엘 백성들을 무시하고 있었습니다. 큰 소리로 여호와를 무시하는 그 사람이 골리앗이었습니다. 16절[11]을 보면, 골리앗은 소리치기를 하루만 하는 것이 아니라 사십 일 동안 조석으로 계속했습니다. 마침 그때에 다윗이 간 것입니다. 다윗이 "블레셋 사람의 싸움 돋우는 가드 사람 골리앗이라 하는 자"(삼상 17:23)가 저녁에 나와서 전과 똑같은 말을 하는 것을 들었습니다. "나와 싸워서 나를 죽이면 우리가 너희의 종이 되겠고

---

11 (삼상 17:16) 그 블레셋 사람이 사십 일을 조석으로 나와서 몸을 나타내었더라.

만일 내가 이겨 그를 죽이면 너희가 우리의 종이 되어 우리를 섬길 것이 니라"(삼상 17:9)라는 말이었습니다. 그게 맞는 얘기입니다. 그리스도께서 이기면 우리가 모두 이긴 자가 되고, 그리스도가 지면 우리가 모두 지는 자가 되는 것입니다.

> 이스라엘 모든 사람이 그 사람을 보고 심히 두려워하여 그 앞에서 도망하며 이스라엘 사람들이 이르되 너희가 이 올라 온 사람을 보았느냐 참으로 이스라엘을 모욕하러 왔도다 그를 죽이는 사람은 왕이 많은 재물로 부하게 하고 그의 딸을 그에게 주고 그 아버지의 집을 이스라엘 중에서 세금을 면제하게 하시리라(삼상 17:24-25).

다윗이 이 말을 듣고 "이 블레셋 사람을 죽여 이스라엘의 치욕을 제거하는 사람에게는 어떠한 대우를 하겠느냐"(삼상 17:26)라고 묻습니다. 형들은 전쟁을 구경하러 왔느냐면서 다윗을 책망하지만, 다윗은 "어찌 이유가 없으리이까"(삼상 17:29)라고 합니다. 사람들이 이것을 보고 사울에게 골리앗을 치겠다고 큰소리치는 청년이 있다고 전하고, 이를 들은 사울은 다윗을 데려오게 합니다. 그런데 다윗을 보니 젊은 소년이라 거대한 골리앗을 감당할 수 없어 보였습니다.

> 네가 가서 저 블레셋 사람과 싸울 수 없으리니 너는 소년이요 그는 어려서부터 용사임이니라(삼상 17:33).

사울이 이렇게 이르자, 다윗이 말합니다.

> 다윗이 사울에게 말하되 주의 종이 아버지의 양을 지킬 때에 사자나 곰이 와서 양 떼에서 새끼를 물어 가면 내가 따라가서 그것을 치고 그 입에서 새끼를 건져내었고 그것이 일어나 나를 해하고자 하면 내가 그 수염을 잡고 그것을 쳐죽였나이다(삼상 17:34).

다윗이 사자와 곰도 꺾을 수 있으니 골리앗도 칠 수 있다는 것입니다. 골리앗이 살아계시는 하나님의 군대를 모욕했으므로 그 또한 그 짐승의 하나같이 될 것이라고 믿음으로 말합니다. 결국 사울은 다윗을 보내게 됩니다. 다윗은 "손에 막대기를 가지고 시내에서 매끄러운 돌 다섯을 골라서"(삼상 17:40) 골리앗에게 갑니다.

③ 다윗과 골리앗의 싸움

다윗이 블레셋 사람 앞으로 나갑니다. 블레셋 사람 골리앗이 보니, 어떤 조그마한 젊은이가 막대기를 들고 자기한테 오는 것입니다. 골리앗이 그를 우습게 여기고 "네가 나를 개로 여기고 막대기를 가지고 내게 나아왔느냐"(삼상 17:43)고 하면서 그의 신들의 이름으로 다윗을 저주합니다. 그러나 다윗은 "너는 칼과 창과 단창으로 내게 나아오거니와 나는 만군의 여호와의 이름 곧 네가 모욕하는 이스라엘 군대의 하나님의 이름으로 네게 나아가노라"(삼상 17:45)고 정확하게 얘기합니다. 이 전쟁은 여호와의 전쟁인 것입니다. 그리고는 주머니에서 돌을 꺼내서 골리앗에게 던집니다. 이 돌이 얼마나 셌던지 골리앗의 이마에 박히고 엎드러지게 합니다.

> 다윗이 달려가서 블레셋 사람을 밟고 그의 칼을 그 칼집에서 빼내어
> 그 칼로 그를 죽이고 그의 머리를 베니 블레셋 사람들이 자기 용사의
> 죽음을 보고 도망하는지라(삼상 17:51).

다윗이 골리앗을 쫓아가서 죽입니다. 그냥 죽이는 것이 아니라 발로 밟고 칼로 쳐서 죽입니다. 발로 밟아버리는 것입니다.

④ 다윗의 승리는 사탄과 어둠의 세력에 대한 그리스도의 승리의 예표

다윗의 승리는 사탄과 모든 어둠의 세력에 대한 다윗의 자손 예수의 승리를 예표하는 것입니다.

> 통치자들과 권세들을 무력화하여 드러내어 구경거리로 삼으시고
> 십자가로 그들을 이기셨느니라(골 2:15).

그리스도께서 십자가에서 사탄을 발로 밟아버린 사건의 예표를 보여줌으로써 우리도 예수 그리스도를 통해서 사탄을 정복하고 이길 수 있다는 것을 자세하게 말씀하십니다. 이 사실을 다윗의 시와 다른 시편에서도 찾아볼 수 있습니다. 사탄의 정복 사건은 성경에 계속해서 나오는 중요한 주제인 것입니다.

● 다윗의 시와 기타 시편에 나타난 사탄의 정복

① 메시아에 대한 예언(시 110:1)

다윗의 시, 시편 110편 1절에서 메시아 왕은 최고의 영예로운 지위를 점하고, 그의 원수들이 완전히 소멸될 때까지 하나님의 통치에 참여하도록 전언을 받는다고 얘기합니다. 이 구절은 신약에 많이 인용되었습니다.

> 여호와께서 내 주에게 말씀하시기를 내가 네 원수들로 네 발판이 되게 하기까지 너는 내 오른쪽에 앉아 있으라 하셨도다(시 110:1).

발판! 밟아버린다는 말입니다.
완전히 밟아버릴 때가 언제입니까?
재림 때입니다. 아직은 사탄을 밟아버리기 전이지만, 밟아버려서 사탄이 완전히 멸망되기 전까지는 예수님이 하나님의 보좌 우편에 앉아계십니다. 정확하게 현재 그대로 계십니다.

이 구절은 신약성경에 많이 인용되어 있습니다. 히브리서 1장 13절[12], 10장 13절[13], 고린도전서 15장 25절[14], 그리고 사도행전 2장 34, 35절[15]

---

12 (히 1:13) 어느 때에 천사 중 누구에게 내가 네 원수로 네 발등상이 되게 하기까지 너는 내 우편에 앉아 있으라 하셨느냐.
13 (히 10:13) 그 후에 자기 원수들을 자기 발등상이 되게 하실 때까지 기다리시나니.
14 (고전 15:25) 그가 모든 원수를 그 발 아래에 둘 때까지 반드시 왕 노릇 하시리니.
15 (행 2:34-35) [34] 다윗은 하늘에 올라가지 못하였으나 친히 말하여 이르되 주께서 내 주에게 말씀하시기를 [35] 내가 네 원수로 네 발등상이 되게 하기까지 너는 내 우편에

에서 그대로 인용합니다. 심지어 예수님도 인용을 합니다. 예수님도 마태복음 22장 42-45절에서 이 말씀을 그대로 인용하셨습니다. 사실은 자기에게 해당되는 것이기 때문이었습니다.

> 너희는 그리스도에 대하여 어떻게 생각하느냐 누구의 자손이냐 대답하되 다윗의 자손이니이다 이르시되 그러면 다윗이 성령에 감동되어 어찌 그리스도를 주라 칭하여 말하되 주께서 내 주께 이르시되 내가 네 원수를 네 발 아래에 둘 때까지 내 우편에 앉아 있으라 하셨도다 하였느냐 다윗이 그리스도를 주라 칭하였은즉 어찌 그의 자손이 되겠느냐 하시니(마 22:42-45).

예수님이 이렇게 말씀하시니까 유대인들이 감히 이 이유를 말하지 못했습니다.

예수님이 바리새인들에게 묻습니다.

"너희는 그리스도에 대해서 어떻게 생각하느냐? 누구의 자손이냐?"

그들은 성경에 대하여 능통한 자들이기 때문에 '다윗의 자손입니다'라고 답합니다. 예수님이 다시 묻습니다.

"다윗이 성령에 감동되어서 쓴 시편 110편 1절에서 '여호와께서 내 주에게 말씀하시기를,' 곧 하나님께서 내 주, 다시 말하면 메시아에 대해 말씀하시기를, '내가 네 원수들로 네 발판이 되게 하기까지 너는 내 오른쪽에 앉아 있으라'고 얘기를 했다. 여기서 다윗이 메시아를 내 주라

앉아 있으라 하셨도다 하였으니.

고 했다. 그리스도가 다윗의 자손이라면 어떻게 다윗이 그 메시아를 자기 주님으로 보느냐? 어떻게 그리스도가 그 후손이 되겠느냐?"

이것은 예수님의 신인(神人)을 가리키는 말입니다 예수님은 다윗의 후손으로서, 인간으로는 다윗의 혈통에서 나셨습니다. 그러나 성령으로는 죽은 자 가운데서 부활하셨으므로 메시아였습니다. 하나님의 아들입니다. 예수님은 인간이면서 동시에 하나님이신 것입니다.

이 비밀을 유대인들은 모르고 있었습니다. 그렇지만 그 말씀은 맞았기 때문에 신비하다고 여기고 그 뒤부터는 감히 예수님께 물어보려고 하는 자가 없었습니다. 우리 주님이 예루살렘에 들어갔을 때, 어떻게든 심문해서 예수님을 궁지에 몰려고 각양의 질문을 했었으나 그것이 여기서 종결됩니다.

시편 110편 1절은 메시아에 대한 예언의 결정적인 형태를 취하고 있습니다. 열왕 중에서 아무도 이 시에 해당되는 왕이 없었습니다. 오직 예수님만이 이 시에 해당되었습니다. 예수님이 그 왕이신 것입니다.

② 사탄을 발로 밟는 권세(시 91:13)

> 네가 사자와 독사를 밟으며 젊은 사자와 뱀을 발로 누르리로다
> (시 91:13).

성도들에게 정복된 어둠의 권세가 있다는 말입니다. 성경에 보면 독사는 뱀의 후손입니다. 우리 주님은 "독사의 자식들아"라고 말씀하시기도 했습니다. 이 말은 무슨 쌍소리가 아니라 뱀의 후손을 얘기하는 것입

니다. "사자와 독사를 밟으며 젊은 사자와 뱀을 발로 누르리로다"라고 한 말은 앞으로 우리 주님께서 사탄을 발로 밟고 정복할 것[16]을 내다보고 한 말이라고 볼 수가 있습니다.

③ 앞으로 오는 그리스도 왕국(시 149:8-9)

시편 149편 8절과 9절에도 비슷한 말씀이 나옵니다.

> 그들의 왕들은 사슬로, 그들의 귀인은 철고랑으로 결박하고 기록한 판결대로 그들에게 시행할지로다. 이런 영광은 그의 모든 성도에게 있도다 할렐루야(시 149:8-9).

이 말씀은 앞으로 영원한 복음의 병거를 타고 정복하러 오실 그리스도 왕국까지 바라보고 하신 말씀입니다.

(3) 왕 되신 그리스도의 직함을 결정적으로 수행하는 두 인물, 여호수아와 다윗

구약 시대에 왕 되신 그리스도의 직함을 결정적으로 수행하고 있는 두 인물, 여호수아와 다윗을 살펴보았습니다. 여호수아와 다윗은 여인의 후손으로 오셔서 뱀의 머리를 밟아버릴 예수님을 모형적으로 보여 줍니다. 이제 때가 되면 하나님께서 진짜 되시는 메시아, 하나님의 아들을 보내셔서 사탄을 발로 밟아버린 역사를 일으키실 것입니다.

---

[16] (롬 16:20) 평강의 하나님께서 속히 사탄을 너희 발 아래에서 상하게 하시리라 우리 주 예수의 은혜가 너희에게 있을지어다.

> 때가 차매 하나님이 그 아들을 보내사 여자에게 나게 하시고 율법 아래 나게 하신 것은(갈 4:4).

때가 되었을 때, 하나님이 그 아들을 보내서 여자의 후손으로 오게 하십니다. 그 아들이 율법 아래 오셔서 율법에 매인 자들을 구원합니다. 구약에서 예언되고 모형을 사용해서 설명했던 승리자 그리스도 사건, 곧 사탄을 밟아버린 사건을 그분이 오셔서 본격적으로 성취합니다. 그 아들이 사탄을 밟아버릴 준비를 하시고, 마침내 십자가에서 밟은 것입니다.

제6장
승리자 그리스도의 사탄 정복

● 심진송이 무당이 된 이유

사탄의 역사가 매우 강력한데도 불구하고 여러분은 좋은 환경에서 태어났기 때문에 별 문제없이 살았을 것입니다. 그러나 악한 습관을 계속하는 일, 우상 숭배를 심하게 하는 일 등은 영적인 유전으로 전달되게 되어있습니다. 심진송이 쓴 『신이 선택한 여자』란 책에서 귀신의 역사를 볼 수 있습니다. 그녀에게 신기가 있어서 어떤 생각을 얘기하면 그대로 실현이 되었습니다.

왜 그런 신기가 나와서 그녀로 하여금 어쩔 수 없이 무당이 되게 하였는가?

심진송은 7남매 중 막내로 태어났는데, 그녀 위로 태어난 여섯 형제는 전부 일찍 세상을 떠났습니다. 그때 그녀의 어머니는 권사였고, 아버지는 장로였습니다. 그러나 여섯 손주를 잃은 외할머니는 자기 딸이 심진송을 임신하자 치성(致誠)을 드리기 시작했습니다. 자꾸만 죽어가는 외손주들을 그냥 보고만 있을 수 없어 새로 태어날 아이를 위해 뭔가를 하고자 했던 것입니다. 옛날 사람이다 보니 외할머니는 집 뒤 켠에 칠성당을 짓고는 정성을 다해 치성을 드렸습니다. 그녀는 외할머니의 이런 정성이 지금의 자기를 만들었을지도 모른다고 말합니다.

심진송은 신기가 온 이후 귀신에 사로잡히게 됩니다. 남편한테 무슨 일이 생길 것이라고 얘기하면, 그것이 그대로 되었습니다. 남편은 이것을 이상하게 여겼으나 아내의 얘기가 자꾸 맞으니까 할 말이 없었습니다. 이런 상태가 계속 되다보니 나중에는 가정이 피폐해졌습니다. 우상 숭배를 심하게 하면 자녀들도 잘못됩니다. 심진송은 아들을 낳았는데, 8개월 밖에 안 된 아이가 예닐곱 살 된 아이처럼 갑자기 조숙하더니 얼마 안 있어 죽었습니다. 그 후 남편과도 헤어지게 됩니다. 그렇게 치성을 하고 굿을 하지만, 그것을 기쁨과 감사로 하는 것이 아니라 신기로 합니다. 자기도 모르는 힘을 가지고 뛰면서 굿을 하지만, 그 신기가 사라지면 허무와 절망이 나타납니다. 아주 슬퍼집니다.

● **귀신의 세계는 무섭다**

귀신의 세계가 무서운 것입니다. 하나님의 아들 예수 그리스도를 믿으면 여러분에게 하나님의 나라가 임합니다. 이때 여러분이 받는 첫 번째 축복이 평강과 희락입니다. 그러나 귀신을 영접한 사람들은 평화가 없습니다. 귀신이 계속 들들 볶아댑니다. 오십만 원짜리 굿을 하라고 했다가 그 다음에는 백만 원짜리 굿을 하라고 합니다. 굿을 하지 않으면 귀신이 죽이려고 합니다.

어떻게 죽이려고 합니까?

마음에 평안이 없게 만듭니다. 그 사람 안에 불안과 공포를 채워서 아무 일도 못하게 합니다. 그러니까 할 수 없이 순종하는 것입니다. 귀신들의 역사가 그래서 무서운 것입니다. 굿이 끝나고 나면 허무에 빠집니다. 평안이 없고 기쁨과 희락도 없습니다. 언제든지 슬픈 존재들입니다.

그들의 배후를 보면 우상 숭배가 있습니다. 신내림을 받지 않으면 자식이 하게 된다고 해서 할 수 없이 신내림을 받는 사람도 있습니다. 정신이나 영이 시달리는 사람들이 이 시대에는 특별히 더 많습니다. 문화나 기술이 발전하고 발전하지만 인간의 영적 지식은 퇴보되었습니다. 하나님을 아는 지식은 점점 무지해져 갑니다. 세상이 어두워져 가니까 우울증, 각종 중독, 무기력증 같은 것들이 생깁니다. 영적 문제들이 생기는 것입니다.

● **구약의 메시아 모형이 실체로 오시다**

흑암의 세력들을 정복하기 위해서 하나님은 한 민족을 선택하시고, 그 민족을 통해서 앞으로 사탄과 흑암 세력들을 정복할 메시아가 나온다고 계시하셨습니다. 하나님은 왕 되신 그리스도의 역할을 보여 주는 모형인 여호수아와 다윗을 통해 사탄을 발로 밟아버린 사건을 우리에게 계시하셨습니다. 때가 되면 여호수아의 실체되신 예수님, 다윗의 후손인 예수님이 오시는 것입니다. 여호수아, 그 이름까지도 예수입니다. 다윗의 후손 예수님, 다윗의 후손이 메시아의 모형입니다. 메시아의 이름 자체입니다. 그들이 모형으로서 보여준 모습대로 마침내 예수님이 오셔서 사탄을 발로 밟아버립니다. 이와 같이 예수란 이름은 엄청나게 위대한 것입니다.

1. 승리자 그리스도의 이름 "예수"

(1) 오랫동안 비밀 속에 감추어 있었던 이름

예수란 이름은 오랫동안 비밀 속에 감추어져 있던 이름입니다. 마귀의 폭정에 시달리는 인류의 구원을 위해 하나님은 여자의 후손을 계시합니다. 여자의 후손이 아브라함의 후손으로, 아브라함의 후손이 좁혀져서 유다 계통으로, 그리고 유다 계통이 더 좁혀져서 다윗의 후손으로 구체화됩니다. 그 이름이 예수입니다. 이 위대한 구원의 주의 이름은 오랫동안 비밀 속에 감추어져 있다가 복음의 등불이 켜지면서 그의 이름이 예수라고 밝혀진 것입니다.

구약 시대의 백성들은 감히 알 수도 없었고, 물어봐도 안 될 이름이었습니다. 그 이름을 물어보면 대답을 안 했을 뿐 아니라, '그의 이름은 신비다. 기묘다'라고 말씀하시거나 '왜 이름을 물어보느냐'고 책망하셨습니다. 우리 주님이 성육신하여 이 땅에 오시기 전에는 천사의 모습으로 사람들을 만나고 접촉했습니다. 구약성경을 보면, 여호와는 천사를 통해서 말씀하시거나, 천사를 만난 후에 나중에 이야기를 합니다. 이런 사건들에 나오는 이를 성육신 전의 우리 주 그리스도의 모습이라고 봅니다.

● 마노아와 야곱이 만난 성육신 전의 예수님

사사기 13장에는 천사가 마노아에게 나타나서 곧 태어날 삼손을 나실인으로 키우라고 얘기하는 장면이 나옵니다. 삼손은 우리 주 예수 그리스도의 진정한 모형입니다. 그가 비록 타락했으나, 원래는 완전히 구별된 자였습니다.

> 삼손이 죽을 때에 죽인 자가 살았을 때에 죽인 자보다 더욱 많았더라
> (삿 16:30).

삼손은 죽음을 통해서도 엄청난 세력을 정복했습니다. 마노아에게 천사가 나타나서 삼손이 태어난다고 했을 때, 마노아는 그의 예언대로 아들을 낳으면 그 말씀이 이루어지는 것으로 여기고 그를 존숭할 것이니 이름을 말해달라고 합니다.

> 여호와의 사자가 그에게 이르되 어찌하여 내 이름을 묻느냐 내 이름
> 은 기묘자라 하니라(삿 13:18).

이사야서 9장 6절을 보면, 하나님의 아들의 이름을 "기묘자라, 모사라, 전능하신 하나님이라"고 합니다. 예수님의 이름이 "기묘"인 것입니다. '원더풀'(Wonderful)입니다. 신비의 이름이지만 그 이름이 구약성경에는 감추어져 있었습니다.

창세기 32장 24절에서 야곱은 얍복 강가에서 어떤 사람과 씨름을 합

니다. 그런데 밤새도록 해도 이기지를 못합니다. 그러다가 날이 너무 어두워지니까 그 사람이 야곱에게 말합니다.

"그가 이르되 날이 새려하니 나로 가게 하라."

야곱이 그에게 대답합니다.

"당신이 내게 축복하지 아니하면 가게 하지 아니하겠나이다"

야곱이 끝까지 그를 붙들고 축복하지 않으면 놓지 않겠다고 합니다.

> 그가 이르되 네 이름을 다시는 야곱이라 부를 것이 아니요 이스라엘이라 부를 것이니 이는 네가 하나님과 및 사람들과 겨루어 이겼음이니라(창 32:28).

그분이 바로 나사렛 예수가 탄생하기 전의, 성육신 전의 예수님입니다.

> 야곱이 청하여 이르되 당신의 이름을 알려주소서 그 사람이 이르되 어찌하여 내 이름을 묻느냐 하고 거기서 야곱에게 축복한지라 (창 32:29).

야곱이 이름을 물었으나 그는 왜 묻느냐며 대답 대신 축복만 하고 갑니다. 그러나 야곱은 그가 신성의 인물이라는 것을 알았습니다. 그래서 그곳을 브니엘이라고 했는데 이는 '하나님의 얼굴을 뵈옵는 곳'이라는 뜻입니다.

예수란 이름, 사탄을 정복하는 이 어마어마한 이름 예수는 구약 백성들은 감히 알지도 못했을 뿐만 아니라 수천 년 동안 비밀로 감추어져 있었고 알아서도 안 되는 것이었습니다.

(2) 예수님의 계보는 원시복음의 성취

감추어져 있던 그 이름이 마침내 우리에게 알려집니다. 하나님의 계시입니다.

> 아브라함과 다윗의 자손 예수 그리스도의 계보라(마 1:1).

예수 그리스도, 메시아, 사탄을 정복한 여자의 후손은 아브라함의 후손이요, 다윗의 후손이어야 된다는 말입니다. 마태복음 1장 1절의 말씀은 여러 가지로 해석을 하지만, 더 원대하게 바라본다면, 여자의 후손이 뱀의 머리를 상하게 할 것이라는 창세기 3장 15절 원시복음의 성취입니다. 단순히 탄생했다고만 할 수 없는 것입니다. 사탄이 예수님의 일생에 적극적으로 나타난 것은 세 번이었습니다. 시험할 때 나타나고, 자기를 그리스도로 선언할 때 베드로를 통해서 나타나고, 마지막으로 겟세마네 동산에서 예수님을 죽이려고 치열한 싸움을 할 때 나타납니다.

2. 예수님의 탄생과 사탄의 적의

(1) 죄와 사탄의 정복

예수님은 그리스도시요 살아 계신 하나님의 아들입니다. 예수님이 하나님의 아들 그리스도라는 증거로 십자가에서 우리 죄를 대신해서 피

흘려 죽으시고 죽은 자들 가운데서 부활하셨습니다. 이 복음으로 우리 인생의 모든 문제가 처리되고 해답을 얻습니다.

우리 인생의 문제가 무엇이기에 죽음과 부활로써 해답을 얻습니까?

인생의 문제는 인간이 하나님께 범죄를 했다는 것입니다. 이것이 가장 중요합니다. "선악을 알게 하는 나무의 열매는 먹지 말라 네가 먹는 날에는 반드시 죽으리라 하시니라"(창 2:17)라는 하나님의 율법을 인간이 범했습니다.

죄라는 것이 무엇입니까?

하나님의 법을 위반하는 것입니다. 세상에서도 국가의 법을 위반하는 것이 죄입니다. 아무리 나쁜 행동을 해도 법이 죄라고 정해 놓은 것이 아니면 죄가 아닙니다. 도덕적으로 잘못했다고 볼 뿐입니다.

그런데 하나님의 법을 아담과 하와가 위반했습니다. 죄를 범한 것입니다. 죄를 범하게 되자 그동안 하나님께 예배 드리고 찬양했던 하나님과의 아름다운 관계가 깨어지고 아담과 하와는 결국 하나님을 떠나게 됩니다.

… 동산 나무 사이에 숨은지라(창 3:8).

과거에는 하나님께 감격하고, 하나님이 영광스럽고 기쁜 존재였지만 이제는 두려워졌습니다. 바람난 여자가 된 것입니다. 간음을 하게 되면 그 간부가 좋아져서 본남편은 싫어집니다. 본남편이 지긋지긋해져서 간부와 사는 것입니다. 이것이 인생의 모습입니다. 본남편인 하나님을 배반하고 간부인 사탄을 쫓습니다.

● 인간의 근본 문제 세 가지

인간의 근본 문제는 세 가지입니다. 인간이 하나님께 범죄 했고, 하나님을 떠났습니다. 그래서 마귀를 따르고 있습니다. 이 세 가지가 인생의 근본 문제입니다. 여기서 하나님을 제외하면 죄와 사탄의 문제가 가장 큰 문제입니다. 그 문제가 해결되어야 하나님을 만나는 궁극적인 축복으로 들어오는 것입니다.

그렇기 때문에 복음이라는 것을 여러 가지로 증거 할 수 있지만, 무엇보다 죄와 사탄을 정복하는 것이 복음인 것입니다. 죄와 사탄을 정복해야 하나님께 돌아옵니다. 인간이 범죄해서 하나님을 떠나 하나님과 낯선 존재가 되고 사탄을 쫓는 자가 되었을 때, 하나님은 죄와 사탄을 정복할 말씀을 주셨습니다. 창세기 3장 15절의 말씀입니다.

> 내가 너로 원수가 되게 하고 네 후손도 여자의 후손과 원수가 되게 하리니 여자의 후손은 네 머리를 상하게 할 것이요 너는 그의 발꿈치를 상하게 할 것이니라 하시고(창 3:15).

창세기 3장 15절을 통해서 죄 문제를 해결하고 사탄을 정복하겠다고 하신 것입니다.

● 여자의 후손은 메시아의 상징

여자의 후손이 와서 뱀의 머리를 상하게 할 것입니다.

여자의 후손이 누구입니까?

메시아의 상징입니다. 하나님이 여자의 후손이라는 메시아를 보내서 인생의 문제 곧 죄 문제, 사탄의 문제를 해결하신다는 약속을 하신 것입니다. 사탄의 종 노릇 하는 인생들을 구원하기 위해서는 인간을 붙들고 있는 사탄을 밟아버려야 합니다. 사탄에 매여 있는 인간은 아무 능력이 없습니다. 강한 사람에게 붙잡혀 있기 때문에 거기서 나오라고 해도 스스로는 나오지 못합니다. 사탄에 붙잡혀 있으므로 이 간부를 쳐 버려야 합니다. 그를 박살내야 됩니다. 그래야 붙잡힌 자기 아내를 불러와서 다시 자기 아내로 삼을 수 있습니다. 이것이 성경의 스토리입니다. 그래서 창세기 3장 15절이 범죄한 인간들에게 매우 위대한 메시지인 것입니다.

● 그리스도, 인생 문제를 해결할 직함

마틴 루터는 창세기 3장 15절 안에 모든 축복이 다 들어 있다고 말한 바 있습니다.

왜 그렇습니까?

그 안에 메시아의 약속이 있기 때문입니다. 성경은 메시아가 전부입니다. 그리스도가 전부입니다. 하나님을 떠난 인생들의 문제를 해결할 직함이 그리스도입니다. 구체적으로 얘기하면 선지자, 제사장, 왕의 직함입니다. 이 세 가지 직함을 가지고, 하나님을 떠난 인생들, 죄악에 빠진 인생들, 그리고 사탄의 종노릇을 하는 인생들을 구원합니다.

● 첫 번째 인생의 문제: 하나님을 떠남

인간은 하나님을 떠났기 때문에 하나님을 잃어버렸습니다. 하나님과 깊이 교제한 아담은 하나님을 알았겠지만, 점점 시간이 흘러가면서 이제는 하나님이 어디 있느냐고 합니다. 하나님에 대한 인식이 없어졌습니다. 범신론을 주장하고 신인합일을 주장합니다. 기운동을 하는 사람들은 거의 신인합일의 신령을 체험합니다. 그런 식으로 깊이 들어가면 귀신 체험을 하게 되어 있습니다. 왜냐하면 인간이 하나님을 떠나서 하나님을 모르게 되었기 때문입니다.

그러면 하나님을 보여 주어야 합니다. 가르쳐 주어야 합니다. 그 직함이 선지자 직함입니다. 하나님은 수많은 선지자들을 통해 하나님에 대해 가르치고 우상 숭배를 하지 말라고 했습니다. 그러나 눈으로 봐야만 믿을 수 있다며 우상 숭배를 계속했습니다. 하나님의 백성들이 전부 우상 숭배 하는 것을 보고 하나님은 그들을 쓸어버리고자 합니다.

● 가나안 백성들에 대한 심판

왜 가나안 사람들을 전부 죽여 버리라고 합니까?
하나님은 인권도 없습니까?
레위기 20장을 보면 그들이 죄악의 극치에 오른 것을 볼 수 있습니다.

> 너희는 나의 모든 규례와 법도를 지켜 행하라 그리하여야 내가 너희를 인도하여 거주하게 하는 땅이 너희를 토하지 아니하리라(레 20:22).

어느 정도로 악하기에 그렇게 합니까?

레위기를 보면 그 죄악이 나오는데 남색하는 것은 말할 것도 없거니와 짐승하고도 교제를 합니다. 이 정도로 타락했기 때문에 던져버리는 것입니다. 토해 내겠다고 합니다. 가나안 족속들이라는 악한 족속들을 심판하기 위해서 이스라엘 족속들이 가나안에 들어가서 하나님의 심판의 도구로 그들을 죽인 것입니다. 하나님은 당연히 그렇게 할 권리가 있습니다. 하나님은 인간이 하나님을 경배하도록 만들었습니다. 그런데 가나안 족속이 심하게 우상 숭배를 했기 때문에 전부 심판한 것입니다. 우상 숭배 중에서 바알 신이라든가 아세라 같은 것들은 전부 성적인 존재들입니다. 이것을 섬겼습니다. 그래서 쓸어버립니다. 하나님의 창조물이므로 피조물이 말을 안 들으면 하나님이 심판주로서 당연히 심판하는 것입니다.

● **하나님을 보여 주는 선지자 직함**

하나님은 의의 하나님이기 때문에 의를 실현하지 않으면 하나님이실 수 없습니다. 의를 실현하기 위해서 메시아를 약속하는 것입니다. 인간의 죄 문제, 사탄의 문제를 해결해서 참되게 하나님을 경배하는 사람으로 만들어야 하는데, 그렇다고 무조건 용서하는 것이 능사가 아닙니다. 먼저 그 문제를 해결해야 합니다. 그렇기 때문에 하나님이 약속을 하십니다. 그것이 복음입니다. 고장난 인간을 새롭게 회복하는 것이 복음입니다.

사람들이 계속 하나님을 모르겠다고 하고, 하나님을 보여 달라고 합니다. 하나님은 선지자를 보내서 여러 가지로 얘기를 했습니다. 그럼에도 불구하고, 이들이 계속 우상 숭배를 하자 마침내 하나님께서 자기 자신을 보여 주시면서, 그의 아들을 통해서 말씀합니다.

> … **나를 본 자는 아버지를 보았거늘** …(요 14:9).

그분이 예수님입니다.

> **본래 하나님을 본 사람이 없으되 아버지의 품속에 있는 독생하신 하나님이 나타내셨느니라**(요 1:18).

● 예수님은 직접 자기 자신을 통해 하나님을 보여 주심

예수님은 선지자 중의 선지자입니다. 다른 선지자들은 하나님의 말씀을 받아서 '하나님은 이런 분이다.' '이런 성품이다' 이렇게만 얘기했는데, 예수님은 직접 자기 자신으로 하나님을 보여 주십니다. 그래서 모든 선지자의 왕입니다. 선지자를 완전히 성취하는 것입니다. 그래서 예수님을 본 자는 하나님을 본 자입니다. 요한복음 14장 9절에서 우리 주님이 제자들에게 이렇게 말씀하십니다.

> … **나를 본 자는 아버지를 보았거늘 어찌하여 아버지를 보이라 하느냐**(요 14:9).

제자들은 예수님이 신성을 가지고 바람과 물결을 잠잠하게 하고,

바다를 건너고, 죽은 자를 살리는 기적들을 보면서도 그가 하나님인 것을 보지 못했습니다. 신성을 보면서도 그분 속에 있는 하나님은 못 본 것입니다. 인간이 이렇게 어리석습니다. 아무리 얘기해도 목사님이 하는 말이 믿어지지 않는다고 합니다. 그럴 수밖에 없습니다. 성령을 받아야 되기 때문입니다. 하나님을 떠나버린 우리들은 하나님을 알지 못합니다. 그래서 메시아를 보내어 하나님을 보여 주신다는 메시지는 선지자 되신 그리스도를 가리키는 것입니다.

● 두 번째 인생의 문제: 하나님께 죄를 범함

두 번째 인생의 문제는 죄의 문제입니다. 하나님께 반역하는 죽을죄를 지었습니다. 사망의 선고가 나왔습니다.

> … 너는 흙이니 흙으로 돌아갈 것이니라(창 3:19).

범죄를 했기 때문에 창세기 3장 19절에서 흙으로 돌아가라고 죽음을 선포합니다. 죽음이라는 것은 죄의 형벌입니다. 그래서 죽음 앞에서 덜덜 떠는 것입니다. 사형수들도 엄청 두려움에 떱니다. 사형수들을 사형시키려고 데리고 갈 때, 교수대 가까이 갈수록 거의 대부분이 기절해 버립니다. 고재봉같이 믿음을 가진 사람들은 찬양하며 죽는다고 하지만, 안 믿는 사형수들은 죽음이 얼마나 두려운지 교수대로 끌려가는 동안 거의 실신해 버립니다. 죽음이라는 것은 공포를 주는 마귀에게 사로잡히는 것입니다. 무시무시한 것입니다.

누군가 이 죄의 문제를 해결해 줘야 합니다. 누군가 이 죄의 값을 치러줘야 합니다.

누가 그 값을 치렀습니까?

이 죄의 값을 치르는 직함이 제사장입니다.

● **죄의 값을 치르는 제사장 직함**

구약성경을 보면 죄의 문제를 해결하기 위해 수많은 제물을 하나님께 바치고 그것으로 죄사함을 받았습니다. 수천만 마리의 양이나 소 같은 것을 잡아서 죽였습니다. 신전 근처에는 항상 피가 강물처럼 흘렀을 것입니다. 매일 드려야 하기 때문입니다.

그런데 짐승 한 마리를 잡아서 우리 죄를 사한다고 할 때, 그 짐승의 가치가 우리 인간의 생명과 비교하면 가치가 있습니까?

아닙니다. 우리 주님께서 마태복음 12장 12절에서 하신 말씀입니다.

사람이 양보다 얼마나 더 귀하냐 …(마 12:12).

우리는 수많은 양보다 더 귀한 존재입니다. 시편 49편 7, 8절에서는 아무도 속죄할 수가 없다고 했습니다. 하나님께 속죄양을 바친다고 해도 아무도 죄사함을 받을 수 없습니다. 우리 인간을 속죄하려면 이 값이 너무나 크기 때문입니다. 우리 영혼이 그렇게 귀한 것입니다. 방법이 없습니다. 구약 시대에 짐승 한 마리를 잡아서 하나님께로부터 죄사함을 받았던 것은 앞으로 오실 위대한 제물의 모형일 뿐입니다.

● 피의 희생제사의 목적

위대한 제물. 이것이 피의 희생제사의 목적입니다. 구약 시대에 제물을 드리는 것은 '이 제물이 앞으로 오실 예수님이므로, 제가 예수님을 믿습니다'라는 뜻입니다. 구약 백성들은 예수님을 믿지 않았지만, 시키는 대로만 하면 구원을 얻었습니다. 아주 신령한 사람들만 앞으로 오실 메시아를 알았을 뿐 보통 사람들은 전혀 몰랐음에도 불구하고 속죄제물을 바치면서 구원을 얻은 것입니다. 신약적으로 얘기하면 예수님을 믿고 구원을 받았다는 말입니다.

그렇게 해서 이 죄의 문제를 해결했지만, 그것으로 죄가 완벽하게 해결된 것이 아니었습니다. 죄를 씻어버리지 않으면 성령이 오지 않기 때문에 인간들이 계속 범죄를 짓습니다. 구약 백성들은 계속 범죄합니다. 범죄하고 또 하고, 제물을 드리고 또 드립니다. 죽을 때까지 죄가 완전하게 해결되지 않습니다. 그래서 나중에는 바벨론 포로로 붙잡혀 갑니다.

● 십자가에서 자신을 제물로 드림

속죄제물을 드리되, 우리 죄의 값을 치르기에 충분하고도 남을 만큼 몇 배, 몇 억 배의 가치가 있는 제물을 하나님께 드리면, 그 가치에 합당한 은혜를 우리에게 보여 주십니다. 그래서 하나님의 아들 곧 하나님의 실물인 예수님 자신을 제물로 드리고, 그 자신이 제사장으로서 하나님께 제사를 드려 인생의 모든 죄악을 도말하십니다. 여러분의 죄가 아무리 주홍 같다고 할지라도 눈같이 희어지는 것입니다.

> … 진홍같이 붉을지라도 양털같이 희게 되리라(사 1:18).

우리 죄의 양보다 더 큰 값을 예수님이 지불하셨습니다. 피조물의 죄를 위해서 창조주 자신이 죽어주었습니다. 죄의 값을 지불했습니다. 엄청난 죄의 값을 지불했기 때문에 완벽한 의인이 된 것입니다.

> **누가 정죄하리요** …(롬 8:34).

아무도 정죄할 자가 없습니다. 사탄도 정죄할 수 없습니다. 완전한 의인입니다.

그런데 실상은 우리에게 죄가 있기 때문에 하나님은 죄를 없애고 이 위대한 피값을 제대로 실현시키기 위해서 하나님의 성령을 우리에게 부어줍니다. 성령께서 우리 안의 죄를 죽여주셔야 합니다. 그러나 예수님이 죄의 값을 모두 지불하셨기 때문에 실제로는 죄가 있음에도 불구하고 언제든지 '너는 죄가 없노라'고 합니다. 하나님이 그 아들을 통해서 엄청난 대가를 지불한 자에게 하나님이 선물로 주신 성령이 죄를 사라지게 합니다. 성령 충만을 받으면 죄가 얼음 녹듯 사라집니다. 성령 충만을 받으면 죄로부터 자유를 얻습니다.

● 세 번째 인생의 문제: 사탄을 박살내는 왕의 직함

인간이 하나님께 범죄하고 하나님을 떠나 마귀의 자녀가 되었습니다. 이것이 인생의 문제입니다. 그래서 예수님은 선지자 되신 그리스도로서 하나님을 떠나 하나님이 어디 있는지 모르는 이들에게 하나님을 보여 주셨습니다. 죄 문제로 인해서 인간은 저주를 받았습니다. 그래서 대제사장 되시는 예수님께서 십자가에서 전부 담당하고 이 문제를 해결해 주셨습니다. 그리고 마귀에게 붙잡혀서 마귀의 종 노릇 하는 인간들을 구해 냅니다. 예수님이 사탄을 박살내 버립니다. 박살내 버려야 붙잡힌 이들을 끄집어내어 자녀로 삼을 수 있기 때문입니다.

● **선지자, 제사장, 왕이라는 세 가지 직함의 완성**

예수님은 하나님의 아들 그리스도입니다. 예수님이 그리스도로 오셔서 선지자, 제사장, 왕이라는 세 가지 직함을 가지고 인생의 문제를 해결합니다. 선지자, 제사장, 왕이라는 세 가지 직함은 죽음과 부활로써 완성이 됩니다. 죽음과 부활을 통해서 예수님이 그리스도라는 것을 입증합니다. 그분을 보면 하나님을 보는 것이고, 그분을 영접하는 것이 하나님을 영접하는 것입니다.

그분이 죄 문제를 완전히 해결하고 우리로 하여금 죄와 사탄의 세력에서 해방 받는 자유자가 되게 했습니다. 여러분이 예수님을 참되게 믿고 성령의 충만을 받으면 자유자가 되는 것입니다. 죄와 사탄에 얽매인 사람은 자유자가 아닙니다.

누군가에게 붙잡혀 있으면 자유가 없지 않습니까?

젊은이들이 군대에 가서 군의 세력 하에 있으면 자유가 없는 것과 같습니다. 군인들은 시키는 대로 해야 됩니다. 자유가 없습니다. 그래서 사람들은 자유를 주장합니다. 자유가 온 세상의 캐치프레이즈입니다.

우리 대한민국 헌법의 기초도 자유민주주의입니다. 어느 나라도 자유를 좋아하지 않는 나라가 없습니다. 자유보다도 좋은 게 없습니다.

왜 그렇습니까?

사탄에 얽매어 있기 때문입니다. 우리 주님은 요한복음 8장 32절에서 이렇게 말씀하셨습니다.

> 진리를 알지니 진리가 너희를 자유롭게 하리라(요 8:32).

그 말을 듣고 유대인들이 '우리가 자유하지 못하다는 말이냐'고 반박합니다.

> 우리가 아브라함의 자손이라 남의 종이 된 적이 없거늘 어찌하여 우리가 자유롭게 되리라 하느냐(요 8:33).

이에 대해 예수님이 말씀하십니다.

> 죄를 범하는 자마다 죄의 종이라(요 8:34).

> 그러므로 아들이 너희를 자유롭게 하면 너희가 참으로 자유로우리라 (요 8:36).

유대인들은 자기들이 한 번도 범죄하지 않았고, 전부 아브라함의 자손이라고 재차 강조합니다.

요한복음 8장 44절에서 예수님은 '너희 아비는 마귀'라고 합니다.

> 너희는 너희 아비 마귀에게서 났으니 너희 아비의 욕심대로 너희도 행하고자 하느니라(요 8:44).

'마귀는 거짓말쟁이고 속이는 자'라는 말에 유대인들이 크게 화를 냅니다.

> 너는 이미 죽은 우리 조상 아브라함보다 크냐 또 선지자들도 죽었거늘 너는 너를 누구라 하느냐(요 8:53).

유대인들이 예수님에게 아브라함보다 더 위대하냐고 따지기 시작합니다.

> 너희 조상 아브라함은 나의 때 볼 것을 즐거워하다가 보고 기뻐하였느니라(요 8:56).

예수님은 자신이 아브라함보다 위대하고 아브라함이 나기 전부터 있었다고 말씀하십니다.

> 네가 아직 오십 세도 못되었는데 아브라함을 보았느냐(요 8:57).

유대인들이 그것을 믿지 않고 예수님을 돌로 치려고 하였으나 우리 주님은 신비하신 분이라 붙잡히지 않고 성전을 빠져나갑니다.

이런 식으로 빠져 나간 것이 여러 번 있었습니다. 고향에서 복음을 전할 때입니다. 예수님이 메시아의 예언 구절을 말씀하시며 "이 글이 오늘 너희 귀에 응하였느니라"(눅 4:21)라고 하십니다. 사람들은 그가 요셉의 아들이 아니냐며 놀라면서도 자기가 성경을 이루었고 메시아라고 하는 말을 듣고는 크게 화를 내며 죽이려고 합니다. 이때도 우리 주님은 유유하게 빠져 나옵니다. 여기서 예수님의 신성을 볼 수 있습니다. 인생들을 유혹해서 붙들고 있는 마귀를 정복하는 것, 이것이 우리에게 위대한 복음이 됩니다.

(2) 하나님이 주신 두 가지 약속

● 가나안 땅 약속

> … 여자의 후손은 네 머리를 상하게 할 것이요(창 3:15).

여자의 후손된 메시아가 오면 뱀의 머리 곧 뱀 속에 들어간 사탄의 실체를 박살내 버릴 것이라고 하나님은 약속하셨습니다. 언젠가 여자의 후손이 와서 사탄을 정복한다는 말입니다. 그래서 하나님은 여자의 후손을 준비하기 시작합니다.

어떤 여인의 후손 가운데서 메시아가 나올 것인가?

그러나 바벨탑 사건에서 인간이 전부 타락하고 의인이 하나도 남지 않았습니다. 하나님께서는 구체적으로 한 사람을 택하고, 한 민족을 택하게 되었습니다. 하나님의 경륜상, 이 민족을 통해서 메시아가 나오게 하겠다고 약속합니다. 그 사람이 아브라함입니다. 아브라함을 통해서 여자의 후손이 오고, 그를 통해 메시아가 올 것입니다.

하나님이 아브라함을 부릅니다. 갈대아 우르는 오늘날의 이라크 지역입니다. 그 지역에서는 우상 숭배를 하고 있었는데, 그 아버지 데라도 그랬습니다. 그곳에서 하나님은 아브라함을 끄집어냅니다.

> 너는 너의 고향과 친척과 아버지의 집을 떠나 내가 네게 보여 줄 땅으로 가라 내가 너로 큰 민족을 이루고 네게 복을 주어 네 이름을 창대하게 하리니 너는 복이 될지라(창 12:1-2).

여기서 하나님은 크게 두 가지를 약속합니다.

첫 번째는 가나안 땅을 준다는 약속입니다. 창세기 13장을 보면, 아브라함은 이 땅을 한 치도 얻지 못했습니다.

롯을 데리고 가나안 땅에 들어가지만, 가나안 땅의 참된 주인은 누구입니까?

아브라함과 그 후손입니다. 함께 있는 롯은 외인입니다. 떠나야 했습니다. 물론 롯의 죄악이 떠나게 한 것이지만, 하나님의 경륜상 갈라져야 했던 것입니다. 그래서 두 사람의 목자들이 싸웁니다. 우리 주님이 갈라지게 합니다. 롯은 가나안 땅의 주인이 될 수 없기 때문입니다. 성경을 잘 해석해야 합니다. 아브라함과 롯의 가산이 많아졌을 때, 아브라함은 롯과 떨어지기로 하고 어디를 취할 것인지 먼저 선택하라고 합니다. 하나님의 섭리였습니다. 롯의 눈에 별 볼일 없는 가나안 땅보다 소돔과 고

모라가 더 기름지고 좋아 보였습니다. 하나님은 가나안 땅에 젖과 꿀이 흐른다고 하셨지만 그때는 돌과 자갈이 많은 곳이었습니다. 어떤 사람은 예수님을 배반한 뒤로부터 그 땅이 황폐해졌다고 하는데 상당히 일리가 있는 의견입니다. 롯이 떠난 후, 하나님이 아브라함을 부릅니다.

> 너는 눈을 들어 너 있는 곳에서 북쪽과 남쪽 그리고 동쪽과 서쪽을 바라보라 보이는 땅을 내가 너와 네 자손에게 주리니 영원히 이르리라
> (창 13:14-15).

하나님이 가나안 땅을 준다는 약속을 합니다. 그 자손의 땅, 다시 말하면 가나안 땅이 천국입니다. 천국의 모형입니다.

● 메시아 약속

두 번째는 '네 씨를 주어서 가나안 땅의 주인이 되게 하겠다'는 약속입니다. 메시아 약속과 가나안 땅의 약속. 이 두 가지가 족장들의 유산이었습니다. 이것을 아브라함이 갖습니다. 가나안 땅은 제2의 에덴입니다. 여기서 메시아가 나오게 됩니다. 메시아 약속이 그 곳에서 성취됩니다. 하나님이 그렇게 만드셨습니다.

족장들이 갖고 있는 권한을 아브라함은 이삭에게 물려줍니다. 이삭은 아브라함의 후손 중에서도 기다리고 기다리다 기적적으로 태어난 사람입니다. 우리 주님의 모형입니다. 그러나 이삭은 영적으로 신령하지 못하고 눈이 어두웠습니다.

이삭의 아내 리브가가 아들을 낳았을 때, 하나님은 "두 국민이 네 태중에 있구나 두 민족이 네 복중에서부터 나누이리라 이 족속이 저 족속보다 강하겠고 큰 자가 어린 자를 섬기리라"(창 25:23)라고 했습니다. 먼저 나온 자가 에서이고, 쌍둥이 동생이 야곱입니다. 그러므로 야곱이 주권자가 되는 것입니다. 하나님이 그렇게 만들었습니다.

나중에 에서와 야곱은 원수가 됩니다. 장자권 때문에 서로 죽이려고 합니다. 이삭은 하나님이 주신 메시아의 약속과 가나안 땅의 약속이라는 위대한 언약을 큰 아들인 에서에게 주고자 합니다.

> 네 기구 곧 화살통과 활을 가지고 들에 가서 나를 위하여 사냥하여 내가 즐기는 별미를 만들어 내게로 가져와서 먹게 하여 내가 죽기 전에 내 마음껏 네게 축복하게 하라(창 27:3-4).

그 말을 리브가가 들었습니다. 큰일입니다. 하나님은 큰 자가 작은 자를 섬기라고 하셨는데, 그 위대한 약속이 야곱이 아닌 에서에게 가게 생겼습니다. 리브가는 야곱에게 집에 있는 양을 잡아서 이삭에게 가져가라고 합니다. 그러나 야곱은 들켜서 아버지에게 보복을 받고 저주를 받게 될까봐 걱정합니다. 그럼에도 리브가는 야곱에게 털을 붙여서 에서처럼 보이게 만들고 재빨리 음식을 해서 가져가게 합니다.

> 아버지께서 내게 명하신 대로 내가 하였사오니 원하건대 일어나 앉아서 내가 사냥한 고기를 잡수시고 아버지 마음껏 내게 축복하소서 (창 27:19).

이삭이 듣기에 야곱의 목소리였습니다.

> 내 아들아 가까이 오라 네가 과연 내 아들 에서인지 아닌지 내가 너를 만져보려 하노라 야곱이 그 아버지 이삭에게 가까이 가니 이삭이 만지며 이르되 음성은 야곱의 음성이나 손은 에서의 손이로다(창 27:21-22).

이삭은 그를 에서라고 믿고 조상으로부터 받은 메시아의 약속과 가나안의 약속을 야곱에게 모두 주고 축복합니다.

그 후에 에서가 돌아옵니다.

> 너는 누구냐 그가 대답하되 나는 아버지의 아들 곧 아버지의 맏아들 에서로소이다 이삭이 심히 크게 떨며 이르되 그러면 사냥한 고기를 내게 가져온 자가 누구냐 네가 오기 전에 내가 다 먹고 그를 위하여 축복하였은즉 그가 반드시 복을 받을 것이니라(창 27:32-33).

에서가 동생이 아버지에게서 축복을 빼앗아간 것을 듣고 대성통곡을 합니다. 그래서 야곱과 에서는 원수가 되고, 야곱은 도망가게 됩니다. 전부 하나님의 섭리로 계속 싸우는 것입니다. 그 후손들도 적의가 있어서 계속 싸웁니다. 에서의 족속, 에돔이 사탄의 모형인 것입니다.

(3) 메시아 탄생의 예언

● 메시아는 신인의 존재

하나님은 여자의 후손을 준비하기 위해 아브라함으로 하여금 가나안 땅에 들어가게 만들었습니다. 여자의 후손이 아브라함의 후손으로 구체화되고, 메시아는 아브라함의 참된 후손을 통해서만 오게 되었습니다. 아브라함에 의해 난 자손은 많습니다. 이스마엘도 있었습니다. 그러나 사라에게서 기적적으로 출생한 이삭만이 아브라함의 진짜 후손이 되었습니다. 이삭은 기다리고 기다리다가 아브라함이 백세가 되어서야 하나님의 능력으로 태어났습니다. 앞으로 오실 메시아를 예표하는 것입니다. 인간의 모습으로 오시지만 기적으로 탄생해야 합니다.

뿐만 아니라 메시아는 죄 문제, 사탄의 문제, 하나님을 보여 주는 문제를 모두 해결해야 합니다. 인간은 눈으로 봐야 믿기 때문에 메시아도 인간의 몸으로 오셔야 하지만, 무한한 가치를 가지고 제물을 드려야 하기 때문에 인간으로는 안 됩니다. 하나님 자신이어야 무한한 가치로 죄사함을 받을 수 있습니다. 죄 문제를 해결할 수 있습니다. 그래서 앞으로 오실 메시아는 신인이어야 합니다.

인간이면서 동시에 하나님이어야 메시아의 역할을 다하고 인간의 근본 문제인 죄 문제, 사탄의 문제, 하나님을 떠난 불신앙의 문제를 해결할 수 있습니다. 인간이 범죄해서 생긴 문제이기 때문에 같은 인간이 와서는 해결되지 않습니다. 그것이 하나님의 공의에 맞는 것입니다. 죄의 값으로 짐승 하나 바치는 것으로는 해결이 안 됩니다. 제물은 무한한 가치를 가져야 합니다. 그래야 그 무한한 가치를 받은 자들이 존귀한 존재가 될 수 있습니다.

그렇기 때문에 과거에 아담이 갖고 있었던 의보다 예수님을 믿고 얻은 의가 몇 백배 더 위대한 것입니다. 예수님의 의를 우리가 입기 때문입니다. 아담은 창조주로부터 얻은 의만 입고 있지만, 우리는 그리스도 안에서 얻은 의이기 때문에 엄청난 가치가 있습니다. 여러분이 예수님의 의를 입고 의롭게 되었다면 아주 존귀한 존재가 됩니다.

사탄이 겁을 먹게 됩니다. 사탄은 '예수 그거 별 거 아니다'라고 속이지만 천만의 말씀입니다. 에베소서 2장 6절에 나온 우리의 지위를 보면, 우리는 법적으로 이미 하나님 보좌 우편에 계신 그리스도와 앉아 있습니다.

··· 그리스도 예수 안에서 함께 하늘에 앉히시니(엡 2:6).

그분과 연합했기 때문에 당연한 것입니다. 그분의 자리가 내 자리입니다. 그렇게 존귀한 자가 된 것입니다.

앞으로 오실 메시아는 여자의 후손, 아브라함의 후손으로 오게 됩니다. 그와 함께 인생의 문제를 해결하셔야 하기 때문에 신인의 존재여야 합니다. 그래서 예수님의 탄생이 이 신인이라는 신비를 가지고 태어나지 않으면 안 되는 것입니다. 이 사실을 갑자기 알려주면 인간들이 믿지 못하기 때문에 하나님은 예수님이 탄생하기 700년 전에 예언을 합니다. 메시아가 어떻게 탄생하고 어떤 존재로 올 것인지를 구약성경에서 미리 예언하셨기 때문에 미리 예언된 그대로 와야 그가 메시아로 인정됩니다.

● 유다 왕 아하스의 불신

이스라엘은 솔로몬의 범죄 이후에 남북으로 갈라집니다. 북왕국은 열 지파가 모였기 때문에 유다 족속과 베냐민 족속으로 구성된 남왕국보다 힘이 셉니다. 그러나 하나님의 능력으로 남왕국인 유다 왕국이 유지됩니다. 유다 왕국의 왕은 사실상 하나님이었습니다. 하나님이 왕들에게 '내 백성을 통치하라'고 하셨고, 왕들은 하나님의 명령에 순종한 종이었습니다. 유다 왕국과 유다 백성들은 오직 여호와 신앙으로 살아야 합니다.

교회에 다니는 여러분은 어떻게 살아야 합니까?

그 여호와가 이 땅에 오셨으므로 오직 예수, 오직 신앙으로 살아야 합니다. 세상 사람들은 자기가 왕이라고 생각하지만, 교회에 있는 사람들은 '예수님이 왕이다. 예수님이 내 주인이다'라는 믿음으로 살아야 합니다. 예수님이 그리스도시니까 그분에게 의지하고 맡겨야 합니다.

> 유다의 아하스 왕 때에 아람의 르신 왕과 르말리야의 아들 이스라엘의 베가 왕이 올라와서 예루살렘을 쳤으나 능히 이기지 못하니라 (사 7:1).

유다 왕국에 아하스라는 왕이 있었는데, 불신자였습니다. 아하스왕 때에 북왕국 이스라엘과 아람이라는 나라가 연합하여 유다를 공격하려고 합니다.

> 어떤 사람이 다윗의 집에 알려 이르되 아람이 에브라임과 동맹하였다 하였으므로 왕의 마음과 그의 백성의 마음이 숲이 바람에 흔들림같이 흔들렸더라(사 7:2).

에브라임은 북왕국입니다. 북왕국의 맹주 지파가 에브라임이었습니다. 북왕국과 아람이 연합한 세력이 달려든다고 하니까 왕과 백성들이 심히 두려워합니다. 이를 본 하나님이 이사야를 보내어 이렇게 말씀하십니다.

> 이들은 연기 나는 두 부지깽이 그루터기에 불과하니 두려워하지 말며 낙심하지 말라(사 7:4).

그러나 유다 왕 아하스는 믿음이 없었습니다. 완전히 불신앙이었습니다. 여호와를 믿으면 굳게 설 수 있는데 이걸 믿지 않고, 외교적인 방법으로 이 문제를 해결하려고 합니다. 인본주의입니다. 아하스는 아람 북방에 있는 앗수르라는 강국에 돈과 금, 은을 바치고 살려달라고 애원합니다. 앗수르는 문화사에 나오는 앗시리아라는 세계 최초의 강국이지만, 사실은 사탄의 모형입니다. 그런 나라와 연합하여 외교적으로 해결하려고 한 것입니다.

믿음이 없는 사람이 당장 죽게 생겼는데, 오직 하나님만 믿고 문제를 해결하라고 하면 그렇게 하겠습니까?

누구 도와줄 사람 없나 하고 찾게 되어 있습니다. 유다 왕 아하스가 그랬습니다.

아하스의 불신을 보시고 하나님은 그렇게 못 믿겠거든 징조를 구하라고 말씀합니다.

> 너는 네 하나님 여호와께 한 징조를 구하되 깊은 데에서든지 높은 데에서든지 구하라 하시니(사 7:11).

과거에 기드온도 징조를 구했었습니다.

> 기드온이 하나님께 여쭈되 주께서 이미 말씀하심같이 내 손으로 이스라엘을 구원하시려거든 보소서 내가 양털 한 뭉치를 타작 마당에 두리니 만일 이슬이 양털에만 있고 주변 땅은 마르면 주께서 이미 말씀하심같이 내 손으로 이스라엘을 구원하실 줄을 내가 알겠나이다(삿 6:36-37).

기드온은 진짜 이길 수 있을지 믿을 수 없다면서 두 번이나 징조를 구했습니다. 양털을 가져다가 주변 땅은 마르고 양털에만 이슬이 묻게 해 달라고 한 것과 다음날에는 반대로 주변 땅은 젖고 양털에만 이슬이 묻지 않도록 해달라고 합니다. 그것에 대해 하나님이 보여 주신 응답을 보고서야 기드온은 적은 병사를 가지고도 미디안을 치러 나갈 수 있었습니다. 그런 것처럼 아하스 왕에게도 징조를 구하라고 합니다. 그것을 보고 하나님을 믿으라는 것입니다. 그러나 아하스 왕은 앗수르 왕이 구원해 줄 것이라고 생각했습니다.

> 아하스가 이르되 나는 구하지 아니하겠나이다 나는 여호와를 시험하지 아니하겠나이다 한지라(사 7:12).

하나님은 그가 고민하는 문제를 해결해 주겠다고 하시고, 못 믿겠으면 징조를 구하라고도 하셨으나, 아하스 왕은 경건한 척하며 거절을 합니다.

● **하나님이 보여 주신 징조**

다음 구절이 핵심입니다. 이사야서 7장 13, 14절입니다.

> 이사야가 이르되 다윗의 집이여 원하건대 들을지어다 너희가 사람을 괴롭히고서 그것을 작은 일로 여겨 또 나의 하나님을 괴롭히려 하느냐 그러므로 주께서 친히 징조를 너희에게 주실 것이라 보라 처녀가 잉태하여 아들을 낳을 것이요 그의 이름을 임마누엘이라 하리라(사 7:13-14).

15절도 이어서 보겠습니다.

> 그가 악을 버리며 선을 택할 줄 알 때가 되면 엉긴 젖과 꿀을 먹을 것이라(사 7:15).

아하스 왕은 믿음이 없었습니다. 하나님이 징조까지 주면서 문제를 해결해 주겠다고 하셨으나, 그는 하나님보다 인간을 신뢰했습니다. 인본주의입니다.

아하스 왕이 징조를 원하지 않았음에도 불구하고 하나님은 징조를 주십니다. 그 위대한 징조가 임마누엘입니다.

··· **처녀가 잉태하여 아들을 낳을 것이요** ···(사 7:14).

왜 그렇습니까?
보잘 것 없지만, 아하스라는 계통을 통해서 메시아가 나오기 때문입니다. 예수님이 그 길을 통해서 나오시기 때문에 하나님은 스스로를 위해서 징조를 주신 것입니다.

'내가 다윗과 약속을 했다. 너희 후손에서 위대한 메시아가 나와서 영원토록 함께 할 것이다. 내가 이 언약을 지킬 것이다. 여자의 후손이 뱀의 머리를 상하게 할 것이라는 궁극적인 약속을 내가 지킬 것이다. 너희 후손 속에서 메시아가 나오게 되어 있다. 그러므로 네가 망하지 않을 것이다.'

만약 북왕국 에브라임과 아람이 쳐들어와서 유다를 멸망시키고 아하스까지 죽여 버린다면 메시아의 왕국은 없어지고 맙니다. 그러면 예수님이 나올 수 없게 됩니다. 그렇기 때문에 '네가 절대 망하지 않는다'는 징조를 주신 것입니다.

'이것은 너 때문에 하는 것이 아니라 내가 약속을 지키기 위해서 하는 것이다. 앞으로 메시아가 올 것이다. 처녀가 잉태하여 아들을 낳는데, 그가 메시아이고 그 이름을 임마누엘이라고 할 것이다.'

임마누엘은 '하나님이 우리와 함께 하심이라'는 뜻입니다. 그 자신이 하나님입니다.

● 메시아의 민족은 망하지 않는다

아하스는 하나님이 약속을 하셨으므로 그 메시아 약속을 바라보고 인생의 문제를 의탁하면 되는 것이었습니다. 오늘날 우리도 아하스보다 못한 믿음을 가진 신자들이 많습니다.

여러분에게 큰 문제가 오면 무엇부터 봅니까?

이것을 어떻게 해결해야 하나 고민하고 또 고민합니다. 슬퍼하면서 별별 일을 다 합니다. 메시아를 안 믿으면 모르겠지만, 메시아를 믿는다면 염려와 근심할 필요가 없습니다. 내 안에 메시아가 계신다고 하면, 내가 죽을 때 메시아도 죽습니다.

그러니 어떻게 내가 망할 수가 있겠습니까?

메시아의 민족이 어떻게 망하겠습니까?

망하면 다윗의 언약도 사라집니다. 언약이 없어지면 안 되기 때문에 절대 망할 수 없는 것입니다. 그 언약 속에 주님이 계십니다. 우리는 그것을 붙들기만 하면 되는 것입니다.

● 이사야 예언을 성취하신 예수님

… 처녀가 잉태하여 아들을 낳을 것이요 …(사 7:14).

이것이 기적의 출생입니다. 이삭이 기적적으로 출생한 것처럼 앞으로 올 메시아도 기적적인 출생을 합니다.

> 그가 악을 버리며 선을 택할 줄 알 때가 되면 엉긴 젖과 꿀을 먹을 것
> 이라(사 7:15).

그리고 아기처럼 자랍니다. 그러나 그는 보통 사람이 아니라 임마누엘의 사람입니다. 신인입니다. 앞으로 오실 메시아는 이와 같을 것입니다.

이 약속이 성취되었다는 것이 마태복음 1장 21절에서 23절[1]에 나옵니다.

> 아들을 낳으리니 이름을 예수라 하라 이는 그가 자기 백성을 그들의
> 죄에서 구원할 자이심이라 하니라(마 1:21).

22절에서 마태는, 성령으로 잉태되서 예수님이 태어나시는 일이 선지자 이사야로 하신 말씀을 이루게 하신 것이라고 말합니다. 우연히 일어난 것이 아니라, 700년 전에 이사야에게 약속했던 이사야 7장 14절의 "보라 처녀가 잉태하여 아들을 낳을 것이요 그의 이름을 임마누엘이라 하리라"는 말씀을 성취한 것입니다. 그래서 예수님의 또 다른 이름이 임마누엘입니다. 예수님이 메시아로서의 자격을 갖추고 탄생하는 것입니다.

---

[1] (마 1:21-25) [21] 아들을 낳으리니 이름을 예수라 하라 이는 그가 자기 백성을 그들의 죄에서 구원할 자이심이라 하니라 [22] 이 모든 일이 된 것은 주께서 선지자로 하신 말씀을 이루려 하심이니 이르시되 [23] 보라 처녀가 잉태하여 아들을 낳을 것이요 그의 이름은 임마누엘이라 하리라 하셨으니 이를 번역한즉 하나님이 우리와 함께 계시다 함이라

● 예수님이 탄생하자 나타난 사탄의 적의

　예수님이 신인 존재로서 탄생을 하자, 메시아의 대적들이 일어나서 여자의 후손과 뱀의 후손 간의 치열한 싸움이 전개됩니다. 진짜 여자의 후손이 왔으니 뱀의 후손인 사탄이 어떻게든지 죽이려고 하는 것입니다. 적의가 나타납니다. 그 내용이 마태복음 2장 1절부터 23절[2]에 나옵니다.

---

[2] (마 2:1-23) [1] 헤롯 왕 때에 예수께서 유대 베들레헴에서 나시매 동방으로부터 박사들이 예루살렘에 이르러 말하되 [2] 유대인의 왕으로 나신 이가 어디 계시냐 우리가 동방에서 그의 별을 보고 그에게 경배하러 왔노라 하니 [3] 헤롯 왕과 온 예루살렘이 듣고 소동한지라 [4] 왕이 모든 대제사장과 백성의 서기관들을 모아 그리스도가 어디서 나겠느냐 물으니 [5] 이르되 유대 베들레헴이오니 이는 선지자로 이렇게 기록된바 [6] 또 유대 땅 베들레헴아 너는 유대 고을 중에서 가장 작지 아니하도다 네게서 한 다스리는 자가 나와서 내 백성 이스라엘의 목자가 되리라 하였음이니이다 [7] 이에 헤롯이 가만히 박사들을 불러 별이 나타난 때를 자세히 묻고 [8] 베들레헴으로 보내며 이르되 가서 아기에 대하여 자세히 알아보고 찾거든 내게 고하여 나도 가서 그에게 경배하게 하라 [9] 박사들이 왕의 말을 듣고 갈새 동방에서 보던 그 별이 문득 앞서 인도하여 가다가 아기 있는 곳 위에 머물러 서있는지라 [10] 그들이 별을 보고 매우 크게 기뻐하고 기뻐하더라 [11] 집에 들어가 아기와 그의 어머니 마리아가 함께 있는 것을 보고 엎드려 아기께 경배하고 보배합을 열어 황금과 유향과 몰약을 예물로 드리니라 [12] 그들은 꿈에 헤롯에게로 돌아가지 말라 지시하심을 받아 다른 길로 고국에 돌아가니라 [13] 그들이 떠난 후에 주의 사자가 요셉에게 현몽하여 이르되 헤롯이 아기를 찾아 죽이려 하니 일어나 아기와 그의 어머니를 데리고 애굽으로 피하여 내가 네게 이르기까지 거기 있으라 하시니 [14] 요셉이 일어나서 밤에 아기와 그의 어머니를 데리고 애굽으로 떠나가 [15] 헤롯이 죽기까지 거기 있었으니 이는 주께서 선지자를 통하여 말씀하신바 애굽으로부터 내 아들을 불렀다 함을 이루려 하심이라 [16] 이에 헤롯이 박사들에게 속은 줄 알고 심히 노하여 사람을 보내어 베들레헴과 그 모든 지경 안에 있는 사내아이를 박사들에게 자세히 알아본 그때를 기준하여 두 살부터 그 아래로 다 죽이니 [17] 이에 선지자 예레미야를 통하여 말씀하신바 [18] 라마에서 슬퍼하며 크게 통곡하는 소리가 들리니 라헬이 그 자식을 위하여 애곡하는 것이라 그가 자식이 없으므로 위로 받기를 거절하였도다 함이 이루어졌느니라 [19] 헤롯이 죽은 후에 주의 사자가 애굽에서 요셉에게 현몽하여 이르되 [20] 일어나 아기와 그의 어머니를 데리고 이스라엘 땅으로 가라 아기의 목숨을 찾던 자들이 죽었느니라 하시니 [21] 요셉이 일어나 아기와 그의 어머니를 데리고 이스라엘 땅으로 들어가니라 [22] 그러나 아켈라오가 그의 아버지 헤롯을 이어 유대의 임금 됨을 듣고 거기로 가기를 무서워하더니 꿈에 지시하심을 받아 갈릴리 지방으로 떠나가 [23] 나사렛이란 동네에 가서 사니 이는 선지자로 하신 말씀에 나사렛 사람이라 칭하리라 하심을 이루려 함이러라.

> 헤롯 왕 때에 예수께서 유대 베들레헴에서 나시매 동방으로부터 박사들이 예루살렘에 이르러 말하되 유대인의 왕으로 나신 이가 어디 계시뇨 우리가 동방에서 그의 별을 보고 그에게 경배하러 왔노라 하니(마 2:1).

민수기 24장에 보면, 발람에게 예수님이 탄생할 것을 별로 예언하는 내용이 나옵니다. 동방박사들도 별을 관찰하다가 큰 별이 나타난 것을 보고 그 별을 쫓아 예루살렘에 이릅니다. 그들이 유대인의 왕으로 난 사람이 누구냐고 물어보니, 그 소문이 헤롯 왕에게도 들어갑니다. 헤롯 왕은 유대인의 왕이라는 말을 듣고 자기 왕국을 빼앗길까봐 그 아기를 죽이고자 합니다. 그래서 동방박사를 불러서 자기도 경배하겠다고 하면서 아기가 있는 곳을 알려달라고 합니다. 그러나 동방박사들이 주님께 경배하고 예물을 바치고 돌아올 때, 하나님이 천사를 통해서 헤롯 왕을 피해 다른 길로 돌아가라고 알려주십니다.

● **이스라엘 역사는 예수님 생애의 모형**

헤롯 왕은 동방박사들이 다른 길로 돌아갔다는 것을 알고 불같이 화를 냅니다. 그리고는 구체적으로 지명하여 죽일 수 없기 때문에 예수님이 태어난 지역 일대의 두 살 아래 아기들을 모두 죽여 버립니다. 그러나 하나님께서는 이를 미리 아시고, 헤롯이 죽이려고 하니 애굽으로 피하라고 말씀하십니다. 마태복음 2장 13절부터 15절입니다.

> 그들이 떠난 후에 주의 사자가 요셉에게 현몽하여 이르되 헤롯이 아기를 찾아 죽이려하니 일어나 아기와 그의 어머니를 데리고 애굽으로 피하여 내가 네게 이르기까지 거기 있으라 하시니 요셉이 일어나서 밤에 아기와 그의 어머니를 데리고 애굽으로 떠나가 헤롯이 죽기까지 거기 있었으니 이는 주께서 선지자를 통하여 말씀하신바 애굽으로부터 내 아들을 불렀다 함을 이루려 하심이라(마 2:13-15).

"애굽으로부터 내 아들을 불렀다 함을 이루려 하심이라"라는 말씀은 호세아 11장 1절을 인용한 것입니다. 호세아의 예언은 이스라엘 민족을 가리키는 것이었습니다. 여호와의 장자인 이스라엘 민족이 고역의 생활을 하던 애굽에서 구원받아 나오는 부분입니다.

이스라엘 민족이 고역하는 것을 마태는 그리스도에게 적용했습니다. 이스라엘 민족의 출애굽을, 하나님의 아들이 애굽으로 피신을 갔다가 나오실 것의 그림자로 본 것입니다. 이스라엘 백성은 애굽으로 들어가서 종살이를 하다가 피신해서 나옵니다. 그것이 출애굽입니다. 구원의 모형입니다. 바로 예수님의 생애의 모형인 것입니다.

이스라엘의 역사는 메시아, 예수님의 생애와 똑같습니다. 이스라엘이 고난 받는 것은 모두 예수님의 죽음과 부활을 예표합니다. 그러므로 이스라엘의 역사를 이해하려면 예수님의 생애를 봐야 합니다. 그들에게 고난과 역경이 있었던 이유가 사실은 메시아 예수님의 모형이기 때문이었습니다. 예수님의 생애를 봐야 이스라엘의 문제가 해결됩니다. 그런데 그 백성들이 예수님을 믿지 않았습니다.

메시아가 임마누엘, 신인의 존재로서 탄생을 하자, 뱀의 후손이 나타나서 그를 죽이려고 합니다. 치열한 싸움이 일어납니다. 이 싸움에서 우리 주님이 승리한 것입니다.

3. 예수님의 그리스도 사역의 시작과 사탄의 시험

(1) 예수님의 그리스도 사역의 시작

예수님은 헤롯이 죽은 후 애굽에서 돌아와 갈릴리에서 머무릅니다. 부친에게 순종하면서 자라다가 자기가 메시아라는 것을 알게 될 것입니다. 요셉이 가족들을 데리고 예루살렘에 가서 경배를 하고 돌아올 때입니다. 가족들이 자기 아들 예수님을 성전에 두고 온 것을 알고 되돌아갔는데, 성전에 가보니 예수님이 제사장들과 토론을 하고 있었습니다. "어찌하여 우리에게 이렇게 하였느냐"(눅 2:48)라는 부모의 물음에 예수님은 "내가 내 아버지 집에 있어야 될 줄을 알지 못하셨나이까"(눅 2:49)라고 답하십니다. 메시아로서의 의식이 있었던 것입니다. 다만 메시아로서 선포하지 않고 사역도 하지 않았을 뿐입니다.

● 인간의 몸을 입으신 예수님

때가 되었습니다.
메시아라는 말이 무슨 뜻입니까?
기름 부음 받은 자의 이름을 히브리어로 메시아라고 합니다. 헬라어로는 그리스도입니다. 인생의 문제를 해결하는 자가 기름 부음 받은 자,

메시아인 것입니다. 죄, 죽음, 저주, 재앙, 하나님을 만나는 것, 사탄, 이런 문제들을 전부 해결하는 것이 메시아입니다. 예수님은 이미 오셨지만 공식적으로 사역하기 위해서는 기름 부음을 받아서 세워져야 했습니다. 그래서 하나님은 요단 강에서 예수님에게 성령을 충만하게 부으십니다. 메시아의 사역을 하기 위한 준비단계입니다. 성령의 충만함을 받고, 기름 부음을 충만히 받아야 합니다. 이것을 요한복음 3장 34절에서 "하나님이 성령을 한량없이 주심이니라"라고 표현합니다.

예수님이 '나가라!' 하면 예수 이름 때문에 나가는 것이 아니라 성령의 권능으로 나갑니다. 예수님도 인간이기 때문에 우리처럼 연약하셨습니다. 걸어가다 보면 피곤해져서 앉으시고 배가 고파지면 음식을 가져오라고 하셨습니다. 배를 타고 갈 때는 너무 힘들어서 고물에 앉아서 주무시기도 했습니다. 풍랑이 쳐도 모르고 주무십니다.

"지금 우리가 죽게 되었는데 보지 않고 뭐하는 겁니까?"

제자들이 그렇게 화를 낼 정도입니다. 예수님은 초자연적인 권능을 스스로 행하지 않으셨습니다. 만약 예수님이 초인적인 인간이라면 우리의 대표가 될 수 없었을 것입니다. 그분은 우리처럼 연약한 육신을 가지고 있고 우리처럼 부모가 있으며 베들레헴이라는 고향도 있었습니다. 다윗의 후손으로 오셔야 했기 때문에 다윗의 고향이 예수님의 고향이 되었습니다.

● **예수님은 죄가 없다**

예수님은 우리와 모두 똑같은데, 단 한 가지 다른 점이 있었습니다. 죄가 없다는 것입니다. 여자의 후손으로 오셨기 때문에 죄가 없는 것입니다. 성령으로 잉태했기 때문입니다. 만약에 여자의 후손이 아니라 남자의 후손으로 나왔다면 아담의 후손이 되기 때문에 죄가 전가됩니다. 유전하게 되어 있습니다. 그러나 성령으로 잉태해서 나왔기 때문에 그분에게는 죄가 없습니다.

죄가 없어야 우리 죄를 대속하실 수 있습니다. 그분도 똑같은 죄인이라면 죄를 대속할 수 없는 것입니다. 그래서 그분이 사역을 하려면 자기 힘으로 하는 것이 아니라 성령의 권능을 힘입어야 했습니다. 귀신을 쫓아낼 때 성령의 권능으로 쫓아냅니다.

그렇기 때문에 우리에게도 희망이 있습니다. 우리도 예수님처럼 성령을 한량없이 부음 받으면 되는 것입니다. 예수님 믿는 사람은 먼저 성령 충만을 받아야 합니다. 그래야 메시아처럼, 예수님처럼 살 수 있습니다. 예수님이 말씀하실 때 성령의 능력이 역사했습니다. 이런 모본이 되게 하기 위해서 그분이 인간으로 오신 것입니다.

● **메시아 사역의 시작**

인간 예수님이 메시아(그리스도) 사역을 행하시려면 공적으로 기름 부으심, 곧 성령을 충만히 받으셔야 했습니다. 마태복음 3장 16절에서 17절을 보면 다음과 같습니다.

> 예수께서 세례를 받으시고 곧 물에서 올라오실새 하늘이 열리고 하나님의 성령이 비둘기같이 내려 자기 위에 임하심을 보시더니 하늘로부터 소리가 있어 말씀하시되 이는 내 사랑하는 아들이요 내

기뻐하는 자라 하시니라(마 3:16-17).

이 현장에 성부 하나님과 예수님 자신, 그리고 성령님이 함께 하고 있습니다.

이와 같이 예수님은 메시아로서 공적 사역을 시작하시기 전에 성령을 충만히 받고, 공적으로 메시아 사역을 수행하시기 시작합니다. 예수님이 하셔야 할 첫 번째 공적 사역은 첫 사람 아담이 실패했던 사탄의 시험에서 승리하는 것입니다. 아담이 본래 가지고 있던 지위를 회복하려면, 아담이 잃어버렸던 모든 것을 완벽하게 회복하는 마지막 아담이 되셔야 하기 때문입니다.

세상의 모든 인류는 첫 사람 아담으로부터 태어남으로 말미암아 타락의 본성을 가졌기 때문에 예수님은 아담의 후손이 아닌 여자의 후손으로 오셨습니다. 그리고 첫 사람이 잃어버린 지위를 회복하고 우리에게 예수님 자신의 의를 덧입혀 주시는 것입니다. 그러므로 예수님은 우리의 대표로서 사탄의 시험을 받으시고 승리하셔야 했습니다.

(2) 사탄의 시험

예수님은 세례를 받으심으로 공적 그리스도 사역을 시작하신 후, 시험에서 첫 조상 아담처럼 마귀를 대면합니다. 첫째 아담의 역사와 마지막 아담의 역사 사이의 공통점은 사탄의 시험입니다. 아담은 사탄의 유혹에 넘어가서 먹는 것, 마시는 것, 보는 것, 모든 것에서 실패했습니다. 사탄의 유혹에 넘어감으로 사탄의 통치권을 확립시켜 주었습니다.

그러나 우리 주님은 성령의 충만을 받고 기름 부음을 받아 둘째 사람 곧 마지막 아담으로서 아담이 실패한 것을 회복합니다. 첫 사람은 유혹에 넘어가 버렸지만 둘째 사람은 유혹에 넘어가지 않습니다. 그리스도께서는 동일한 시험자인 사탄에게 시험을 받았지만, 이 세상의 주관자인 사탄의 시험을 이기심으로 세상을 주관하는 사탄의 통치권을 박탈합니다. 여자의 후손 예수님은 그 대적 마귀를 통쾌하게 쳐부수고, 후에 십자가에서 "다 이루었다"라고 외침으로써 성공적인 승리를 선언합니다.

누가복음 4장 1절부터 13절[3]까지가 시험에서 승리하는 장면입니다. 아담과 똑같은 체질을 갖고 있는 마지막 아담 예수님이 과거에 아담이 육신의 정욕, 안목의 정욕, 이생의 자랑으로서 실패한 그 시험을 똑같이 받습니다. 그 시험을 받아야 본격적인 메시아가 될 수 있습니다.

아담이 그 시험에서 실패한 이유가 무엇입니까?

하나님의 말씀을 잃어버렸기 때문입니다.

그러면 이기는 방법은 무엇입니까?

---

[3] (눅 4:1–13) [1] 예수께서 성령의 충만함을 입어 요단 강에서 돌아오사 광야에서 사십일 동안 성령에게 이끌리시며 [2] 마귀에게 시험을 받으시더라 이 모든 날에 아무 것도 잡수시지 아니하시니 날 수가 다하매 주리신지라 [3] 마귀가 이르되 네가 만일 하나님의 아들이어든 이 돌들에게 명하여 떡이 되게 하라 예수께서 대답하시되 기록된바 사람이 떡으로만 살 것이 아니라 하였느니라 [5] 마귀가 또 예수를 이끌고 올라가서 순식간에 천하만국을 보이며 [6] 이르되 이 모든 권위와 그 영광을 내가 네게 주리라 이것은 내게 넘겨준 것이므로 내가 원하는 자에게 주노라 [7] 그러므로 네가 만일 내게 절하면 다 네 것이 되리라 [8] 예수께서 대답하여 이르시되 기록된바 주 너의 하나님께 경배하고 다만 그를 섬기라 하였느니라 [9] 또 이끌고 예루살렘으로 가서 성전 꼭대기에 세우고 이르되 네가 만일 하나님의 아들이어든 여기서 뛰어내리라 [10] 기록되었으되 하나님이 너를 위하여 그 사자들을 명하사 너를 지키게 하시리라 하였고 [11] 또한 그들이 손으로 너를 받들어 네 발이 돌에 부딪치지 않게 하시리라 하였느니라 [12] 예수께서 대답하여 이르시되 주 너의 하나님을 시험하지 말라 하였느니라 [13] 마귀가 모든 시험을 다 한 후에 얼마동안 떠나니라.

하나님 말씀을 붙들고 그 말씀에 충만하면 됩니다. 이것이 비밀입니다.

① 육신의 정욕

먼저, 육신의 정욕에 이기는 시험입니다. 이것이 첫째 시험입니다. 누가복음 4장 2절부터 4절입니다.

> 마귀에게 시험을 받으시더라 이 모든 날에 아무 것도 잡수시지 아니하시니 날 수가 다하매 주리신지라 마귀가 이르되 네가 만일 하나님의 아들이어든 이 돌들에게 명하여 떡이 되게 하라 예수께서 대답하시되 기록된바 사람이 떡으로만 살 것이 아니라 하였느니라(눅 4:2-4).

배고프게 만들고는 '떡을 만들라'고 합니다. 육신의 정욕을 시험하는 것입니다.

> 여자가 그 나무를 본즉 먹음직도 하고 …(창 3:6).

창세기 3장 6절입니다. 눈으로 보니까 "먹음직"했던 것입니다. 육신적인 감각입니다. 그것이 '떡을 만들어 먹어라'와 같은 뜻입니다. 이 시험에서 아담이 "선악을 알게 하는 나무의 열매는 먹지 말라"는 하나님의 말씀을 붙들고 있었다면, '사탄아 물러가라!'라고 했을 것입니다. 그러나 말씀을 잃어버리고 육신의 눈으로 보니 사탄의 말이 그럴듯했던 것입니다.

예수님은 자신이 하나님의 말씀 자체입니다. 예수님 안에 말씀이 충만하기 때문에 분명하게 말씀하십니다. 신명기 6장 3절을 인용하여 "사람이 떡으로만 살 것이 아니라 하였느니라"고 하면서 쫓아냅니다. 그렇게 시험에서 승리합니다.

② 안목의 정욕

두 번째 시험은 안목의 정욕입니다. 창세기 3장 6절을 보면, "먹음직도 하고" 다음에는 "보암직도 하고"라고 나옵니다. 보는 것입니다. 안목의 정욕입니다. 누가복음 4장 5절부터 8절을 보겠습니다.

> 마귀가 또 예수를 이끌고 올라가서 순식간에 천하만국을 보이며 이르되 이 모든 권위와 그 영광을 내가 네게 주리라 이것은 내게 넘겨준 것이므로 내가 원하는 자에게 주노라 그러므로 네가 만일 내게 절하면 다 네 것이 되리라 예수께서 대답하여 이르시되 기록된바 주 너의 하나님께 경배하고 다만 그를 섬기라 하였느니라(눅 4:5-8).

'보암직도 했다'는 말입니다. 안목의 정욕으로 유혹하지만, 우리 주님은 말씀을 갖고 계시기 때문에 신명기 8장 13절을 인용해서 "기록된바 주 너의 하나님께 경배하고 다만 그를 섬기라 하였느니라"는 말씀으로 쫓아버립니다.

③ 이생의 자랑

안목의 정욕 다음의 시험은 이생의 자랑입니다. 다시 창세기 3장 6절을 보면, "지혜롭게 할 만큼 탐스럽기도 한 나무인지라"라고 합니다. 이것을 시험 받습니다. 첫 사람 아담은 말씀을 잃어버려서 실패했습니다. 둘째 사람 곧 마지막 아담 예수님은 말씀을 갖고 계시기 때문에 승리합니다. 누가복음 4장 9절부터 12절입니다.

> 또 이끌고 예루살렘으로 가서 성전 꼭대기에 세우고 이르되 네가 만일 하나님의 아들이어든 여기서 뛰어내리라 기록되었으되 하나님이 너를 위하여 그 사자들을 명하사 너를 지키게 하시리라 하였고 또한 그들이 손으로 너를 받들어 네 발이 돌에 부딪치지 않게 하시리라 하였느니라 예수께서 대답하여 이르시되 주 너의 하나님을 시험하지 말라 하였느니라(눅 4:9-12).

마귀가 떠납니다. 이생의 자랑으로 시험했지만 예수님 안에 하나님의 말씀이 있기 때문에 이길 수 없었습니다. 시편 91편 11, 12절을 인용한 시험에서 예수님은 "주 너희 하나님을 시험하지 말라"라는 말씀으로 마귀를 쫓아냅니다. 말씀이 있으면 승리하는 것입니다.

(3) 하나님의 말씀으로 승리

예수님은 사탄의 시험을 하나님의 말씀으로 승리합니다. 여러분이 하나님이 주신 계시의 요약인 예수 그리스도 복음을 참되게 갖고 뿌리를 내리고 있으면, 그 이름으로 승리합니다. 우리는 매일 아담 앞에 놓였던 것과 같은 시험을 당합니다. 매일 '마귀의 교묘한 약속'과 '하나님의 확실한 말씀' 가운데 어느 것을 택할 것인가 하는 선택을 합니다. 오직 그리스도, 오직 신앙, 오직 은혜 없이는 실패하게 되어 있습니다. 성령 충만을 받지 않으면 육신 충만입니다.

여러분 안에 뭐가 있습니까?

죄가 있습니다. 하나님을 알고 있다고 해도 육신의 정욕은 완전히 없어지지 않습니다. 정욕이라는 죄악의 씨앗이 시간이 지나면 점점 자랍니다. 그것을 잘라줘야 합니다. 골로새서 3장 5절에서 바울은 우리 안에 육의 지체가 있다고 말합니다. 잘 가꾸어져 있는 정원이라도 며칠만 내버려두면 잡초가 무성하게 자라서 수풀이 되어버립니다. 그대로 두면 엉망이 되기 때문에 잘라내야 합니다. 잡초를 뽑아내고 관리를 해야 그 정원이 유지됩니다. 여러분도 성령 충만을 받고 믿음 충만하지 않으면 여러분 안에 잡초가 무성해 집니다. 육신의 정욕으로 가득 차게 됩니다. 어제는 성령 충만했어도 오늘은 성령 충만하지 않습니다. 하나님의 은혜가 채워져야 하는 것입니다. 이것이 법칙입니다.

에너지는 하나님만이 주십니다. 인간은 스스로 에너지를 만들지 못합니다. 인간은 자발적으로 자존할 수 있는 게 아무것도 없습니다. 오직 하나님만이 자존자입니다. 그렇기 때문에 그분으로부터 공급을 받아야 에너지가 나올 수 있습니다. 아무리 대단한 사람이라도 하나님이 에너지를 주지 않으면 죽고 맙니다. 날마다 공급 받아야 합니다. 날마다 새롭게 은혜를 받아야 합니다. 그러나 우리는 타락했고 우리 안에 죄가 있기 때문에 이것이 영속적일 수 없습니다. 여러분이 갖고 있는 감각과 은혜가 계속되지 않습니다. 시간이 흐르면 소멸됩니다. 스스로 유지가 안 되기 때문입니다. 형광등도 전기가 연결되어야 불이 들어옵니다. 한순간이라도 전기가 끊어지면 캄캄해지고 맙니다. 그러므로 여러분은 매일 하나님의 말씀으로 충만하고 성령으로 충만해야 할 것입니다.

● 예수님이 그리스도, 십자가에 못 박힌 그리스도의 복음

예수님이 누구입니까?

하나님의 아들입니다. 예수님이 그리스도입니다. 예수님이 주이십니다. 이걸 믿을 때 구원을 얻습니다.

예수님이 무엇을 하셨습니까?

우리 죄를 대신해서 죽으시고 부활하셨습니다. 이걸 믿을 때 구원을 얻습니다.

왜 그렇습니까?

죽음과 부활이 메시아의 사역이기 때문입니다. 그러므로 이 두 가지를 모두 믿어야 합니다. 그런데 사람들은 예수님이 우리를 위해서 죽으시고 부활했다는 결과만 믿고 원인은 믿지 않습니다.

그가 누구시기에 나를 위해서 죽으시고 부활하셨느냐?

이것이 중요합니다. 그런데 이것은 안 믿고 우리 주님이 위대한 사랑을 베풀었다면서 그 사랑에 감동되어 믿음을 갖습니다. 그러면 백날 믿어도 구원을 얻지 못합니다. 정확하게 예수님을 그리스도로 믿어야 구원을 얻습니다. 여자의 후손되신 그분을 믿어야 합니다. 메시아가 오셔서 뱀의 머리를 상하게 하고, 죄와 사탄에 얽매인 우리를 끄집어내야 구원을 얻을 수 있습니다.

이것을 안 믿고 그저 하나님이 위대한 사랑을 베풀었다는 것만 믿습니다. 육신적인 감각으로만 믿는 것입니다. 누군가 헌신적으로 어떤 사람을 깊이 사랑했다고 하면 감동을 받습니다. 설교를 할 때, 이런 육신적인 예화를 하면 교인들은 감동을 받습니다. 그러나 영혼의 구원은 받을 수 없습니다. 그래서 저는 육신적이고 감동적인 예화는 얘기하지 않습니다. 감동적인 얘기를 하면 다른 건 모두 잊어버리고 그것만 남습니다. 은혜를 받았다고 하지만 그건 육신적인 감동을 받은 것일 뿐입니다.

진리의 말씀이 여러분을 자유하게 합니다. 다른 것을 가지고는 안 됩니다. 하나님의 말씀이 여러분을 살립니다. 인간적인 말로는 안 됩니다. 사도 바울도 하나님의 말씀을 전할 때, 세상의 말로 하지 않고 오직 하나님의 말씀만 전했습니다.

> 형제들아 내가 너희에게 나아가 하나님의 증거를 전할 때에 말과 지혜의 아름다운 것으로 아니하였나니 내가 너희 중에서 예수 그리스도와 그가 십자가에 못 박히신 것 외에는 아무 것도 알지 아니하기로 작정하였음이라(고전 2:2).

왜 이렇게 말했습니까?

만일 전하는 말이 하나님의 말씀 곧 예수 그리스도가 십자가에 못 박힌 것이 아니라면, 그 말의 기초는 인간의 말에 있는 것이기 때문입니다. 휴먼스토리에 감동받아 봤자 그것이 여러분을 구원하지는 못합니다.

무엇이 구원에 이르게 합니까?

예수님이 십자가에 못 박혀 죽으시고 피 흘리셨던 감격, 이 영혼을 울리는 감격이 여러분을 구원합니다.

에스겔서 37장을 보면, 전부 마른 뼈들입니다. 이스라엘 백성들에게 살아 있는데도 마른 뼈라고 합니다. 살아 있지만 죽은 존재이기 때문입니다.

> 이 뼈들이 능히 살 수 있겠느냐 하시기로 내가 대답하되 주 여호와여 주께서 아시나이다(겔 37:3).

뼈들이 어떻게 살겠느냐고 물으심에 못한다고 대답합니다.

> … 너는 이 모든 뼈에게 대언하여 이르기를 …(겔 37:4).

그러면 하나님의 말을 대언하라고 합니다. 여호와께서 말씀하십니다.

> 너희 마른 뼈들아 여호와의 말씀을 들을지어다 주 여호와께서 이 뼈들에게 이같이 말씀하시기를 내가 생기를 너희에게 들어가게 하리니 너희가 살아나리라(겔 37:4-5).

하나님의 말씀을 들어야 살아납니다.

> 너희 위에 힘줄을 두고 살을 입히고 가죽으로 덮고 너희 속에 생기를 넣으리니 너희가 살아나리라 또 내가 여호와인 줄 너희가 알리라 하셨다 하라(겔 37:6).

힘줄을 두고 생기를 넣어서 마른 뼈들을 살리는데, 이것은 하나님의 영광 때문에 하는 것입니다. 대언하는 말씀을 듣고 나서야 마른 뼈들이 들어맞아서 뼈들이 서로 연락합니다. 그런데 아직 생기가 없습니다.

> 인자야 너는 생기를 향하여 대언하라 생기에게 대언하여 이르기를 주 여호와께서 이같이 말씀하시기를 생기야 사방에서부터 와서 이 죽음을 당한 자에게 불어서 살아나게 하라 하셨다 하라 하셨다 하라
>
> (겔 37:9).

생기가 들어가니까 비로소 살아납니다. 이것이 에스겔이 본 환상입니다. 하나님의 말씀이 들어가야 사는 것입니다. 인간적인 방법으로는 백날 해도 소용없습니다. 예수님이 그리스도라는 말씀을 선포하고, 예수님이 우리를 위해 죽으시고 부활하셨다는 말씀을 믿으라고 해야 합니다. 그러면 하나님의 성령이 들어가서 살립니다. 이 외에는 방법이 없습니다.

● 말씀의 감격

'아이고, 재미가 없어서 교회에 못 옵니다.'
교회에서 재미를 찾습니다. 교회가 엔터테인먼트 장소로 변질됩니다. 고(故) 옥한흠 목사님의 아들이 『엔터테인먼트에 물든 부족한 기독교』라는 글을 썼습니다. 『심리학에 물든 부족한 기독교』, 『마케팅에 물든 부족한 기독교』 등 교회에 대한 문제점 세 가지를 언급했습니다. 교회를 부흥시키기 위해 인간적인 방법을 사용합니다. 마케팅 전략을 세우고 심리학적인 방법을 총동원해서 사람을 모읍니다. 하나님의 말씀만으로는 부흥이 안 된다고 합니다. 기독교가 부족하니까 엔터테인먼트를 해서 다른 무엇보다도 재밌게 만들려고 합니다.

모 대학교의 어떤 교수는 모든 현대 음악을 구속받을 수 있는 것으로 봅니다. CCM(Contemporary Christian Music)은 물론이고 락이나 팝송, 헤비메탈 같은 것들도 전부 구속받을 수 있는 것이므로 메시지만 같으면 복음송으로 부를 수 있다고 주장합니다. 극단적인 CCM 예찬론자입니다. 그러나 이런 음악은 마귀에 사로잡힐 가능성이 아주 많습니다. 클럽에 가면 음악 소리가 엄청 큽니다. 쾅, 쾅 울려서 그게 사람의 혼을 빼 버립니다. 그런 음악을 교회에서 합니다. 쾅, 쾅, 정신을 뽑아 버립니다. 그것으로 은혜를 받게 합니다. 그리고 은혜 받았다고 하면서 속이 시원하다고 합니다. 그러나 가사만 바꾼다고 해서 그게 찬송가라고 할 수 없습니다.

왜 그렇습니까?

가사만 바꾼다고 될 문제가 아니기 때문입니다. 그 음악 자체가 갖고 있는 죄성이 있습니다. 락이나 헤비메탈에는 반항성, 즉각적 쾌락, 프리섹스 등 반 기독교적 이념들을 추구하는 것들이 들어 있습니다. 그 음악 자체가 그렇습니다. 음악의 형식은 독립적인 것이 아닙니다. 가치중립적인 것도 아닙니다. 그것을 형식만 바꾼다고 해서 찬송가가 될 수는 없습니다. 그러므로 육신적인 감각을 가지고 구원을 얻으려고 하면 안 됩니다. 참되게 하나님의 말씀을 받아서 그것에 감동되어야 합니다.

하나님의 말씀을 듣다보면, 어떤 말씀이 자기를 찌르는 경우가 있습니다. 그때는 '이것이 하나님의 말씀이구나!' 하고 정신을 바짝 차리고 받아야 합니다. 그러면 그 말씀의 주인이 예수님이라고 깨닫게 됩니다. 그렇기 때문에 성경을 읽어야 합니다. 미국의 유명한 복음주의 신학자 (R. C. 스프롤)가 있는데, 그도 자기를 찌르는 말씀을 받고 구원을 얻었습니다. 그는 교회에 나가면서도 진리를 잘 모르고 믿음도 없어서 답답한 상태였습니다. 그때 한 선배가 전도서 11장 3절을 읽었습니다.

> 나무가 남으로나 북으로나 쓰러지면 그 쓰러진 곳에 그냥 있으리라
> (전 11:3).

당연한 것입니다. 나무가 넘어지면 넘어진 그대로 있을 것입니다. 그러나 그는 이것을 듣고 쓰러져 있는 나무가 자기 자신이라는 것을 깨달았습니다. 성령의 조명 아래에서 보니 자기가 아무 힘도 없이 쓰러져 있는 것으로 보인 것입니다. 자기는 아무 능력도 없는 죄인이고 누가 구원해 주지 않으면 아무것도 할 수 없는 존재라는 것을 깨달은 뒤로부터 영의 눈이 열리기 시작했습니다. 이 죄인을 구원하신 예수님을 참되게 믿고 달라졌습니다.

"지금까지 이 말씀으로 구원받은 사람이 나 외에 누가 있겠느냐?"

이렇게 간증을 하게 되었습니다. 이와 같이 어떤 말씀이 여러분을 감동시킬 때가 있습니다.

'내가 그런 존재구나.'

그렇게 깨닫는 순간에 하나님의 은혜 속에 들어오는 것입니다. 하나님의 말씀이라는 것이 대단히 중요한 것입니다.

● 말씀을 갖고 있으면 언제든지 승리한다

사탄의 시험을 받은 주님 자신이 하나님의 아들이기 때문에 사탄을

바로 쫓아낼 수 있었습니다. 그러나 예수님은 우리의 모본이 되기 위해 오셨기 때문에 원리대로 하나님의 말씀을 인용하여 사탄의 시험에서 이깁니다. 첫 사람 아담이 말씀을 잃어버려서 실패한 것을 둘째 사람 곧 오실 자의 표상이신 우리 주님은 말씀으로 승리합니다. 여러분도 하나님의 말씀을 참되게 가지고 있으면 언제든지 승리합니다. 그러나 말씀을 놓치면 실패합니다.

첫 사람 아담은 먹음직도 하고, 보암직도 하고, 지혜롭게 할 만큼 탐스럽기도 한 나무의 실과를 먹었습니다. 창세기 2장 17절의 말씀을 잃어버렸기 때문에 마음이 달라져서 육신의 감각으로 본 것입니다. 여러분도 믿음 충만, 말씀 충만하지 않으면 육신의 감각으로 보게 됩니다. 참되게 복음으로 답이 나온 사람은 어떤 사실을 보더라도 육신적인 감각으로 보지 않고 복음 중심으로 봅니다.

옛날에 우리 교회 협동목사님이 중국의 자금성에 갔었습니다. 보통 사람들은 자금성을 보면 엄청난 규모에 놀랍니다. 그런데 그 목사님은 그 큰 성에 나무가 하나도 없다는 것을 보았습니다. 캄캄한 밤에 자객이 나무에 숨어들 수 있기 때문에 모두 없앤 것입니다. 보는 눈이 다릅니다. 이와 같이 말씀을 가지고 있으면 보는 눈이 달라집니다.

말씀을 잃고 성령 충만하지 않으면 자기 자신을 가지고 판단하게 됩니다. 그러나 말씀으로 충만하고, 복음으로 충만하면 눈이 달라집니다. 힘이 없는 사람을 보면 힘이 되어 주고, 무능한 사람을 보면 능력이 되어 줍니다. 다른 사람의 허물을 보고 '옳다구나, 아무개가 뭘 했다'고 들춰내는 것이 아니라 감싸주게 됩니다. 하나님의 말씀 속에서 눈이 달라지는 것입니다.

그래서 저는 대화를 나눠보면 그 사람이 복음이 충만한지 어떤지를 금방 압니다. 말 한마디로 알아봅니다. 입이란 것이 우리 인격의 대단히 중요한 표현입니다. 마지막에 입으로 승리하기도 하고, 실패하기도 합니다. 그래서 사탄이 우리 입을 장악하려고 합니다. 사탄이 입을 장악하면 지는 겁니다. '어휴, 못 살겠네!' 이런 말들은 사탄에게 잡히는 말입니다.

하나님의 아들 예수께서 하나님의 말씀으로 육신의 정욕, 안목의 정욕, 이생의 자랑이라는 인간의 죄성에 관한 사탄의 유혹을 모두 뿌리치고 승리했습니다. 여러분도 이 말씀의 능력 곧 말씀 자체이신 예수 그리스도의 능력을 가지면 승리하게 되어 있습니다.

(4) 예수님의 공적인 메시아 사역의 시작: 귀신들이 쫓겨나감

예수님은 사탄의 시험에서 승리함으로써 메시아로 활동할 수 있는 자격을 얻고, 공적인 메시아 사역을 시작합니다. 시험에서 이겼기 때문에 당당하게 에덴 동산을 다스리는 왕의 역할을 하는 것입니다. 예수님은 첫 번째로 제자들을 부르고 가버나움에 들어갑니다. 마가복음 1장 21절을 보면, 가버나움에 들어가서 안식일에 제자들을 가르치시는 내용이 나옵니다. 그때 회당에 있던 귀신들린 자가 소리를 지르면서 쫓겨나갑니다. 우리 주님이 가는 곳마다 숨어있던 귀신들이 드러나고 쫓겨납니다. 마가복음 1장 29-31절이 우리 주님의 첫 번째 사역입니다. 열병에 걸린 시몬의 장모를 치료한 일입니다. 그 소문이 갈릴리 사방에 퍼지게 되자, 해가 저물 때에는 병자와 귀신들린 자를 데려온 사람들이 베드로 장모의 집 문 앞에 모였습니다.

> 예수께서 각종 병이 든 많은 사람을 고치시며 많은 귀신을 내 쫓으시되 귀신이 자기를 알므로 그 말하는 것을 허락하지 아니하시니라 (막 1:34).

예수님이 귀신을 쫓아내기 시작합니다. 사탄을 정복해가기 시작합니다. 여자의 후손이 와서 뱀의 머리를 상하게 하는 결정적인 전투를 하기 전에, 예수님은 이미 메시아로서의 사역을 시작한 것입니다. 귀신을 쫓아내는 사역입니다. 예수님이 여자의 후손으로서 시행한 메시아의 사역, 사탄을 정복하는 사역은 예언된 사역이었습니다. 창세기 3장 15절에서 보는 바와 같이 여자의 후손이 뱀의 머리를 상하게 한다는 예언을 이루는 정복이었습니다.

그런데 예수님은 여자의 후손으로서 사탄을 정복하지만, 공식적으로 자기가 메시아라고 얘기하지 않습니다. 메시아의 자격을 가진 분이기 때문에 귀신이 쫓겨나가는데도 그렇게 하지 않습니다. 아무리 뛰어난 사람이라도 귀신을 쫓아낼 수 없습니다.

보이지 않는 세력을 인간이 어떻게 이기겠습니까?

메시아로 오신 예수 그리스도만이 그 이름으로 이길 수 있습니다.

예수님은 왜 자기를 메시아라고 얘기하지 않으셨습니까?

예수님의 메시아 사역이 그의 죽으심과 부활을 통해서 완성되기 때문입니다.

> 내가 너로 여자와 원수가 되게 하고 네 후손도 여자의 후손과 원수가 되게 하리니 여자의 후손은 네 머리를 상하게 할 것이요 너는 그의 발

꿈치를 상하게 할 것이니라 하시고(창 3:15).

뱀이 발꿈치를 물면 독이 들어가서 죽습니다. 그 대신 예수님은 뱀의 머리를 박살냅니다. 이것이 죽음과 부활의 모형입니다. 고난과 영광입니다. 우리 주님이 하시는 사역의 모형인 것입니다. 여자의 후손으로 오신 예수님이 죽음과 부활의 사건을 통해서 인생 문제를 해결한 메시아로 등극합니다. 이 사건을 통해 공식적으로 메시아에 취임한다는 말입니다. 예를 들어, 대통령에 당선이 되면 공식적인 취임을 하기 전에도 대통령 당선자는 대통령의 예우를 받습니다. 완전한 보호를 받고 당선자의 말에 힘이 있습니다. 이처럼 예수님도 메시아라는 직함을 이미 가지고 있기 때문에 가는 곳마다 권능의 능력으로 귀신을 쫓아냅니다. 여자의 후손으로서 사탄의 무리를 정복해 나갑니다.

(5) 신앙고백 위에 세운 교회: 사탄의 두 번째 공격

처음에는 예언된 정복이었지만, 그 다음에는 본격적인 정복이 시작됩니다. 사탄을 정복해 나가는 가운데, 중요한 싸움이 마태복음 16장 13절에서 23절에서 일어납니다. 우리 교회가 갖고 있는 최고의 복음이 나오는 부분입니다. 빌립보 가이사랴 지방에 이르렀을 때 거기서 사탄이 예수님을 공격하고, 예수님은 그것을 물리칩니다.

제자들에게 물어 이르시되 사람들이 인자를 누구라 하느냐(마 16:13).

예수님의 물음에 제자들이 대답합니다.

> 더러는 세례 요한, 더러는 엘리야, 어떤 이는 예레미야나 선지자 중의
> 하나라 하나이다(마 16:14).

> 너희는 나를 누구라 하느냐(마 16:15).

우리 주님의 질문에 베드로가 대답합니다.

> 주는 그리스도시요 살아 계신 하나님의 아들이시니이다(마 16:16).

이것이 공식적으로 예수님이 그리스도라고 선포한 첫 번째 메시지입니다. 우리 주님은 이것을 완성하기 위해 오셨습니다. 그 사명을 위해서 오셨기 때문에 베드로에게 "바요나 시몬아 네가 복이 있도다 이를 네게 알게 한 이는 혈육이 아니요 하늘에 계신 내 아버지시니라"(마 16:17)라고 말씀하십니다. 그리고 예수께서 다음과 같이 말씀하십니다.

> 내가 이 반석 위에 내 교회를 세우리니 음부의 권세가 이기지 못하리라
> (마 16:18).

우리 교회가 이 말씀 위에 세워졌습니다. '예수는 그리스도시요 살아 계신 하나님의 아들'이라는 이 고백 위에 우리 충성교회가 세워졌습니다. 이 고백이 우리 교회에 들어오는 입구에 쓰여 있습니다. 교회를 진리의 기둥이라고 얘기합니다.

진리가 무엇입니까?

예수 그리스도가 진리입니다. 우리 교회의 게시판에는 예수 그리스도만 붙여놓습니다. 365일, 십 년이 아니라 몇십 년이라도 예수 그리스도만 얘기합니다. 지겹다고 생각한다면 그 사람은 우리 교회에서 생존하지 못합니다. 예수 그리스도 얘기를 들으면 언제든지 힘을 얻고 언제든지 능력을 얻는 사람이 우리 교회 삼중 복음화의 예수님 제자입니다.

저는 그것을 보면 압니다. 제자를 선택할 때 이렇게 물어봅니다.

"예수는 그리스도 하나님의 아들이라는 말을 압니까?"

'아, 뭔가 진리의 말씀이구나'라고 깨닫고 변화된 사람이 있으면 그 사람이 제가 양육할 제자입니다. '뭐 이렇게 딱딱한 얘기만 하지'라고 한다면 다른 교회에서 양육할 제자입니다.

이 복음을 좋아하지 않으면 우리 교회에 남을 수가 없습니다. 여기 앉아 있는 것이 지옥 같을 것입니다. 그런 사람에게 진리의 말씀을 전하기 시작하면 잠들어 버립니다. 사탄은 교활한 자입니다. 육신적인 얘기를 하면 눈이 번쩍 뜨이는데, 진리 속으로 들어가면 잠이 듭니다. 사탄이 졸게 만듭니다. 우리 교회에서 예수 그리스도를 증거하는 것을 좋아한다면, 그 사람은 목사보다도 뛰어난 하나님의 백성입니다. 이건 만세 전부터 택한 자가 아니면 안 됩니다. 인간의 본성은 타락했기 때문에 하나님의 말씀을 싫어합니다.

육신의 생각은 하나님과 원수가 되나니…(롬 8: 7).

세상 사람들은 하나님의 말씀을 아주 싫어합니다. 이것이 정상입니다. 그러나 우리가 예수님을 그리스도로 믿으면 하나님께서 성령을 보내셔서 그 마음을 바꾸어 주십니다. 중생을 해서 하나님을 아는 마음을 주십니다.

● **두 번째 사탄을 물리침**

주는 그리스도시요 살아 계신 하나님의 아들이시니이다(마 16:16).

이 신앙고백 위에 교회가 세워졌습니다. 그 다음에 우리 주님이 하신 말씀입니다. 마태복음 16장 19, 20절을 보겠습니다.

내가 천국 열쇠를 네게 주리니 네가 땅에서 무엇이든 매면 하늘에서도 매일 것이요 네가 땅에서 무엇이든지 풀면 하늘에서도 풀리리라 하시고 이에 제자들에게 경고하사 자기가 그리스도인 것을 아무에게도 이르지 말라 하시니라(마 16:19-20).

예수님이 그리스도라는 베드로의 고백이 맞다고 하셨음에도 그것을 아무에게도 얘기하지 말라고 하십니다.
왜 그러셨습니까?
예수님이 그리스도의 사역을 완성하려면 아직 죽음과 부활이 남아 있기 때문입니다. 그러나 유대인들은 죽음과 부활을 통해서 일어날 영적인 메시아를 원하지 않고 오직 육신적인 메시아를 원했습니다. 잘 먹고, 잘 살고, 승리하고, 성공하고, 돈 많이 벌고, 내 가족의 수호신이 되어주는 그런 것들을 원했습니다. 경제적인 번영을 하고 세계 강국이 되었던 다윗 왕국을 세워줄 왕이 필요했던 것입니다. 만약 예수님이 그리스도라고 하면, '지금까지 기다리던 그리스도가 오셨구나. 제2의 출애굽의 영웅인 모세이니, 이 사람을 왕으로 삼자'라고 하며 당장 매달려서 왕으로 세우려 할 것입니다. 그렇기 때문에 우리 주님이 피한 것입니다.

예수님은 사탄을 정복하러 오신 메시아입니다. 여자의 후손으로서 뱀의 머리를 박살내기 위해서 오셨습니다. 이 사건을 일으키기 전에 예수님의 죽음이 있습니다. 고난을 받습니다. 그러나 이러한 예수님의 사역을 유대인들은 전혀 알지 못합니다. 유대인들은 '무슨 메시아가 죽는단 말이냐? 메시아는 영광스러워야 한다'고 생각합니다. 유대인들의 이러한 생각이 우리 주님의 메시아 사역에 지장을 줍니다. 죽음과 부활의 사역을 성취하지 못하게 됩니다. 그래서 그것을 알리기 전까지는 제자들에게 예수님이 그리스도라는 사실을 말하지 못하게 한 것입니다.

그렇다면 우리 주님이 자기가 메시아라고 제자들에게 알린 것은 언제입니까?

마태복음 16장 21절에서 알 수 있습니다.

> 이때로부터 예수 그리스도께서 자기가 예루살렘에 올라가 장로들과 대제사장들과 서기관들에게 많은 고난을 받고 죽임을 당하고 제삼일에 살아나야 할 것을 제자들에게 비로소 나타내시니(마 16:21).

메시아는 죽음과 부활을 통해서 완성됩니다. 예수님은 예루살렘에서 이 확실한 증거를 이룬다고 말씀하십니다.

메시아 사역의 핵심이 무엇입니까?

죽음과 부활입니다. 여자의 후손이 뱀의 머리를 박살낸다고 하자, 사탄이 위기를 느끼고 베드로를 충동하여 예수님을 붙잡습니다.

> … 주여 그리 마옵소서…(마 16:22).

그러나 주님은 사탄을 쫓아냅니다.

> 사탄아 내 뒤로 물러 가라 너는 나를 넘어지게 하는 자로다 네가 하나님의 일을 생각하지 아니하고 도리어 사람의 일을 생각하는도다 하시고(마 16:23).

우리 주님은 여기서 다시 한 번 사탄을 물리치고 정복합니다. 그러나 이것만 가지고는 아직은 완전한 정복이 될 수 없습니다.

● **십자가 사역 전은 구약 시대**

예수님의 죽음과 부활, 그리고 그 후에 승천하시고 성령을 보내 주신 사역들이 모두 완성되기 전까지는 사실 어떤 의미에서는 구약 시대라고 볼 수 있습니다. 사복음서는 구약 시대의 율법을 그대로 지킵니다. 예를 들어, 예수님이 나병환자를 치료한 것을 들 수 있습니다. 나병환자를 치료하신 예수님은 가서 제사장에게 보이라고 합니다. 이것이 구약의 법입니다. 주님은 구약을 지킵니다. 율법을 폐하는 게 아니라 그것을 완성시키기 위해서 오셨기 때문입니다. 그 완성이 죽음과 부활을 통해서 이루어집니다. 그래서 그렇게 되기 전까지는 언제든지 예언적으로 설명하는 것입니다.

예수님은 이 땅에 오실 때 하나님의 나라를 가지고 오셨습니다. 태초에 하나님은 에덴 동산에 하나님의 나라를 건설하고 그 땅의 왕으로 아담을 임명했습니다. 그러나 아담은 범죄하여 마귀를 따르는 자가 되고 맙니다. 하나님의 나라가 붕괴되고 사탄의 나라가 세워집니다. 하나님의 백성들은 이제 하나님의 말씀을 듣지 않고 마귀의 말을 듣게 되었습니다. 그 나라가 세상 나라입니다. 그래서 하나님의 나라를 다시 건설하기 위해 둘째 사람 곧 마지막 아담이 그 하나님의 나라를 가지고 이 세상에 들어오셨습니다.

두 나라가 있으면 부딪히고 싸우게 되어 있습니다. 이 싸움이 세상의 신 사탄과 진정한 왕이신 예수 그리스도의 싸움입니다. 아담을 속였던 거짓의 신 마귀가 이 세상의 임금 노릇을 하니까, 이것을 정복하기 위해 하나님의 아들이 오신 것입니다.

> **하나님의 아들이 나타나신 것은 마귀의 일을 멸하려 하심이니라**
> (요일 3:8).

이 싸움은 궁극적으로 십자가에서 이루어집니다. 여자의 후손이 뱀의 머리를 박살내고 그 다음에 뱀이 여자의 후손의 발꿈치를 상하게 합니다. 아직 십자가의 죽음이 이루어지지 않았기 때문에 여자의 후손의 본래 모습인 메시아의 사역도 완성되지 못했습니다. 예수님이 하나님의 나라를 가지고 오셔서 이 땅에 하나님 나라를 세우려고 하지만, 그 나라는 죽음과 부활과 성령의 강림으로 이루어지기 때문에 이것이 완성되기 전에는 언제든지 예언적으로 선포되는 것입니다.

사실은 예수님이 하신 일 자체가 하나님의 나라입니다. 그 나라가 죽음과 부활로 완성되는 것입니다. 천국이 완벽하게 이루어지려면, 그분이 죽으시고 부활하신 다음에 아버지로부터 약속한 성령을 우리에게 부어서 우리 안에 성부 성자 성령의 삼위 하나님이 임해야 합니다. 메시아의 왕국이 완성되려면 죽음과 부활을 통해 메시아 사역이 완성되어야 합니다. 그것이 아직 이루어지지 않았기 때문에 그분이 천국 자체임에도 '천국이 가까웠느니라'고 예언적으로 말할 수밖에 없는 것입니다.

● 때가 됨

이제 때가 되었습니다.

> 이때로부터 예수 그리스도께서 자기가 예루살렘에 올라가 장로들과 대제사장들과 서기관들에게 많은 고난을 받고 죽임을 당하고 제삼일에 살아나야 할 것을 제자들에게 비로소 나타내시니(마 16:21).

예수님이 메시아의 사역 곧 공생애 사역을 완성한 때에 제자들에게 이렇게 선언합니다.

예수님이 삼 년 여간 사역한 결과를 물어보았습니다.

> 더러는 세례 요한, 더러는 엘리야, 어떤 이는 예레미야나 선지자 중의

> 하나라 하나이다(마 16:14).

제자들이 세상 사람들의 말을 전합니다.

> 너희는 나를 누구라 하느냐(마 16:15).

> 주는 그리스도시요 살아 계신 하나님의 아들이시니이다(마 16:16).

이 대답을 들으시고 예수님은 죽음과 부활의 비밀을 말씀하십니다. '이제 본격적인 그리스도가 될 것이다. 예루살렘에 올라가서 장로들과 대제사장들과 서기관들에게 죽임을 당하고 그런 다음에 부활할 것이다. 이것이 메시아의 표적이다. 내가 공식적으로 메시아로 취임할 것이다.' 그리고는 제자들을 데리고 앞서서 걸어갑니다.

그런데 제자들은 예수님을 육신적인 메시아라고 생각했습니다. 예수님이 메시아가 되고 왕이 되면 좋은 지위를 얻으려고 기대했는데 죽으신다고 하니까 낙심하고 맙니다. 그동안 예수님을 죽이려는 유대인들로부터 도망쳐 다녔기 때문에 더욱 실망했습니다. 그것을 보면서도 예수님은 앞서서 갑니다. 제자들을 데리고 갑니다.

어디로 갑니까?

죽음을 향해서 나갑니다. 십자가를 향해서 나갑니다. 여자의 후손이 뱀의 머리를 상하게 하기 위해서 나가는 것입니다. 예수님이 그리스도입니다. 구약성경에 약속된 여자의 후손, 뱀의 머리를 상하게 할 그분이 바로 나사렛 예수입니다.

● **복음을 아는 기쁨**

승리자 그리스도 복음을 설교한다고 해서 '예수 이름으로 나가라!' 이런 명령을 한다는 것이 아닙니다. 여러분은 이 영광스러운 복음을 받아서 사탄을 정복하고, 여러분 안에 하나님의 나라가 임함으로 진정한 자유자가 되어야 합니다.

여러분이 왜 자유를 얻지 못합니까?

죄와 사탄에 매어 있기 때문입니다. 그러므로 참된 진리를 알아야 합니다. 진리 되신 그리스도, 예수님이 그리스도라는 것을 알고 그의 죽으심과 부활을 통해서 메시아 사역이 완성된다는 것을 믿을 때, 여러분은 자유하게 됩니다. 돈으로부터 자유, 명예로부터 자유, 권세로부터 자유, 쾌락으로부터 자유를 얻습니다.

왜 그렇습니까?

예수님 안에 모든 부요가 다 들어 있기 때문입니다. 진정한 쾌락의 근원은 예수님입니다. 기쁨의 근원이 예수님이라는 것을 알지 못하는 사람은 언제든지 방황합니다. 세상의 있는 기쁨은 모조품일 뿐입니다. 하나님으로부터 오는 신령한 기쁨의 모조품입니다. 저는 매일 그 기쁨을 맛보며 삽니다. 누구든지 그럴 수 있습니다.

> 성령의 처음 익은 열매를 받은 우리까지도 속으로 탄식하여 양자 될 것 곧 우리 몸의 속량을 기다리느니라(롬 8:23).

성령의 맛이 무엇입니까?

그리스도의 맛입니다. 첫 추수와 같습니다. 첫 추수를 하면 마지막까지 자기 것으로 가져간다는 기대가 생깁니다. 그러나 아직은 완벽한 구원을 이루지 못했습니다. 아직은 몸의 구속이 이루어지지 않았습니다. 예수님처럼 신령한 몸으로 변화되지 않았습니다. 그렇기 때문에 믿음으로 승리의 맛만 봅니다. 하늘나라의 맛만 보고 사는 것입니다. 어떤 사람은 맛도 못 봅니다. 예수님 믿는다고 하면서 하늘나라의 맛을 못 보는 사람도 있습니다. 그러면 안 됩니다.

여러분은 예수님이 하나님의 아들 그리스도라는 진리를 정확하게 알아야 합니다.

증거가 있습니까?

당연히 있습니다. 창세기 3장 15절에서 약속된 여자의 후손이 예언된 대로 모두 실현됐습니다. 이것을 믿는다면 여러분은 이미 신비한 은혜의 세계에 들어온 것입니다. 하나님 나라의 백성입니다. 죄와 사탄에서 자유하게 되어 어둠에서 빛으로, 사탄의 권세에서 하나님께 돌아가게 합니다. 이 신비의 은혜와 자유의 복음을 깨닫기 바랍니다.

> **하나님의 나라는 먹는 것과 마시는 것이 아니요 오직 성령 안에 있는 의와 평강과 희락이라**(롬 14:17).

여자의 후손입니다. 남자로부터 태어난 것이 아니라 성령으로 잉태되어 나온 그분이 바로 신인 곧 하나님이면서 인간이신 나사렛 예수입니다. 그분이 오셔서 사탄을 정복하고 왕이 되셨습니다. 그 왕으로부터 큰 은혜와 능력을 구하기를 바랍니다.

4. 예수님의 십자가 승리

(1) 구약성경의 예언대로 오시는 예수님

　예수님은 그리스도시요 살아 계신 하나님의 아들입니다. 예수님이 하나님의 아들 그리스도라는 증거로 십자가에서 우리 죄를 대신해서 피 흘려 죽으시고 죽은 자들 가운데서 부활하셨습니다. 이 복음으로 여러분 인생의 모든 문제가 처리되고 해답을 얻습니다.

　인생의 근본 문제는 하나님께 범죄함으로 시작됩니다. 하나님의 율법을 어기고, 먹지 말라는 나무의 실과를 먹었습니다. 율법은 가장 단순한 법입니다. 그 단순한 하나님의 법을 위반한 것이 죄입니다. 그래서 하나님과 좋은 교제를 갖던 인간이 동산 나무 사이에 숨습니다. 하나님과 교제하기를 원하지 않습니다.

　그렇게 하나님을 떠나고 마귀의 자녀가 됩니다. 마귀에게 잡힌 것입니다. 이제 하나님의 말씀을 잃어버린 채, 마귀를 쫓고 세상을 좋아하게 되었습니다. 우리 인간은 부패되어 버렸습니다. 한 여자가 본 남편에게서 벗어나 간부와 좋아 지내게 된 것과 같습니다. 이 간부가 사탄이고 본 남편이 여호와 하나님입니다. 이것은 제가 말하는 것이 아니라 구약성경에 나오는 내용입니다.

　참된 마음을 가져야 합니다. 부패된 마음, 이것이 소위 원죄입니다. 원죄는 행위가 아니라 상태입니다. 죄악된 육신의 타락한 본성이 원죄입니다. 모든 사람은 태어나면서부터 원죄를 가지고 나옵니다. 마귀를 따르고 세상을 좋아합니다. 여기에서 빠져 나오게 하는 것이 복음입니다. 인생의 세 가지 근본 문제를 해결하는 직함이 그리스도입니다. 메시아입니다. 구약성경에 나오는 여자의 후손이 메시아의 별칭입니다.
'앞으로 여자의 후손이 와서 너를 유혹했던 사탄을 결박하고 정복할 것이다. 발로 밟아버릴 것이다. 이것이 구원이다.'

이 약속을 아담이 믿었습니다. 그래서 아내 이름을 하와라고 지은 것입니다. 하와라는 이름의 뜻이 생명입니다. 아담에게 믿음이 있었다는 것을 알 수 있는 대목입니다.

아담 이후로 모든 구약 백성들은 언젠가 여자의 후손이 와서 사탄을 발로 밟아버릴 것이라고 기대했습니다. 그리고 이것을 기대하는 사람은 구원을 얻었습니다. 신구약 백성이 모두 그리스도를 믿어야 구원을 얻는 것입니다. 예수님을 믿어야 구원을 얻습니다. 사탄을 밟아버린 왕 되신 그리스도, 이 구원의 복음이 여러분에게 참되게 믿어져야 합니다.

● 창세 전부터 그리스도란 직함을 계획하심

그리스도라는 직함이 얼마나 존귀한지는 하나님이 그리스도란 직함을 설명하기 위해 창세 전부터 그리스도란 직함을 계획하신 것을 보면 알 수 있습니다. 하나님은 창세 전부터 그리스도 안에서 우리를 예정하셨습니다. 우리를 만들기 전부터 그리스도라는 직함을 가지고 우리를 구원하고자 하는 계획이 있었습니다. 곧 죽음과 부활을 통한 구원입니다. 에베소서 1장 4절[4]을 보면, 창세 전에 그리스도 안에서 여러분을 선택했다는 내용이 나옵니다. 그렇게 하기 위해서 하나님은 죄를 허용하셨습니다.

---

4 (엡 1:4) 곧 창세 전에 그리스도 안에서 우리를 택하사 우리로 사랑 안에서 그 앞에 거룩하고 흠이 없게 하시려고.

선악을 알게 하는 나무의 실과를 먹는 것을 막지 않으셨습니다. 하나님의 경륜상 그렇게 하신 것입니다. 인간의 죄이지만, 인간의 죄를 이용해서 하나님은 자기의 뜻을 이루시고 선을 이루시는 것입니다.

인간이 범죄하여 하나님을 떠나고 마귀의 종 노릇을 하게 되었지만, 하나님은 이 문제를 해결하기 위해 여자의 후손을 약속하셨습니다. 그리고 약속을 이루기 위해 때가 되었을 때 아브라함을 불러서 그 후손 속에 여자의 후손이 나오도록 준비하셨습니다. 여자의 후손은 창세기 15장 5절에서 아브라함의 후손으로 구체화됩니다. 하나님의 말씀과 예언은 애매하지 않습니다. 구체적이고 사실적이며 정확합니다. 이처럼 구체화된 아브라함의 후손은 대단히 기대되는 사람이었습니다. 그가 이삭입니다. 메시아의 모형이 되기 위해 인간의 힘으로는 불가능한 기적으로 탄생한 사람입니다. 이삭은 아브라함이 백세일 때 나왔습니다. 하나님이 기적으로 출생시킨 것입니다.

이 방법대로 하나님의 때가 차매, 하나님은 여자의 후손을 보내서 아브라함의 후손 가운데 나오게 합니다.

예수님의 족보를 뭐라고 얘기합니까?

> 아브라함과 다윗의 자손 예수 그리스도의 계보라(마 1:1).

구약에서는 예언되어진 약속을 설명하고 모형으로 보여 줍니다. 왕 되신 메시아가 사탄을 밟아버리고 정복하는 모습을 보여 주기 위한 적극적인 모델로서 여호수아와 다윗을 세우고, 그들이 사탄을 발로 밟아버리는 것을 보여 줍니다. 여호수아는 이름 자체도 예수님과 똑같습니다. 헬라어로 여호수아가 예수입니다. 여호수아는 가나안 땅에 있는 가나안 족속들의 가장 강력한 동맹군들인 다섯 왕을 발로 밟았습니다. 그들을 죽였습니다. 여호수아 때부터 정교가 분리되어 제사장이 있고 왕이 있었습니다. 여호수아는 왕의 사역을 한 것입니다.

성경을 보면 크게 세 가지로 구성되어 있습니다. 하나는 율법입니다. 그리고 이스라엘의 역사가 있고 나머지는 예언이 들어 있습니다. 이 세 가지 요소의 주제는 모두 그리스도입니다. 피의 희생제사를 통해서 율법을 성취하신 그리스도입니다. 이스라엘의 역사는 그 자체가 메시아의 생애의 그림자입니다. 예수님의 역사입니다. 이스라엘 중에 진짜 이스라엘이 예수님입니다.

이스라엘이 무슨 말입니까?

하나님을 이겼다는 야곱의 이름입니다. 이스라엘이 모두 타락해서 없어지고 마지막으로 남은 완벽한 이스라엘이 예수님입니다. 그분이 오셔서 다윗 왕국을 재건합니다. 여자의 후손이 와서 뱀의 머리 곧 사탄을 정복할 것이라는 예언대로 아브라함의 후손으로부터 여자의 후손이 나오게 합니다. 이삭의 후손 중에서 본격적으로 사탄을 밟아버리고 왕의 통치권을 행하는 사람이 여호수아와 다윗입니다. 그리고 때가 되면 여호수아의 원형, 다윗의 실체되시는 진짜 그리스도가 오시는 것입니다.

● 때가 차매 구약성경대로 여자의 후손으로 오신 예수님

구약성경에 나오는 것은 전부 그리스도의 모형이고 모본들입니다. 이제 때가 차매, 실체되신 그리스도께서 오십니다.

> 때가 차매 하나님이 그 아들을 보내사 여자에게서 나게 하시고
> (갈 4:4).

이것이 창세기 3장 15절에서 하신 약속의 성취입니다.

> 내가 너로 여자와 원수가 되게 하고 네 후손도 여자의 후손과 원수가 되게 하리니 여자의 후손은 네 머리를 상하게 할 것이요 너는 그의 발꿈치를 상하게 할 것이니라 하시고(창 3:15).

여자의 후손을 약속했습니다. 남자의 후손이 아니고 여자의 후손입니다. 갈라디아서 4장 4절에서 이 약속을 성취하는 것입니다. 뿐만 아니라 발로 밟아버린다고 합니다. 이 예언이 성취되었다는 말씀이 곳곳에 있습니다. 요한일서 3장 8절에 보면, "하나님의 아들이 나타나신 것은 마귀의 일을 멸하게 하려 하심이니라"라고 나옵니다. 예언하고, 그 예언대로 성취합니다. 그렇기 때문에 천하 없는 기적을 행한다고 해도 구약성경에 예언된 대로 오시는 분이 아니면 그는 메시아가 될 수 없습니다.

여러분이 예수님을 믿는다고 하지만 아직은 그리스도를 아는 지식, 하나님을 아는 지식이 약한 어린 아이입니다. 이 모습이 바로 구약 백성들의 모습이었습니다. 무슨 사건만 일어났다 하면 불평했습니다. 여러분 중에도 감사하지 않고 불평하는 사람이 많습니다. 회개해야 합니다. 아이의 모습에서 자라야 합니다.

예수님이 나를 위해 죽었다는 것을 믿어야 구원을 얻습니다. 예수님을 그리스도로 참되게 믿어야 합니다. 그리스도는 구약성경에서 여자

의 후손으로 예언되어졌습니다. 하나님은 예언대로 아브라함의 후손을 준비하고 죽음과 부활을 모형적으로 설명해 주셨습니다. 그리고 마침내 때가 차매 그 아들을 보내 여자의 후손에게서 나게 하셨습니다. 대속의 죽음과 부활을 통해 창세기 3장 15절을 완성한 것입니다. 이렇게 믿어야 합니다.

복음주의자들은 복음의 핵심을 고린도전서 15장 3, 4절을 들어서 얘기합니다.

> 내가 받은 것을 먼저 너희에게 전하였노니 이는 성경대로 그리스도께서 우리 죄를 위하여 죽으시고 장사 지낸 바 되셨다가 성경대로 사흘 만에 다시 살아나사(고전 15:3-4).

성경대로입니다. 창세기 3장 15절의 예언대로 때가 차매 여자의 후손이 오셨다고 정확하게 믿어야 합니다. 어떤 사람이 '죽었다가 부활했으니 내가 메시아다'라고 주장한다고 해도 성경대로가 아니면 그리스도가 아닙니다. 요한계시록 13장 12절[5]을 보면 적그리스도가 그렇게 합니다. 그가 죽었다가 살아나서는 '이게 메시아가 아니냐?'고 합니다. 그러나 속으면 안 됩니다. 천하 없는 기적을 행해도 구약성경대로 우리 죄를 위하여 죽으시고 장사지낸 나사렛 예수 외에는 다른 메시아가 없습니다.

---

5 (계 13:12) 그가 먼저 나온 짐승의 모든 권세를 그 앞에서 행하고 땅과 땅에 사는 자들을 처음 짐승에게 경배하게 하니 곧 죽게 되었던 상처가 나은 자니라.

- **구약성경은 중보자, 선지자, 제사장 되신 그리스도의 모형을 보여줌**

성경을 깊이 아는 사람은 신구약 성경을 관통해서 봅니다. 그러나 성경을 잘 모르는 사람은 구약은 구약대로, 신약은 신약대로 봅니다. 구약을 전부 행위적으로 설명합니다. 아브라함을 믿으라고 합니다. 그러나 아브라함이 아니라 예수님을 믿어야합니다. 아브라함을 본받으라고 합니다. 이순신 장군을 본받으라는 말과 같습니다. 이순신 장군은 우리 민족을 위해 희생하고 헌신한 사람입니다. 그 점을 본받을 뿐입니다. 아브라함을 본받는다고 해서 참된 믿음이 생기는 것이 아닙니다.

아브라함은 하나님과 앞으로 올 메시아의 백성들 곧 앞으로 올 땅과 하늘 사이의 중보자였습니다. 하나님이 소돔과 고모라를 심판할 때 이 일을 아브라함에게 말씀하십니다. 아브라함이 그것을 듣고 자기 조카가 생각나서 "그 성 중에 의인 오십 명이 있을지라도 주께서 그 곳을 멸하시고 그 오십 의인을 위하여 용서하지 아니하시리이까"(창 18:24)라고 합니다. 하나님은 심판하지 않겠다고 하십니다. 그러나 아브라함은 그 성에 의인이 적을 것 같아 사십오 명으로 줄입니다. 그 정도도 없을 거 같아 삼십 명, 이십 명, 열 명까지 내려갑니다. 아마 하나님은 단 한 명이라도 있으면 심판을 하지 않았을지도 모르겠습니다.

세상을 심판하시는 이가 정의를 행하실 것이 아니니이까(창 18:25).

아브라함은 이렇게 중보했습니다. 멸망 받을 땅의 중보자가 아브라함이었습니다. 중보자 그리스도의 역할을 한 것입니다.

　이러한 중보자의 모형들이 성경에 가득 차 있습니다. 구약성경의 선지자들은 전부 선지자 그리스도의 모형입니다. 모든 왕들은 참된 왕 되신 그리스도의 모형입니다. 또한 구약성경의 모든 제사장들은 앞으로 오실 참된 대제사장이신 그리스도의 모형입니다. 예언된 대로 믿는 것입니다. 예언된 대로 우리 인생 문제를 해결하신 그리스도를 참되게 믿어야 합니다.

● 기원전 700년 전에 정확하게 예언된 그리스도

　성경 또한 다른 경전처럼 인간의 말이라고 얘기하기도 합니다. 어떻게 하나님의 말씀이라고 믿을 수 있느냐고 합니다. 여기에 대한 변증은 여러 가지가 있지만, 예언이 중요한 결론을 냅니다. 다른 종교, 경전에는 예언이 없습니다. 예언이 있다면 가짜라는 것이 금방 드러날 것입니다.

　성경은 구체적이고 사실적인 예언이 그대로 이루어집니다. 여자의 후손이 구체화되어 아브라함의 후손이 되고, 아브라함의 후손이 계속 이어지다가 때가 차매 예언대로 오신 분이 예수님입니다. 예수님이 진짜 아브라함의 후손인지 입증되려면 성경에 예언된 대로 기적적인 출생이 필요합니다. 아무나 자기가 메시아라고 주장하지 못하도록 여자의 후손으로 올 사람은 아예 신인의 인물로 나옵니다.

> 처녀가 잉태하여 아들을 낳을 것이요 그의 이름을 임마누엘이라
> 하리라(사 7:14).

처음부터 이렇게 정해 놓았습니다. 하나님이 함께 하는 사람입니다. 인간이면서 동시에 하나님입니다. 이런 사람이 처녀가 잉태하여 태어나는 것입니다. 그렇게 예언이 되어있습니다. 아무나 여자의 후손으로 오는 것이 아니라, 예언된 그대로 오시는 것입니다. 마태복음 1장 21절입니다.

> 아들을 낳으리니 이름을 예수라 하라 이는 그가 자기 백성을 그들의
> 죄에서 구원할 자이심이라 하니라(마 1:21).

선지자 이사야가 말한 대로 "처녀가 잉태하여 아들을 낳을 것이요 그의 이름을 임마누엘이라 하리라"라는 예언을 성취하기 위함입니다.

(2) 첫 사람 아담의 실패한 시험에서 승리하는 예수님

● 예수님이 아담이 실패한 시험에서 승리함

여자의 후손이 뱀의 후손을 정복하러 오셨기 때문에 여자의 후손은 탄생하자마자 뱀의 후손과 싸움이 일어납니다. 아기 때에는 사탄이 헤롯의 배후에 역사해서 죽이려고 했습니다. 그러나 그것은 하나님의 뜻을 이루는 것이었습니다. 예수님이 애굽으로 피난을 갔다가 돌아오기 때문입니다.

> 이는 주께서 선지자를 통하여 말씀하신 바 애굽으로부터 내 아들을
> 불렀다 함을 이루려 하심이라(마 2:15).

출애굽하여 구원을 얻은 이스라엘의 역사와 똑같습니다. 하나님의 아들이 앞으로 이룰 것에 대한 모형인 것입니다. 이스라엘의 참된 의미를 알려면 예수님의 생애를 보아야 합니다. 유대인들은 그것을 모르고 '왜 우리 민족이 그렇게 고난을 당했나?'라고 하면서 그 사실을 부정합니다. 이스라엘의 역사는 사실 메시아의 생애의 그림자이기 때문입니다.

아담이 뱀의 유혹에 넘어가 사탄의 종이 되었습니다. 이제 여자의 후손인 마지막 아담이 와서 사탄을 정복합니다. 아담이 실패했던 사탄의 시험을 그가 성공하고, 그 다음에는 사탄의 머리를 박살내 버립니다. 에덴 동산을 통치했던 아담의 지위를 완벽하게 회복하고 새롭게 하나님의 나라를 세우는 것입니다.

누가 그렇게 합니까?

예수님입니다.

> 아담으로부터 모세까지 아담의 범죄와 같은 죄를 짓지 아니한 자들
> 까지도 사망이 왕 노릇 하였나니 아담은 오실 자의 모형이라(롬 5:14).

아담을 오실 자의 표상이라고 합니다. 오실 자, 예수님의 모형이라는 뜻입니다. 모형이기 때문에 실체가 와서 모형된 아담이 실패한 것을 성공시킵니다.

아담은 먹음직도 하고, 보암직도 하고, 지혜롭게 할 만큼 탐스럽기도 한 나무의 실과를 먹었습니다. 육신의 정욕, 안목의 정욕, 이생의 자랑이라는 사탄의 시험에서 실패했습니다. 예수님도 기름 부음 받은 자로서의 사역을 시작하면서 이와 똑같은 사탄의 시험을 받습니다. 떡을 보여 주고 먹음직하다고 생각하는 육신의 정욕을 시험합니다. 뛰어내리라고 하고, 천하만국을 보여 주며 가지라고 합니다. 안목의 정욕, 이생의 자랑으로 유혹합니다. 첫 사람 아담과 하와는 하나님의 말씀을 잃어버렸기 때문에 실패했습니다. "선악을 알게 하는 나무의 열매는 먹지 말라"라는 말씀을 붙들어야 하는데 그렇게 하지 못했습니다.

사탄은 말씀을 공격합니다. 말씀을 공격해서 예수님이 그리스도라는 믿음에 의심을 갖게 합니다. 기도가 응답되지 않을 때 사탄의 공격에 흔들립니다. 그러면 지는 것입니다. 살든지 죽든지 예수님이 그리스도라는 믿음으로 내 인생의 문제를 그분께 맡겨야 합니다. 어떤 문제가 해결되지 않는다고 해서 '예수님이 그리스도 맞나?'라고 의심하면 사탄의 시험에 빠지게 됩니다. 불신앙에 떨어집니다. 말씀을 잃어버린 뒤에 사탄의 제안을 받으면 그럴 듯해 보입니다. 보는 눈이 달라지기 때문입니다. 여러분 안이 예수 그리스도로 충만하지 않으면 유혹에 걸리고 맙니다.

새벽에 기도하고, 성령 충만 받고, 말씀을 굳게 가지고 있어야 시험에 들지 않습니다. 믿음 충만하지 않으면 별 것도 아닌 일에 육신의 눈이 뜨여서 사탄의 올무에 잡히는 것입니다. 세상 죄에 빠지고 쾌락 세계에 빠집니다. 실패하고 좌절하게 됩니다. 사탄이 그렇게 만듭니다.

그러나 하나님의 말씀 자체이신 우리 주님은 충만한 말씀을 가지고 계시기 때문에 사탄의 시험에서 신명기 8장 3절, 6장 13절, 그리고 시편 91편 11, 12절의 말씀으로 사탄을 쫓아내셨습니다.

(3) 본격적인 메시아 사역

● 본격적인 메시아 사역의 시작

이제 본격적인 메시아의 사역이 시작됩니다.
메시아의 사역이 무엇입니까?
여자의 후손이 뱀의 머리를 상하게 하는 것입니다. 사탄을 정복하기 위한 작전을 시작합니다. 이분이 회당에 들어가면 귀신들린 사람들이 쫓겨 나갑니다. 곳곳에서 귀신을 쫓아냅니다. 귀신의 나라가 축출되고 하나님의 나라가 임했다는 것입니다. 여러분이 성령 충만하고 여러분에게 하나님의 나라가 임하면 귀신의 세력들이 나가 버립니다. 가정에서 역사하는 불평, 원망, 불만 같은 귀신의 나라 속성들이 모두 달아납니다.
주님의 메시아 사역은 예언된 정복입니다. 기름 부음을 받고 시작한 정복 전쟁의 중요한 전투는 마태복음 16장에 나옵니다. 사탄이 예수님의 수제자인 베드로 속에 들어가서 예수님의 메시아 사역을 막으려고 합니다. 예수님의 사역은 죽음을 통해서 사탄을 정복하는 것인데, 베드로를 통해 죽지 말라고 붙잡게 합니다. 뱀이 여자의 후손의 발꿈치를 물어서 상하게 해야 사탄이 정복됩니다. 예수님이 죽으셔야 문제가 해결됩니다. 그것을 못하게 막는 것입니다. 이에 예수님은 "사탄아 내 뒤로 물러가라"(마 16:23)라고 하면서 쫓아냅니다. 이것은 시작된 정복일 뿐 결정적인 정복은 아닙니다. 이제 결정적인 정복을 하기 위해 여자의 후손이 자기의 죽음 곧 십자가의 승리를 위해 예루살렘으로 들어갑니다.

지금까지는 예수님은 자기가 메시아이고 그리스도라는 것을 드러내지 않았습니다. 이스라엘 백성들의 메시아에 대한 생각이 온통 육신적인 메시아였기 때문입니다. 예수님은 육신적인 메시아가 아니라 영적인 메시아입니다. 죄의 문제, 죽음의 문제, 사탄의 문제를 해결하고, 하나님을 만나게 하는 해결자로서의 메시아입니다. 이스라엘 백성들이 생각하는 자기 나라의 번영과 영광, 경제적인 축복만을 얘기하는 메시아가 아니었습니다. 예수님은 자기를 육신적인 메시아로 여기는 유대인들이 자기를 섬기거나 왕으로 세우려고 하면 메시아 사역에 지장이 있기 때문에 자신을 메시아로 드러내지 않았습니다. 그렇지 않아도 예수님의 사역을 본 사람들이 '이분이 우리가 기다리던 메시아 아니냐?' 하면서 붙들고 임금으로 삼으려는 것을 보고 산으로 피하신 바 있습니다.[6]

예수님이 공생애 사역을 모두 마치고 구약성경에 예언되어져 있는 메시아의 사역을 다해야 마침내 메시아이심이 입증됩니다. 메시아가 오면 소경이 보고 앉은뱅이가 걸으며, 나병환자가 깨끗해지고 죽은 자가 살고 가난한 자에게 복음이 전파된다고 구약성경에 쓰여 있습니다. 그분이 오셔서 나병환자를 깨끗하게 하고, 죽은 자를 살리고, 앉은뱅이를 일으켜야 하는 것입니다. 이런 역사를 일으켜야 합니다. 예수님은 이 사역을 삼 년간 하셨습니다. 뿐만 아니라 율법에 완벽하게 순종하여 율법을 성취하셨습니다.

---

6 (요 6:15) 그러므로 예수께서 그들이 와서 자기를 억지로 붙들어 임금으로 삼으려는 줄 아시고 다시 혼자 산으로 떠나 가시니라.

● 왕도(王都) 예루살렘에 입성

마침내 때가 되었습니다. 마지막으로 사탄을 발로 밟아버릴 때가 되었습니다. 여자의 후손이 뱀의 머리를 밟아버린다는 예언을 성취할 때입니다. 왕으로 취임하는 것입니다. 이제 예수님께서 왕으로 취임하시기 위해 왕도에 들어갑니다. 왕의 수도, 예루살렘에 들어갑니다. "주는 그리스도시요 살아 계신 하나님의 아들"이라는 이 신앙고백을 들은 후, 예수님은 죽음과 부활을 예언하고 그때부터 본격적으로 예루살렘으로 들어갑니다. 다른 일은 거의 하지 않으셨습니다. 여리고 성을 지날 때 삭개오를 만나는 일을 제외하고는 큰 사역이 거의 없었습니다. 그것도 복음을 계시하기 위해서 "잃어버린 자를 찾아 구원하려 함이니라"(눅 19:10)라는 메시지를 세우기 위함이었습니다.

예수님이 드디어 예루살렘에 입성합니다. 학자들은 이것을 '승리의 입성'이라고 표현합니다. 사탄을 정복하고 왕 되신 그리스도로 취임하기 위하여 입성하는 것이기 때문입니다. 이미 그리스도이지만 공식적으로 왕의 직위에 오릅니다. 그렇게 왕도 예루살렘에 입성하지만 왕으로 온 자, 왕 되신 그리스도, 사탄을 정복한 그리스도로 취임하는 모습은 세상 사람들이 보는 왕의 취임과 달랐습니다. 예를 들어 대통령에 취임한다면 엄숙한 분위기 가운데서 어마어마한 차량이 도구로써 사용될 것입니다.

그러나 예수님은 어떻게 입성합니까?

조그마한 나귀 새끼를 타고 들어갑니다. 다른 사람들이 보면 우스운 일입니다. 그럼에도 예수님을 따르는 무리들은 소리 높여 대단히 위대한 말을 합니다.

> 호산나 다윗의 자손이여 찬송하리로다 주의 이름으로 오시는 이여
> 가장 높은 곳에서 호산나 하더라(마 21:9).

성령의 감동으로 이렇게 소리칩니다. 성경에 예언된 대로 말한 것입니다. 나귀를 타고 간 것도 스가랴 선지자가 성경에 예언한 대로 입니다. 그리스도가 입성할 때와 그 취임하는 행렬까지도 예언했습니다.

그가 왕으로 취임하는 것은 세상적인 왕이 아니라, 영적인 왕으로 취임하는 것입니다. 예수님은 사탄을 정복하고 창세기 3장 15절을 성취하기 위해 오신 그리스도로서 입성합니다. 이것이야말로 죄를 정복하고 사탄을 정복하는 입성이기 때문에 인간에게는 엄청난 찬미의 사건이 아닐 수 없습니다. 하나님의 아들이 오셔서 마귀의 일을 멸해 버리는 사건, 우리 원수 마귀를 정복해 버리는 이 사건은 진정 놀라운 사건인 것입니다.

● 신약 백성의 기쁨

신약성경의 신자들은 우울한 사람이 없습니다. 전부 환희에 차고, 승리의 기쁨에 들떠 있습니다. 구약성경의 문제와 신약성경의 문제는 전혀 다릅니다. 구약성경은 처음부터 죄의 문제로 시작합니다. 슬픔과 불평, 원망과 저주, 재앙이 따릅니다. 죄의 역사입니다. 구약성경의 마지막인 말라기 4장 6절은 저주로 끝납니다.

> 그가 아버지의 마음을 자녀에게로 돌이키게 하고 자녀들의 마음을 그들의 아버지에게로 돌이키게 하리라 돌이키지 아니하면 두렵건대 내가 와서 저주로 그 땅을 칠까 하노라 하시니라(말 4:6).

아버지께로 돌이키게 하는 자를 보낼 것이나, 그의 말을 듣지 않으면 저주가 임할 것이라는 뜻입니다. 하나님의 아들에게 돌아오지 않으면 망한다는 메시지입니다.

이에 비해 신약성경의 끝은 은혜입니다.

> 주 예수의 은혜가 모든 자들에게 있을지어다 아멘(계 22:21).

구약의 이스라엘 백성들은 완전한 해방을 소유했던 것이 아니라 단지 사죄만을 소유했습니다. 그러나 신약 백성은 노예 생활로부터 해방되었다는 감격과 기쁨이 충만합니다. 사도 바울은 로마서, 고린도후서에 그 기쁨을 표현했습니다.

> 그러나 이 모든 일에 우리를 사랑하시는 이로 말미암아 우리가 넉넉히 이기느니라(롬 8:37).

> 항상 우리를 그리스도 안에서 이기게 하시고 우리로 말미암아 각처에서 그리스도를 아는 냄새를 나타내시는 하나님께 감사하노라(고전 2:14).

요한계시록에서 교회들에 보내는 편지를 보면 전부 승리를 받은 자들이었습니다.

> 이기는 그에게는 내가 하나님의 낙원에 있는 생명나무의 열매를 주어 먹게 하리라(계 2:7).

"이기는 그"가 그리스도입니다.

> 이기는 자는 둘째 사망의 해를 받지 않으리라(계 2:11).

> 이기는 그에게는 내가 감추었던 만나를 주고 또 흰돌을 줄 터인데(계 2:17).

요한계시록 3장 21절은 라오디게아 교회에 하신 말씀입니다.

> 이기는 그에게는 내가 내 보좌에 함께 앉게 하여 주기를 내가 이기고 아버지 보좌에 함께 앉은 것과 같이 하리라(계 3:21).

우리 주님이 사탄을 밟아버렸기 때문에 '이긴 자'가 됩니다.

여러분이 찌뿌듯하다면 이건 신약 백성이 아닙니다. 구약 백성입니다. 하나님을 아는 지식이 없는 것입니다. 하나님을 아는 지식 곧 예수님이 그리스도이고 구약성경에 예언된 대로 우리 죄를 위해서 죽으시고 부활하셨다는 지식을 가지고 있어야 합니다. 예수님은 구약에서 예언된 대로 신약에서 메시아가 되었습니다. 사실로 성취되었습니다. 이 견고한 기초 위에 우리 신앙이 세워져야 합니다.

● **그리스도로 답이 나오는 신앙**

저는 어려울 때 이렇게 생각합니다.

'내가 이 말씀에 묶여서 자빠져버려야지. 내가 자빠지면 하나님도 자빠지고 말씀도 자빠지겠지? 이 말씀을 가지고 내 운명을 같이 해야 겠다.'

지금도 그렇게 살고 있는 중입니다. 외견상으로는 우리 교회가 크게 부흥하지 않았지만, 그럼에도 저는 한 가지 확신이 있습니다. 예수님이 하나님의 아들 그리스도라는 확신입니다. 20여 년 전에 새벽예배에서 설교를 할 때, 의도적으로 신구약 성경을 예수 그리스도에 초점을 맞춰서 구속사적 설교를 했습니다. 그것이 해 보니까 가능했습니다. 해 보지 않았으면 막연히 머리로만 알고 있었을 텐데, 창세기 1장부터 요한계시록 마지막 장까지 설교해 보니 예수 그리스도로 답이 나왔습니다. 여러분이 새벽예배를 오면 언제든지 주제가 '예수 그리스도'입니다. 새벽에도 예수 그리스도, 삼일 밤에도 예수 그리스도, 금요일에도 예수 그리스도, 주일 낮예배, 오후예배에도 예수 그리스도, 그리고 오늘도 예수 그리스도입니다.

지겹다고 생각할 필요는 없습니다. 예수 그리스도 안에 다 있습니다. 복음 안에 모든 것이 다 있습니다. 저는 그것을 깨달았습니다. 이것을 체험했기 때문에 염려하지 않습니다. 조금도 염려하지 않습니다. 이 신앙을 목사가 가지고 있으니까, 교인들도 당연히 가지고 있습니다. 제가 항상 이 얘기만 하기 때문입니다.

> 그러므로 믿음은 들음에서 나며 들음은 그리스도의 말씀으로 말미암았느니라(롬 10:17).

믿음이 생길 수밖에 없습니다.

● **복음전도자**

전도자는 실패하는 법이 없습니다. 하나님의 아들이 와서 마귀의 일을 멸하는 것은 그것이 그저 기쁨의 노래를 부르면서 끝나는 것이 아니라 마귀의 종이 된 사람들을 끄집어내어 구원하기 위함입니다. 복음 자체가 중요한 것이 아니라 사람이 중요합니다. 복음을 듣고 구원을 얻어야 합니다. 그래서 복음전도자가 중요합니다. 천하 없이 귀신을 때려잡더라도 사탄의 종 노릇 하는 무리들을 구원하지 못한다면 복음전도자가 아닙니다. 사탄에 붙잡힌 사람들에게 복된 소식을 전해야 합니다. 복음전도자를 위해서 지구를 돌린다는 말도 있습니다. 맞는 말이라고 봅니다. 복음을 전도할 필요가 없으면 세상은 끝나기 때문입니다. 더 이상 구원할 자기 백성이 없으면 주님은 더 이상 세상을 유지할 필요가 없습니다.

> 이 천국 복음이 모든 민족에게 증언되기 위하여 온 세상에 전파되리니 그제야 끝이 오리라(마 24:14).

시한부 종말론자가 하는 말들은 전부 엉터리입니다.

언제 종말이 옵니까?

복음이 편만하게 증거되어야 종말이 옵니다. 그때가 되면 하나님의 성령이 이 세상에 있을 필요가 없기 때문입니다.

● 성령의 역사

하나님의 성령이 없으면 이 세상은 지옥입니다. 성령이 일반 은총으로 이 땅에서 죄악을 억제합니다. 성령의 역사는 예수님을 믿게 하고 죄악을 없애는 데에만 있는 것이 아닙니다. 신학적으로 성령의 역사는 이런 특별한 사역도 있지만, 안 믿는 사람들 속에서도 역사합니다. 세상 사람들은 전부 사탄의 종 노릇을 하고 있기 때문에 사람들이 모두 자기의 타락한 성품대로 산다면 자멸하고 말 것입니다. 그렇기 때문에 법률, 제도, 문화, 도덕, 관습, 예술, 가정, 국가로 죄악을 억제합니다. 그런 것들이 모두 성령이 하시는 일 곧 일반 은총의 역사입니다. 그래서 죄악이 어느 선 이상 넘어가면 바로 쳐버립니다.

하나님은 구약 시대와 신약 시대에 동일하게 일하십니다. 하나님은 말씀을 변경하지 않습니다. 인간을 아시기 때문에 그대로 성취합니다.

> 하나님은 사람이 아니시니 거짓말을 하지 않으시고 인생이 아니시니 후회가 없으시도다 어찌 그 말씀하신 바를 행하지 않으시며 하신 말씀을 실행하지 않으시랴(민 23:19).

민수기 23장 19절에서 보는 것과 같이 말씀하신대로 행동하십니다. 그러므로 이천 년 전에 말씀하셨다고 해도 그 말씀이 그대로 이루어집니다. 여러분이 하나님의 말씀을 붙들고 있으면 그대로 이루어지는 것입니다.

하나님 말씀의 함축이요 중심이 무엇입니까?

복음입니다. 복음을 마음속에 담고 있으면 모두 이루어집니다. 그 이름으로 기도하면 됩니다.

● **그리스도로 취임하기 위한 승리의 입성**

성경에 예언된 대로 여자의 후손이 뱀의 머리를 상하게 하는 치열한 접전이 전개됩니다. 예수님은 이미 공식적으로 메시아 사역을 시작하여 시험에서 이기고 마지막 아담으로서 후사권을 회복합니다. 그리고 마침내 본격적으로 왕 되신 그리스도로 취임하기 위해 승리의 입성을 하는 것입니다. 이 승리자 그리스도는 아는 사람들에게 기쁨이고 감사입니다. 그리스도께서 십자가에 못 박혀 죽으신 것이 마치 예수님이 무능해서 로마의 군병 세력에 의해 힘없이 죽은 것 같지만, 사실은 창세기 3장 15절을 성취하는 사건이며 여자의 후손이 뱀의 머리를 밟아버리는 승리의 사건이었습니다.

여자의 후손과 뱀의 후손과의 결정적인 싸움, 사탄을 정복하게 하는 십자가 사건을 일으키기 위해 주님은 대제사장으로서 먼저 기도를 합니다. 요한복음 17장입니다. 그리고 18장에서 사탄을 정복하고 왕 되신 그리스도로서의 역할을 수행하기 위해 본격적으로 싸움의 현장에 들어갑니다.

그 싸움의 현장은 첫 사람 아담이 싸웠던 동산입니다. 그 동산에서 첫 사람 아담은 실패했으나 예수님은 사탄과 싸워 이깁니다. 이것이 여자의 후손이 뱀의 머리를 상하게 하기 위한 사건의 성취입니다. 이 싸움에서 이기기 위해 예수님은 싸움터인 겟세마네 동산을 먼저 점령합니다.

(4) 영적 세계

● 영적 세계에 대한 이해

예수님은 그리스도시요 살아 계신 하나님의 아들입니다. 예수님이 하나님의 아들 그리스도라는 증거로서 십자가에서 우리 죄를 대신해서 피 흘려 죽으시고 죽은 자 가운데서 부활하셨습니다. 이 하나님의 아들의 복음을 참되게 믿고, 깨닫고, 그 은혜를 누릴 때, 우리 심령 속에 하나님의 나라가 임합니다. 이 나라는 영적 세계의 비밀입니다. 여러분은 참되게 하나님의 나라를 알고, 믿고, 그걸 누리며 살아야 합니다.

믿음이 좋다고 하는 성별된 사람이라고 하는데도 하나님 나라의 개념을 참되게 믿는 것이 아니라 건성으로 믿는 것 같은 느낌을 받을 때가 있습니다. 하나님 나라가 있다고 하면, 그 반대되는 세상 나라도 있습니다. 하나님의 나라는 영적 세계입니다. 여러분에게 하나님의 나라가 임했다는 말은 여러분 안에 새롭게 영적인 세계가 형성되었다는 것을 말합니다. 그런데 믿는다는 신자들도 영적 세계에 대한 이해가 없는 것을 보곤 합니다. 그저 믿으면 마음이 편안하고, 교회가면 사람들 만나고, 좋은 찬송을 듣고, 문화적으로도 인정받기 때문에 좋다고 합니다.

성경은 덮어놓고 무조건 믿는 것이 아니라, '여자의 후손이 뱀의 머리를 상하게 했구나. 여자의 후손이 성경대로 오셔서 성경대로 뱀의 머리를 밟아버리고 다시 살아나셔서 우리의 구세주가 되셨구나'라고 믿어야 합니다. 그래야 믿음의 뿌리를 가지는 것입니다. 그런데 신자들이 믿는다고 하면서도 믿음의 뿌리가 없습니다.

왜 그렇습니까?

구약성경에 뿌리를 내리고 신앙을 가져야 하는데 구약성경에 대한 기초 없이 덮어놓고 예수만 믿는다고 하기 때문입니다.

구약성경은 뿌리요, 신약성경은 열매라고 합니다. 구약성경에서 약속되었던 것들이 신약성경에서 만개되었다고도 합니다. 그러므로 구약의 뿌리만 있으면 안 됩니다. 열매와 가지도 있어야 합니다. 그렇다고 가지는 있는데 뿌리가 없다면 이것은 허무입니다. 신앙을 가졌다고 하는데 참된 뿌리가 없으면 허구적인 신앙입니다. 구약 속에서 예언되어진 역사적인 사건으로 복음을 믿지 않고 그냥 좋아서 믿는 것은 기독교를 다른 종교 수준으로 떨어뜨리는 것입니다.

불교를 믿는 사람에게 왜 절에 가냐고 물어보면, '교회가면 시끄러운데 법당에 가면 마음이 편하고 좋아요'라고 합니다. 신자들도 교회가면 편안하고 좋다고 합니다. 교회 다닌 지 십 년, 이십 년 되니까 집사도 되고 장로도 됩니다. 어떤 사람은 목사도 됩니다. 그렇게 영적 세계에 대한 참된 이해 없이 교회를 다니는 사람이 많습니다.

뿌리를 가지면 영적 세계에 대한 비밀이 새로워집니다. 우리가 구원을 얻었다는 것은 천사의 영역 속으로 들어가는 것입니다. 보이지 않는 세계 속으로 들어갑니다.

왜 그렇습니까?

그리스도가 하나님 나라의 직함입니다. 예수님은 아담이 잃어버린 하나님 나라를 새롭게 회복하기 위해서 하나님 나라를 가지고 이 땅에 오셨습니다. 본래는 세상 나라만 알고 있다가 예수님을 영접하고 하나님 나라의 왕으로 모시고 보면, 새로운 세계가 있다는 것이 보이게 됩니다. 영적 세계에 대한 눈이 열려집니다.

참되게 영적 세계를 알면 하나님의 나라가 이 땅에 온 것은 이 세상 임금인 사탄을 정복하기 위함인 것을 깨닫게 됩니다. 사탄을 정복하고 왕으로 등극하신 그리스도에 대한 신앙을 제대로 가지게 되는 것입니다. 영적 세계에 대한 이해가 없으면 믿음의 뿌리가 견고하지 못한 것입니다. 참되게 예수님을 하나님의 아들 그리스도로 믿으면 세계관이 달라집니다. 인생관, 역사관이 달라집니다. 보이는 것이 다 인줄 알았는데 보이지 않는 세계가 있다는 것을 알게 되기 때문입니다.

제가 사역을 하면서 육사 교수들 중에서 제자를 발견하려고 열심히 찾아다녔습니다. 그래서 뛰어나다고 하는 어떤 예수님 제자를 만났습니다. 그 사람과 교제를 할 때, 저는 사탄을 정복하는 그리스도, 하나님 나라의 왕 되신 그리스도, 그리고 이 영적 세계관에 대해서 설명했습니다. 그런데 이것을 이해하지 못하는 것입니다. 세 번쯤 다시 설명하자, "교수님, 제가 혼란이 일어나서 교제를 못하겠습니다"라고 했습니다. 사탄의 문제, 영적 세계에 대한 이해가 적었던 것입니다.

● 영적 세계의 비밀

하나님 나라라는 것이 영적 세계의 비밀입니다. 하나님 나라라고 무조건 좋다고만 할 게 아니라, 사탄을 정복하고 세상 나라를 정복하는 새로운 세계에 여러분이 들어와야 합니다. 인생관이 달라지고, 세계관이 달라지고, 보는 눈이 달라져야 합니다. 뿐만 아니라 천계는 영광스러운 것입니다. 축복입니다. 그런데 세상 사람들은 이 비밀을 모르고 혼돈스럽다고 합니다.

이것을 참되게 아는 것이 얼마나 큰 축복입니까?

인본주의적인 설명입니다만, 일차원인 선은 평면인 이차원에 포함됩니다. 이차원은 삼차원의 시공간에 포함되어 있습니다. 마찬가지로 삼차원은 사차원에 포함되어 있습니다. 다시 말하면, 지상의 세계는 영적인 세계에 포함되어 있는 것입니다. 영계 곧 하나님의 나라가 이 세상에서 일어나는 모든 일을 통치하고 다스리기 때문에 이 세상은 영계의 관할 하에 있습니다. 하나님의 주권 속에 이 세상이 들어 있습니다.

왜 그렇습니까?

그분이 세상을 만드셨기 때문입니다. 그렇기 때문에 영계가 이 세상에서 되어지는 모든 일을 결정합니다. 이것을 믿으면 여러분의 인생이 달라집니다.

● 욥의 문제

욥기를 보면, 인생의 문제들이 심각하게 일어납니다. 사탄이 하나님의 허락으로 욥의 재산을 모두 파멸시킵니다. 가족, 몸까지 쳐버립니다. 왜 그런 일이 일어났습니까?

욥이 경건하지 않아서 그렇습니까?

신앙이 없어서 그렇습니까?

아닙니다. 그것이 하나님과 사탄의 대결이었기 때문입니다. 하나님의 섭리입니다. 욥이 그리스도의 모형으로 사용되어진 것입니다. 욥기 1장 6절을 보면, 하나님의 아들들과 함께 사탄이 옵니다. 십자가 사건이 일어나기 전에는 사탄이 참소자로 나온 것 같습니다.

'저 사람이 죄를 지었습니다. 저 사람을 쳐야 합니다.'

이렇게 참소하려고 왔습니다. 하나님이 사탄에게 말씀하십니다.

> 네가 내 종 욥을 주의하여 보았느냐 그와 같이 온전하고 정직하여 하나님을 경외하며 악에서 떠난 자는 세상에 없느니라(욥 1:8).

하나님이 내 종 욥처럼 의로운 사람이 없다고 칭찬합니다.

> 주께서 그와 그의 집과 그의 모든 소유물을 울타리로 두르심 때문이 아니니이까 주께서 그의 손으로 하는 바를 복되게 하사 그의 소유물이 땅에 넘치게 하셨음이니이다 이제 주의 손을 펴서 그의 모든 소유물을 치소서 그리하시면 틀림없이 주를 향하여 욕하지 않겠나이까(욥 1:10-11).

사탄이 반박을 합니다.

> 내가 그의 소유물을 다 네 손에 맡기노라 다만 그의 몸에는 네 손을 대지 말지니라(욥 1:12).

하나님이 사탄의 시험을 허락합니다. 세상은 아무 문제가 없는데도 욥에게 문제들이 나타나는 것입니다. 세상에는 하나님과 마귀와의 대결이라는 영적 투쟁의 관점에서 보지 않으면 이해되지 않는 문제들이 가득합니다.

● 발람의 축복

민수기 22장에서 24장의 내용입니다. 이스라엘 백성들이 모압 평지에 도달했습니다. 곧 있으면 가나안 땅에 들어갑니다. 모세가 거기서 마지막 설교를 합니다. 그리고 모세가 죽은 후, 여호수아가 주권을 인계받아 들어갑니다. 사탄이 이를 보니 겁을 내고 있는 것입니다. 사탄은 여자의 후손들이 가나안 땅에 들어와서 무슨 일을 할지 모르므로 이들을 치고자 합니다.

그래서 사탄의 앞잡이로 발락이라는 모압 왕을 세웁니다. 발락은 발람이라는 선지자를 돈으로 매수해서 이스라엘을 저주하게 합니다. 이스라엘 백성들이 지금 개미떼같이 들어오려고 하니 이들을 저주해서 없애버리라고 합니다. 이런 사실을 이스라엘 백성들은 모릅니다. 잘못하면 저주가 오게 생겼는데 모르고 있습니다. 그것을 하나님이 막습니다.

발람 선지자가 저주하러 가려고 하니까 그것을 막아서 못 가게 합니다. 나귀의 입을 열어 "네 길이 사악하므로 내가 너를 막으려고 나왔더니"(민 22:32)라고 말하며 발람을 책망합니다. 그래서 발람은 이스라엘을 속이려다가 오히려 축복을 하게 됩니다. 이처럼 세상의 되어진 일들은 궁극적으로는 보이지 않는 세계에서 그 운명이 결정됩니다.

● **믿는 자의 고난**

여러분이 예수님을 그리스도로 믿고 내 인생을 바꿔야겠다고 결단하지 않으면 언제 무슨 일이 일어날지 모릅니다. 예수님을 믿는데도 무슨 사건이 일어날 수 있습니다. 사도 바울이 예수님을 그리스도로 믿지 않았다면 그렇게 험악한 삶을 살지 않았을 것입니다. 그러나 하나님은 그를 망하게 하지 않았습니다. 다윗이 기름 부음을 받은 자, 그리스도인이 되지 않았다면 편안했을 것입니다. 다윗은 기름 부음을 받자마자 엄청나게 고생했습니다. 그리스도의 모형이기 때문이었습니다.

여자의 후손이 뱀의 머리를 상하게 하고, 상함을 받아야 영광에 올라갑니다. 고난과 영광이 메시아 사역의 특징입니다. 고난과 영광, 죽음과 부활이 전부 그렇습니다. 요셉에게도 고난과 영광이 있었습니다. 다윗도 그렇습니다. 메시아의 모형이기 때문입니다.

예수님을 믿는데 왜 이렇게 어려움이 많습니까?

> 그리스도의 남은 고난을 그의 몸 된 교회를 위하여 내 육체에 채우노라
>
> (골 1:24).

고난이 하나님께 영광을 돌리기 때문입니다. 고난을 겪어야 그리스도를 닮아갑니다. 우리가 타락하여 육신의 정욕대로 살아왔기 때문에 예수님처럼 십자가 사건을 날마다 체험해야 합니다. 하나님의 나라, 영적 세계관에 대한 이해를 참되게 가져야 합니다. 이것을 이해하려면 창세기 3장 15절에 대한 확실한 지식이 있어야 합니다. 여자의 후손이 뱀의 머리를 상하게 한다는 것은 치열한 영적 싸움입니다. 구원이라는 것은 어떤 의미로는 나라와 나라의 싸움입니다. 하나님 나라와 세상 나라의 싸움입니다. 여러분은 날마다 전쟁을 해야 하는 것입니다.

(5) 결정적인 싸움

● **예수님은 투사처럼 싸움터(겟세마네 동산)을 먼저 점령하신다**

하나님 나라의 왕 되신 그리스도께서 공식적으로 왕으로 취임한 후, 예수님은 사탄을 정복하기 위해 사탄과 싸우는 장소로 들어갑니다. 첫 사람 아담이 실패했던 동산입니다. 우리 주님은 그 동산에서 사탄과 싸워 이깁니다. 창세기 3장 15절에서 사탄을 정복한 것은 예언된 정복이었습니다. 예수님은 메시아로서 공식 사역을 하면서 사탄을 정복하기 시작했습니다. 그래서 가시는 곳마다 사탄이 도망쳤습니다. 베드로에게 역사한 사탄도 쫓아냅니다. 그리고 결정적으로 십자가 승리의 사건, 여자의 후손이 뱀의 머리를 밟아버리는 사역을 하기 위해서 동산으로 들어갑니다. 대단히 중요한 내용입니다.

> 예수께서 이 말씀을 하시고 제자들과 함께 기드론 시내 건너편으로 나가시니 그곳에 동산이 있는데 제자들과 함께 들어가시니라 그곳은 가끔 예수께서 제자들과 모이시는 곳이므로 예수를 파는 유다도 그 곳을 알더라(요 18:1-2).

예수님은 먼저 겟세마네 동산인 싸움터를 점령합니다.

● 다윗의 모형을 성취하심

예수님이 동산에 들어가실 때, 기드론 시내 건너편을 통하여 들어갑니다. 기드론 시내는 다윗이 고난을 받으며 도망친 곳입니다. 다윗은 자기를 죽이려는 압살롬을 피해 감람산으로 올라갔습니다. 다윗의 모형을 성취하신 것입니다. 결정적인 목표를 향해 기드론 시내를 건너서 들어가셨다는 것을 요한이 특별하게 적은 것입니다. 이와 같이 우리 주님은 여자의 후손으로 오셔서 구약에서 예언한 모든 것을 성취해 나갑니다.

● 동산

기드론 시내 건너편에 동산이 있는데, 예수님이 그 동산으로 제자들과 함께 들어갑니다. 그리스도의 수난이 동산에서 시작되었다는 것이 다른 복음서에는 없으나 요한복음은 예수님이 하나님의 아들이라는 사실을 정확하게 얘기하는 복음이기 때문에 그런 내용이 자세하게 나타나 있습니다. 죄가 시작된 곳이 동산, 에덴이었습니다. 저주가 선언되고 구속자를 보내신다는 것이 동산에서 약속되었습니다. 그렇기 때문에 약속의 씨이신 예수님이 이 동산에서 옛 뱀과의 접전을 벌이는 것입니다. 첫 사람은 실패했으나 둘째 사람은 승리합니다.

예수님이 돌아가신 후 묻히는 곳도 동산입니다.

그렇다면 그 동산이 에덴 동산이 맞느냐?

하나님이 시온과 이곳들을 에덴 동산으로 유추해 줍니다. 이사야에서 51장 3절을 보겠습니다.

> 나 여호와가 시온의 모든 황폐한 곳들을 위로하여 그 사막을 에덴 같게 그 광야를 여호와의 동산 같게 하였나니 그 가운데에 기뻐함과 즐거워함과 감사함과 창화하는 소리가 있으리라(사 51:3).

첫 사람 아담이 에덴 동산에서 하나님 나라를 잃어버렸습니다. 그래서 하나님 나라를 재건하기 위해 하나님은 둘째 사람 곧 마지막 아담인 메시아를 보내어 새로운 에덴 동산을 창설합니다. 그 곳이 팔레스타인 땅입니다. 비유가 아니라 유추입니다.

> 그들은 아담처럼 언약을 어기고 거기에서 나를 반역하였느니라
> (호 6:7).

호세아 6장 7절을 보면, 하나님이 새로운 에덴을 만들어 자기 백성들에게 자기를 섬기게 했으나 이들도 아담처럼 언약을 어겼다고 합니다. 우상 숭배하지 말고, 하나님만 섬기라고 했음에도 지키지 않았습니다.

이것을 회복하기 위해 우리 주님이 실체되신 여자의 후손, 진정한 이스라엘로서 그 동산에 들어가시는 것입니다.

- **주께서 전쟁터(동산)에 이르시자 원수도 즉시 그곳에 와서 그를 공격한다**

  그 곳은 가끔 예수께서 제자들과 모이시는 곳이므로 예수를 파는 유다도 그 곳을 알더라 유다가 군대와 대제사장들과 바리새인들에게서 얻은 아랫사람들을 데리고 등과 횃불과 무기를 가지고 그리로 오는지라(요 18:2-3).

이 장소를 배반자 유다는 알고 있었습니다. 우리 주님이 전쟁터인 동산에 이르렀을 때, 원수들도 그것을 알고 즉시 공격을 합니다. 유다가 대제사장들의 허락을 받아 그 하속들을 데리고 간 것입니다. 그리스도를 체포하기 위함입니다. 그들은 여러 가지 무장을 하고 있었습니다. 이대로 잡히는 것을 보고 예수님에 대해 무능하다고 말할 수도 있습니다. 예수님은 사실 그들뿐 아니라 몇백만 명, 몇천만 명이 와도 이길 수 있는 권능이 있습니다. 그럼에도 불구하고 예수님은 여자의 후손이 뱀의 머리를 상하게 한다는 창세기 3장 15절을 성취해야 하기 때문에 뱀이 발꿈치를 물어서 죽음에 처해지는 고난 속에 들어가십니다. 그것을 알려주기 위해서 예수님은 하나님의 아들이라는 자신의 신분을 보여 줍니다.

● 예수님은 적의 첫 공격을 멋있게 격퇴하셨다

예수님이 사탄의 첫 번째 공격을 격파합니다.

> 예수께서 그 당할 일을 다 아시고 나아가 이르시되 너희가 누구를 찾느냐 대답하되 나사렛 예수라 하거늘 이르시되 내가 그니라 하시니라 그를 파는 유다도 그들과 함께 섰더라 예수께서 그들에게 내가 그니라 하실 때에 그들이 물러가서 땅에 엎드러지는지라(요 18:4-6).

예수님이 자신이 그들이 찾는 예수라고 하실 때에 그들이 전부 뒤로 나가떨어집니다. 하나님의 권능입니다. 더 많은 군사를 보낸다 할지라도 우리 주님은 천사를 통해서 간단하게 해결하실 수 있습니다. 그러나 예수님은 하나님의 뜻에 완벽하게 순종하고 우리 죄의 문제를 통과할 뿐만 아니라, 하나님이 예언하신 그대로 죄값을 지불하고 우리를 유혹하는 사탄을 정복하기 위해서 죽음의 현장으로 가십니다. 마지못해서 가는 것이 아니라 권능을 먼저 보여 주고 가시는 것입니다.

그들이 '네가 그리스도냐?'라고 하지 않고 '네가 나사렛 예수냐?'라고 한 것도 사실은 예수님을 비하한 말입니다. 나사렛이란 곳은 변방이라 별로 인정받지 못하는 땅이었습니다. 그래서 나사렛이라는 말을 쓰며 우습게 여겼던 것입니다. 그런데 "내가 그니라"라고 하니까, 이들이 두려워하고 모두 자빠져버립니다. 이들을 처리할 수 있는 능력을 우리 주님이 가지고 있는 것입니다. 그러나 그 능력을 보여 주셨음에도 불구하고 예수님이 고난의 때에 고난을 받아야 하기 때문에 이들은 계속해서 달려듭니다. 그 능력을 보고 놀라서 도망칠 수도 있는데 끈질기게 달려듭니다. 하나님의 섭리인 것입니다.

● 예수님은 제자들의 신변 안전을 요구하신다

우리 주님은 잡히시면서 조건을 내걸었습니다. 제자들이 가는 길은 열라는 것입니다. 성경에 예언된 대로 제자들은 하나도 상하지 않고 갔다는 것을 이루기 위함입니다. 그래서 제자들은 안전하게 피신할 수 있도록 그것을 요구합니다.

> 이에 다시 누구를 찾느냐고 물으신대 그들이 말하되 나사렛 예수라 하거늘 예수께서 대답하시되 너희에게 내가 그니라 하였으니 나를 찾거든 이 사람들이 가는 것은 용납하라 하시니 이는 아버지께서 내게 주신 자 중에서 하나도 잃지 아니하였사옵나이다 하신 말씀을 응하게 하려 함이러라(요 18:7-9).

하나님의 말씀을 입으로 성취합니다.

● 베드로의 폭력 사용

> 이에 시몬 베드로가 칼을 가졌는데 그것을 빼어 대제사장의 종을 쳐서 오른편 귀를 베어버리니 그 종의 이름은 말고라(요 18:10).

이때 시몬 베드로가 칼을 가지고 대제사장의 종을 쳐서 오른편 귀를 베어버립니다. 만약 귀가 아니라 머리를 자르고 죽였다면 우리 주님이 사람을 죽였다는 소리가 나오게 될 것입니다. 그래서 하나님의 섭리로 귀만 떨어진 것입니다.

> 그 중의 한 사람이 대제사장의 종을 쳐 그 오른쪽 귀를 떨어뜨린지라 예수께서 일러 이르시되 이것까지 참으라 하시고 그 귀를 만져 낫게 하시더라(눅 22:50-51).

그 떨어진 귀를 예수님이 다시 붙여서 고쳐줍니다. 우리 주님은 칼을 가지고 정복하는 것이 아니라 평화의 왕으로 오셔서 세상 신을 정복한다는 것을 보여 주는 것입니다. 이를 통해 하나님의 위대한 사랑과 그의 권세와 선하심이 증거되었습니다.

- **예수님은 하나님의 섭리에 따라 죄수로 결박을 당하심**

마침내 예수님이 잡힙니다. 그리고 끌려가십니다. 예수님이 하나님의 섭리에 따라 죄수로 결박당합니다.

> 이에 군대와 천부장과 유대인의 아랫사람들이 예수를 잡아 결박하여 (요 18:12).

이것이 바로 이사야 53장 8절에 대한 성취입니다.

> 그는 곤욕과 심문을 당하고 끌려갔으나 그 세대 중에 누가 생각하기
> 를 그가 살아 있는 자들의 땅에서 끊어짐은 마땅히 형벌 받을 내 백성
> 의 허물 때문이라 하였으리요(사 53:8).

이 예언대로 잡혀가시고, 결박당하고, 심문을 받으면서 심판을 받게 되는 것입니다.

● 하나님의 섭리에 따라 예수님은 율법대로 돌에 맞아 돌아가시지 않고 십자가형으로 처형됨

하나님의 섭리에 따라 예수님은 율법대로 돌에 맞아 돌아가시지 않고 십자가에서 처형을 당합니다. 대단히 큰 의미가 있습니다. 만약 예수님이 돌에 맞아서 죽었다면 이런 기록이 없을 것입니다. 유대인들은 스데반이라든가 다른 사람들이 율법을 어기면 돌로 쳐서 죽였습니다. 그런데 예수님은 그렇게 하지 않았습니다. 이것이 하나님의 섭리입니다. 하나님이 못하게 하신 것입니다.

학자들은 여러 가지로 해석을 합니다만, 예수님이 유대인과 이방인의 구주가 되기 위해서 유대인들이 로마와 합작해서 로마의 권력을 이용하여 죽였다고 봅니다. 하나님의 섭리로 유대인들이 예수님을 돌로 쳐서 죽이지 못하였기 때문에 유대인들이 로마 이방인과 더불어 예수님을 십자가에 못 박은 것입니다. 그래서 푯말에는 유대인의 왕이라는 말이 유대의 언어뿐만 아니라 헬라어 같은 다른 언어로도 쓰여 있었습니다. 여러 사람들이 모두 읽을 수 있게 한 것입니다.

유대인들이 보기에도 예수님이 메시아였습니다. 예수님이 권능을 행하고 성경의 예언들을 성취하는 것을 보니, 진짜 메시아가 틀림없었습니다. 그러나 메시아로 인정하면 자기들이 그에게 엎드려 경배해야 합니다. 대제사장이나 모든 서기관 같은 사람들의 직위가 없어집니다. 우리 주님이 대제사장으로 오셔서 사역을 다해버리면 권력의 극단에 있는 대제사장 같은 사람들의 기득권이 사라지는 것입니다. 그들이 자기 권력을 유지하기 위해서는 예수님이 대제사장, 선지자, 왕의 역할을 하지 못하도록 막아야 했습니다. 그래서 예수님을 죽이고자 합니다.

그러나 자기들이 돌로 쳐 죽이면 이스라엘 백성들이 보기에 지금까지 선지자를 돌로 쳐 죽인 구약 백성들과 같이 자기들도 범죄했다고 생각하고 예수님을 진짜 선지자로 보게 될 가능성이 있었습니다. 그래서 우리 손으로 죽이지 말고 로마의 손을 빌려서 저주받은 십자가에 달아 놓으면 그의 추종자들이 더 이상 예수님을 따르지 않을 것이라고 생각합니다. 그러나 하나님의 섭리는 유대인뿐만 아니라 이방인도 합작하여 예수님을 십자가에 못 박아 죽게 함으로써 모든 사람들에게 죄악이 있다는 것을 선언하셨습니다.

(6) "다 이루었다"

우리 주님이 십자가에 달렸을 때, 결정적인 승리의 선언을 합니다. 요한복음 19장 30절, 이것이야말로 핵심 메시지입니다.

> 예수께서 신 포도주를 받으신 후에 이르시되 다 이루었다 하시고 머리를 숙이니 영혼이 떠나가시니라(요 19:30).

"다 이루었다"고 합니다. 헬라어로 '테텔레스타이'입니다. 인간의 구속의 역사가 마침내 완성되었습니다. 여자의 후손이 뱀의 머리를 밟아 버린 사건이 성취되었습니다. 이 죽음으로 죄의 문제, 죽음의 문제, 사탄의 문제, 하나님을 떠나서 하나님께 가는 길이 막혀 있는 문제가 해결되었습니다. 그리스도의 죽으심은 하나님의 공의를 완전하게 만족시키고 사탄에게는 치명타가 되었습니다. 영원히 흐르는 은혜의 샘이 터져서 결코 끊임 없는 평화와 행복의 샘이 흐르게 만드는 능력이 되었습니다.

이것이 어디에서 선언됩니까?

십자가에서 죽음으로써 선언되었습니다.

● "다 이루었다"의 확증, 부활

그러면 "다 이루었다"는 주님의 말씀이 사실입니까?

우리 죄의 문제, 죽음의 문제, 사탄의 문제, 하나님을 떠난 인생들이 하나님을 만나는 길과 같은 인간의 문제들을 십자가에서 전부 이루었다는 것이 사실입니까?

그것을 확증하는 사건이 부활입니다. 죽은 자들 가운데서 다시 살아나심으로 "다 이루었다"는 것을 선언합니다.

> 성결의 영으로는 죽은 자들 가운데서 부활하사 능력으로 하나님의 아들로 선포되셨으니 곧 우리 주 예수 그리스도시니라(롬 1:4).

죽은 자들 가운데서 부활하심으로 하나님의 아들로 인정되고, 선포되었습니다. 사도행전 17장 31절에서도 메시아라는 것을 확증합니다.

> 이는 정하신 사람으로 하여금 천하를 공의로 심판할 날을 작정하시고 이에 그를 죽은 자 가운데서 다시 살리신 것으로 모든 사람에게 믿을 만한 증거를 주셨음이니라 하니라(행 17:31).

죽은 자 가운데서 다시 살아나심으로 인해서 모든 사람에게 예수님이 그리스도라는 믿을 만한 증거를 주셨다고 합니다. 그가 죽으셨다가 다시 살아나지 않았다면 "다 이루었다"가 이루어 진건지 아닌지 모르게 됩니다. 인생의 문제를 십자가에서 전부 이루고 사탄을 정복했다는 것이 확증되려면 죽은 자 가운데서 부활하셔야 되는 것입니다. 초자연적인 사건을 일으켜야 '이분이 초자연적인 인물로서 초자연적 능력으로 죄와 사탄, 죽음과 영적인 문제들을 해결하셨구나'라는 것을 알 수 있습니다.

● 죄의 문제는 영적인 것

보통 사람들은 죄의 문제를 영적인 것으로 이해하지 않기 때문에 구원이 바르지 않습니다.
그러면 신자들은 죄의 문제를 어떻게 생각합니까?
육신적 과오를 범했을 때 용서를 빌고 회개하고 넘어가려고 합니다. 구원의 뿌리가 없기 때문에 죄에 대해 이런 식으로 생각합니다.
여러분이 갖고 있는 죄는 영적인 것입니다. 하나님의 법에 위배된 것입니다. 로마서 7장 14절에서 "우리가 율법은 신령한 줄 알거니와"라고 했습니다. 하나님의 법, 율법은 영적인 것입니다. 이스라엘 백성들은 율법을 영적인 것이 아닌 육적인 것으로 봤습니다. 바리새인들이 그렇게 가르쳤습니다. 사람을 죽이지 않았으니 살인하지 않았고, 여자와 음행하지 않았으니 간음하지 않았다고 합니다. 그러나 예수님은 율법을 영적인 것으로 설명하셨습니다.

> 음욕을 품고 여자를 보는 자마다 마음에 이미 간음하였느니라 (마 5:28).

정신을 얘기하는 것입니다.

> 형제에게 노하는 자마다 심판을 받게 되고 형제를 대하여 라가라 하는 자는 공회에 잡혀가게 되고 미련한 놈이라 하는 자는 지옥 불에 들어가게 되리라(마 5:22).

형제에 대하여 라가라 말하는 것도 살인을 했다고 봅니다. 그러니까 율법을 지킬 수가 없습니다. 하나님의 법인 율법을 인간의 힘으로는 도저히 지킬 수가 없습니다. 이 율법을 범한 것이 죄입니다. 나쁜 짓을 하거나 다투고 싸우는 잘못을 회개했다고 해서 예수님을 믿는 것으로 착각하기 쉬운데, 근본적인 죄성은 육신적 회개로 씻음 받지 못합니다. 여전히 남아 있습니다. 여러분 안에 아담이 타락한 죄의 본성이 들어 있어서 심히 부패하고 있습니다. 하나님의 법을 위반하는 죄가 있기 때문에 하나님 사랑과 이웃 사랑을 실천하지 못합니다. 전부 자기중심적입니다.

그러나 성경은 하나님 중심, 예수님 중심이라고 얘기합니다. "다 이루었다"는 율법을 모두 성취했다는 말입니다. 예수님이 죽은 자들 가운데서 부활하심으로 초자연적인 사건을 일으키는 것을 보고, '이분이 초자연적으로 약속되어진 여자의 후손, 하나님이면서 인간인 예수님이구나, 이분이 메시아구나'라고 확증하는 것입니다. "다 이루었다"고 선언하고 죽으신 후, 3일 만에 부활하심으로 우리 주님은 승리자로서 나타납니다.

예수님이 로마의 무자비한 힘에 의해 죽어가는 동안, 사실은 뱀의 머리를 부수고 있었습니다. 희생자가 사실은 승리자이며, 예수님은 여전히 십자가를 보좌로 하고 그 위에 앉아서 세상을 다스리십니다.

● **궁극적인 심판**

하나님은 공의롭다고 하는데, 왜 세상에는 아직도 죄악이 만연해 있습니까?

하나님은 왜 죄악을 처벌하지 않으십니까?

이런 의문을 갖는 사람들이 있습니다. 이런 질문들이 신학자들을 골치 아프게 합니다. 그래서 하나님을 변호하고자 하는 생각을 하게 되는데, 이것을 신학적 변신론(辨神論)이라고 합니다. 그러나 사실 그런 변호는 필요하지 않습니다. 예수님을 전하면서 예수님에 대해 변호할 필요는 없습니다. 그리스도께서 변증하시기 때문입니다. 그분의 말씀은 그분이 지킵니다.

우리는 그분만을 믿으면 됩니다. 안 믿으면 그 사람만 손해일 뿐입니다.

성경적 변신론에 의하면, '왜 악인이 잘되고 선인이 고난을 받습니까?'라는 질문에 대한 선지자들의 답이 많았습니다. 하박국도 그렇고, 시편의 기자도 그랬습니다.

> 하나님의 성소에 들어갈 때에야 그들의 종말을 내가 깨달았나이다
> (시 73:17).

미래에 심판이 있다는 말입니다. 아무리 세상에서 대단하고 인정받는 사람이라도 궁극적인 심판이 있음을 깨달아야 합니다.

● 십자가 사건을 믿으라

십자가에서 우리 주님이 다 이루었습니다. 인생들의 모든 죄악, 저주, 하나님이 어디 있느냐고 하면서 악행을 서슴없이 일삼던 사람들의 죄까지 모두 담당하셨습니다. 그렇기 때문에 아직 심판하지 않고 계십니다. 만약 심판을 했다면, 전부 멸망당했을 것입니다. 모두 죽는 것입니다. 모든 사람들에게 하나님에 대한 죄가 있기 때문입니다. 악행을 저지르지 않았다고 해도 따지고 보면 도토리 키 재기일 뿐입니다. 하나님은 우리 속마음을 따라서 심판하시기 때문입니다.

그러나 앞으로 여자의 후손이 와서 뱀의 머리를 상하게 한다는 약속 곧 예수님을 속죄의 제물로 드릴 것을 약속했기 때문에 세상 사람들을 살려

두고 계십니다. 십자가에서 "다 이루었다"고 하면서 그 약속을 성취한 뒤로부터는 이 사건을 믿을 때까지 기다려 주시는 것입니다. 천 년을 하루같이 기다리십니다. 인생의 수명이 육십 세라고 하면 육십 세까지, 팔십 세까지라고 하면 팔십 세까지 속히 회개하고 돌아오라고 하십니다.

백세가 다 되어서 믿음을 갖는다는 것은 사실 굉장히 어렵습니다. 어렸을 때 유년 주일학교를 다녔다면 믿을 수 있습니다. 저의 장인 어른이 그렇게 믿으셨습니다. 장인 어른이 팔십 세 가까이 되셨을 때, 6개월 정도 우리 집에 머무신 적이 있습니다. 그때 우리는 가정예배를 드렸는데, 그것을 보신 장인 어른이 어느 날 무언가를 꺼내서 내놓으셨습니다. 무엇인지 살펴보니 부적이었습니다. 장인 어른은 항상 부적을 갖고 다니셨는데, 우리 집에서 예배를 드리는 것을 보고 양심의 가책을 느꼈던 것입니다. 그것을 불태우고 난 후, 장인 어른께서 '내가 벌레만도 못하구나'라는 고백을 하셨습니다.

그 연세에 어떻게 손아래 사람 앞에서 그런 말을 하겠습니까?

복음의 빛을 받지 않으면 그런 고백은 할 수가 없습니다.

승리자 그리스도께서 십자가를 통해 다 이루시고, 이제는 그 십자가를 보좌로 하고 세상을 통치합니다. 십자가를 통해서 세상을 보시는 것입니다.

'왜 이런 일이 일어났을까?'

이러한 의문은 십자가 사건을 통해서 해석하지 않으면 알 수가 없습니다. 이것을 판단할 수 있는 근거는 십자가뿐입니다.

"하나님이 계시다면 어떻게 이런 일이 일어날 수 있겠느냐?"

이 질문에 대한 답이 그리스도 십자가밖에 없는 것입니다. 십자가의 위대한 사랑, 그 피흘림, 그의 대속, 그의 고난 이외에는 아무 답이 없습니다. 다 이루셨습니다. 모두 담당하셨습니다. 십자가 고난을 받으신 예수님이 참 위로자가 되어 주시는 것입니다.

● 그리스도의 장례

그리스도께서 죽으신 후, 장사를 지내게 됩니다.[7] 예수님의 장례는 무덤을 정복하고 죽음을 종식시킨 장례였습니다. 예수님의 무덤은 아리마대 요셉에게 속하여 있던 동산에 있었는데, 십자가에 못 박히셨던 곳에서 매우 가까운 곳이었습니다. 예수님은 동산에 장사되었습니다. 죽음과 무덤이 처음 자기들의 세력을 장악한 곳이 에덴 동산이었습니다. 그 에덴 동산에 유비되는 동산에 우리 주님의 무덤이 있는 것입니다. 죽음과 무덤이 정복되고 무장해제를 당하며 패배를 당한 곳이 동산입니다. 그리스도의 수난이 시작된 곳도 동산, 겟세마네이고, 그가 부활하고 승천한 곳도 바로 동산입니다. 마지막에 감람산에서 올라가십니다. 그 곳이 겟세마네 동산입니다.

예수님은 새 무덤에 장사되었습니다. 일반 죄인처럼 버려지지 않고 존귀하게 새 무덤에 장사되는 것은 그분이 죄인이 아니심을 증거하기

---

[7] (요한복음 19:38-42) [38] 아리마대 사람 요셉은 예수의 제자이나 유대인이 두려워 그것을 숨기더니 이 일 후에 빌라도에게 예수의 시체를 가져가기를 구하매 빌라도가 허락하는지라 이에 가서 예수의 시체를 가져가니라 [39] 일찍이 예수께 밤에 찾아왔던 니고데모도 몰약과 침향 섞은 것을 백 리트라쯤 가지고 온지라 [40] 이에 예수의 시체를 가져다가 유대인의 장례 법대로 그 향품과 함께 세마포로 쌌더라 [41] 예수께서 십자가에 못 박히신 곳에 동산이 있고 동산 안에 아직 사람을 장사한 일이 없는 새 무덤이 있는지라 [42] 이 날은 유대인의 준비일이요 또 무덤이 가까운 고로 예수를 거기 두니라.

위함입니다. 그리스도가 부활하신 사실을 확실하게 입증하기 위해 하나님이 예정하신 것입니다. 유대인들이나 이방인들, 로마 사람들은 예수님의 시체를 던져버리려고 했습니다. 그러나 하나님은 사람을 시켜서 그를 데려다가 새 무덤에 보존시키셨습니다. 비록 죄를 위해 죽으셨지만 그분은 존귀하신 분이기 때문에 그분의 영예를 위해 정해진 것입니다. 새 무덤에서 부활 승천하도록 하기 위한 하나님의 섭리입니다. 이와 같이 예수님은 죽음을 통해서 사탄을 발로 밟아버리고 죽음의 세력을 잡은 자 마귀를 정복하셨습니다.

● 부활은 선언되고 입증된 승리

사탄의 정복은 계속되는데, 예수님이 죽은 자들 가운데서 부활하심으로도 사탄을 정복했다고 볼 수 있습니다. 이것을 확인되고 선언된 정복이라고 합니다. 십자가가 이미 성취된 승리라고 한다면, 그 승리가 사실이라고 선언하는 정복이 바로 부활입니다. 부활이 없으면 십자가는 의미가 없습니다. 이미 십자가로 완전히 승리했으나, 이것을 예수님의 부활하심으로 예수님이 승리자라는 것을 입증하고 선언하는 것입니다.

● 교회의 정복

예수님의 십자가 정복, 사탄의 정복은 우리 교회에 주신 정복의 사건도 됩니다. 예수님이 경륜상 십자가에서 사탄을 정복하고 사탄을 완전히 꺾어 버렸으나, 사탄을 아직 지옥에 던지지는 않았습니다. 그렇기 때문에 사탄은 계속 활동하고 있고 이들의 나라도 세상에 남아 있습니다. 따라서 이 세상 나라를 우리 주님이 정복했으니 너희도 가서 세상 가운데서 사탄에 매인 자들을 끄집어내어 정복하라는 것이 교회의 정복입니다. 교회가 사탄을 정복하는 일을 계속 해야 하는 것입니다.

그 방법이 기도와 복음전도입니다. 기도한다는 것은 영적인 싸움입니다. 하나님께 기도하는 것이 하나님 나라를 인정하고 승리하는 것이기 때문에 기도를 하면 사탄을 묶고 결박할 수 있습니다. 그리고 더 나아가 복음을 전해야 합니다. 세상 나라를 무너뜨리고 하나님 나라로 돌아오게 하는 것, 이것이 전도입니다. 그저 한 사람을 교회로 데려오는 것이 아니라 한 개인이 그리스도인으로 회심해서 예수님을 그리스도로 믿게 하는 것이 진정한 전도입니다. 그래야 사탄의 장악에서 벗어나 그리스도의 왕권 속으로 들어옵니다. 이것이 사탄을 정복하는 것입니다. 사탄이 가장 두려워하는 것이 복음전도입니다.

5. 그리스도 재림 시 영원한 승리

지금까지 본 바와 같이 여자의 후손이 뱀의 머리를 상하게 하는 사건이 그대로 성취되었습니다. 그리고 죽음과 부활하심으로 확증되었습니다. 이것이 승리자 그리스도 복음의 핵심입니다. 그러나 하나님의 경륜상 우리 주님은 사탄을 완전히 발판으로 삼고 밟아버리기까지 하지는 않았습니다. 이것이 참 비밀입니다.

그러면 완전한 사탄의 정복이 언제 이루어집니까?

우리가 지금도 정복해 가고 있습니다만, 완전한 정복은 마지막 날 주님이 재림하실 때 이루어집니다. 그리스도의 재림 시 영원한 승리가 달성됩니다.

> 또 그들을 미혹하는 마귀가 불과 유황 못에 던져지니 거기는 그 짐승과 거짓 선지자도 있어 세세토록 밤낮 괴로움을 받으리라(계 20:10).

요한계시록에 나타난 사탄의 정복입니다. 사탄이 결박당해 지옥에 던져집니다.

(1) 역사의 중심, 십자가 사건

사탄을 정복한 내용이 요한계시록에 자세히 나와 있기 때문에 사탄은 별별 거짓말로 신자들을 유혹하고 호도시킵니다. 대부분의 이단들이 요한계시록에 나오는 사탄에 관한 문장을 제멋대로 해석해서 사람들을 유혹하고 진짜 구원을 받으려면 자기들에게 오라고 합니다.

대표적인 이단으로 여호와의 증인이 있습니다. 여호와의 증인은 십사만 사천 명이 자기들만 모인 것을 말한다고 주장합니다. 박태선이나 신천지도 같은 주장을 합니다. 그러나 이들은 사탄의 앞잡이입니다.

그렇다고 저 임덕규 목사가 얘기하는 것이 완벽하게 맞는 것이냐?

그렇게 말하기는 어렵습니다. 가장 완벽하신 분은 우리 주님입니다.

여기 불빛이 있다고 생각해 보십시오. 바로 앞은 훤하게 밝지만 멀리 가면 갈수록 희미해 집니다. 저 멀리 있는 것은 큰 줄기 정도는 보이지만 둥근지 네모난지는 잘 보이지 않습니다. 진리의 빛이 그렇습니다.

어디에서 가장 찬란하게 빛납니까?

그리스도의 십자가에서 가장 찬란하게 빛납니다. 인생의 문제를 거기에서 완벽하게 해결했습니다. 십자가에서 다 이루었습니다. 그리스도의 십자가가 진리의 빛의 절정입니다. 이것이 역사의 중심입니다. 인류 역사의 중심이 그리스도의 십자가, 그리스도의 사건인 것입니다.

왜 그렇습니까?

하나님께서 처음부터 그리스도의 사건으로 인간을 구속하시겠다고 약속하셨기 때문입니다. 그리스도를 준비하시고 보내셔서 그리스도의 사건을 일으키시고, 앞으로는 이 사건을 믿는 자들을 구원해서 천국 곧 신천신지에서 영원히 살겠다고 하시는 것입니다. 인류 역사의 흐름 속에서 하나님이 예언하신 것이 성취되어진 현장이 십자가입니다. 이것이 가장 환하게 밝혀져 있습니다.

하나님의 말씀 자체가 진리입니다. 확실한 빛입니다. 신약성경을 보면, 그리스도의 사건을 일으키기 위해 우리 주님이 왕으로 입성하실 때부터 고난과 죽음, 부활을 하시기까지의 부분이 신약성경의 삼분의 일을 차지합니다. 일주일간의 역사임에도 불구하고 자세하게 쓰여 있습니다. 다른 부분을 보면 시간의 속도가 엄청 빠른데, 십자가 사건이 일어난 부분은 철저하게 전부 설명합니다. 하나님의 계시가 분명하고 확실하게 나타나도록 하기 위함입니다.

● **주님이 재림하실 때**

자세하게 쓰여 있는 십자가 사건에 비해, 멀리 떨어진 부분은 희미합니다. 십자가에서 바라볼 때, 옛날 옛적 창세기도 캄캄합니다. 계시된 것만 조금 드러날 뿐입니다. 반대로 미래를 볼 때도 역시 캄캄합니다. 요한계시록 20장의 천년왕국이 전천년설이 맞는지, 후천년설 혹은 무천년설이 맞는지 알기 어렵습니다. 큰 흐름만 알 수 있습니다.

우리 교회는 전천년설이 맞다고 봅니다. 개혁교회의 원조라고 할 수 있는 칼빈은 무천년설을 주장했습니다. 어거스틴을 비롯한 신학자 중에도 무천년설을 주장하는 사람이 많습니다. 그러나 박윤선 목사님이나 보수적인 사람들은 거의 전천년설을 지지합니다. 천년왕국이 임하기 전에 예수님이 재림하신다고 보는 것입니다.

그렇다면 후천년설, 무천년설을 주장한 사람들이 모두 이단입니까?

이단이라고 하지 않습니다. 빛이 멀리 있기 때문에 확실하지 않은 것입니다. 큰 흐름에 있어서 맞으면 됩니다.

그러나 이단들은 멀리 있는 것을 제멋대로 해석해서 사람들을 속입니다. 근래에 요한계시록 13장 18절에 나오는 666에 대한 기사를 보았습니다. 666을 바코드라고 하는데, 사람의 귀나 몸에 이 바코드가 들어 있는 칩을 넣어 사람을 물건처럼 통제한다는 내용이었습니다. 이 666에 대한 정확한 해석을 알려 준다는 광고도 있었습니다. 여기에 속으면 안 됩니다.

확실한 것은 마지막에 주님이 재림하시고 사탄은 정복되며 우리는 신천신지 곧 새 예루살렘에서 하나님과 우리 주 그리스도 어린 양 예수님과 더불어 영생복락 한다는 것입니다. 우리는 그것을 사모하는 것입니다. 그렇게만 믿으면 됩니다.

(2) 요한계시록에 나타난 사탄의 정복

① 십자가의 승리

> 하늘이 큰 이적이 보이니 해를 옷 입은 한 여자가 있는데 그 발 아래에는 달이 있고 그 머리에는 열두 별의 관을 썼더라(계 12:1).

여기서 "한 여자"에 대해 여러 가지로 해석을 하는데, 대체로 그리스도의 교회라고 봅니다.

> 이 여자가 아이를 배어 해산하게 되매 아파서 애를 쓰며 부르짖더라 하늘에 또 다른 이적이 보이니 보라 한 큰 붉은 용이 있어 머리가 일곱이요 뿔이 열이라 그 여러 머리에 일곱 왕관이 있는데 그 꼬리가 하늘의 별 삼분의 일을 끌어다가 땅에 던지더라 용이 해산하려는 여자 앞에서 그가 해산하면 그 아이를 삼키고자 하더니(계 12:2-4).

여기에 나오는 "아이"는 메시아이고, "붉은 용"은 사탄을 가리킵니다. "그 꼬리" 곧 용의 꼬리가 "하늘의 별 삼분의 일을 끌어다가 땅에 던지더라"라고 합니다. "하늘의 별"은 천사로 봅니다. 사탄의 추종 세력인 천사들이 함께 타락한 것을 말합니다.

> 큰 용이 내쫓기니 옛 뱀 곧 마귀라고도 하고 사탄이라고도 하며 온 천하를 꾀는 자라 그가 땅으로 내쫓기니 그의 사자들도 그와 함께 내쫓기니라(계 12:9).

"옛 뱀"은 마귀입니다.

> 또 우리 형제들이 어린 양의 피와 자기들이 증언하는 말씀으로써 그를 이겼으니 그들은 죽기까지 자기들의 생명을 아끼지 아니하였도다 (계 12:11).

그 사탄을 이깁니다. 십자가의 승리를 표현한 것입니다. 요한계시록 13장 이후에는 용의 활동이 이어집니다. 사탄에도 악의 삼위일체가 있는데, 사탄이 다른 두 세력과 합쳐져서 인간을 미혹하고 장악하고자 하는 것입니다.

② 악의 삼위일체

> 내가 보니 바다에서 한 짐승이 나오는데 뿔이 열이요 머리가 일곱이라 그 뿔에는 열 왕관이 있고 그 머리들에는 신성 모독 하는 이름들이 있더라(계 13:1).

"한 짐승"이 적그리스도입니다. 우리 하나님 아버지가 계시고, 예수 그리스도가 계시고, 성령이 계십니다. 사탄도 이와 같이 해석합니다. 사탄이 적그리스도와 연합해서 적그리스도에게 권세를 줍니다.

> 내가 본 짐승은 표범과 비슷하고 그 발은 곰의 발 같고 그 입은 사자의 입 같은데 용이 자기의 능력과 보좌와 큰 권세를 그에게 주었더라 (계 13:2).

우리 하나님 아버지께서 예수님에게 권세를 주는 것과 같이 사탄도 적그리스도에게 그런 식으로 권세를 줍니다.

> 머리의 하나가 상하여 죽게 된 것 같더니 그 죽게 되었던 상처가 나으매 온 땅이 놀랍게 여겨 짐승을 따르고(계 13:3).

우리 주님이 십자가에 못 박혀 죽었다가 다시 살아난 것처럼 적그리스도도 죽었다가 살아납니다. 사람들은 죽었다가 살아났다는 것을 보고 적그리스도를 믿습니다.

> 용이 짐승의 권세를 주므로 용에게 경배하며 짐승에게 경배하여 이르되 누가 이 짐승과 같으냐 누가 능히 이와 더불어 싸우리요 하더라 (계 13:4).

사탄이 이 짐승을 믿게 합니다. 예수님의 죽음과 부활을 믿지 않은 사람도 많은데, 적그리스도는 믿는 것입니다.

> 내가 보매 또 다른 짐승이 땅에서 올라오니 어린 양같이 두 뿔이 있고 용처럼 말을 하더라 그가 먼저 나온 짐승의 모든 권세를 그 앞에서 행하고 땅과 땅에 사는 자들을 처음 짐승에게 경배하게 하니 곧 죽게 되었던 상처가 나은 자니라(계 13:11-12).

또 다른 짐승이 땅에서 올라와서 적그리스도에게 경배하게 합니다.

바다에서 나온 짐승은 적그리스도입니다. 죽었다가 살아나서 사람들을 미혹합니다. 그 후에 땅에서 나오는 짐승은 거짓 선지자입니다. 이들은 권세를 가지고 적그리스도에게 경배하라고 요구합니다. 삼위일체 하나님 되신 성령께서 예수님을 믿게 하는 것과 같은 역할입니다. 존 스토트와 같은 사람은 이 짐승들을 로마로 보기도 합니다만, 적그리스도가 있고 거짓 선지자가 있는 악의 삼위일체 곧 사탄의 삼위일체로 보는 견해가 더욱 설득력이 있다고 봅니다.

> 지혜가 여기 있으니 총명한 자는 그 짐승의 수를 세어 보라 그것은 사람의 수니 그의 수는 육백육십육이니라(계 13:18).

지금도 666이라는 수를 가지고 사람들을 속이는 이들이 많습니다. 사람의 수 666을 적그리스도라고 하기도 하고, 로마라고 주장하기도 합니다. 서로 자기들은 신령하게 깨달았다고 얘기하지만 그것은 위험한 것입니다.

하나님이 계시한 말씀대로만 믿어야 합니다. 성경의 계시가 없으면 모르는 것입니다. 그래서 요한계시록의 설명이 대단히 어렵습니다. 성경의 모든 책에 대해 주석을 했던 칼빈도 요한계시록만 주석을 하지 않았습니다. 자기가 잘 모를 수도 있기 때문이었습니다. 성경이 얘기하는 대로만 가고 얘기하지 않으면 선다고 할 정도였습니다. 칼빈은 신중을 가한 것이었지만, 그의 견해가 없기 때문에 후대에는 더욱 여러 의견이 나오고 있는 실정입니다. 사실 칼빈의 주석도 틀린 부분이 있고, 어거스틴도 마찬가지입니다. 물론 저의 의견도 틀린 것이 있을 수 있습니다.

그러니까 여러분은 큰 주제만 아시면 됩니다.

③ 십사만 사천은 모든 구원받은 성도들의 총칭

> 내가 인침을 받은 자의 수를 들으니 이스라엘 자손의 각 지파 중에서 인침을 받은 자들이 십사만 사천이니(계 7:4).

666과 더불어 사탄의 추종자들이 시비를 거는 다른 하나는 "십사만 사천"이라는 수입니다. 유대 열두 지파에서 인침을 받은 자들이 십사만 사천이라고 하는데, 이것이 요한계시록 14장 1절에서 5절에서 다시 거론됩니다.

> 또 내가 보니 보라 어린 양이 시온 산에 섰고 그와 함께 십사만 사천이 서 있는데 그들의 이마에는 어린 양의 이름과 그 아버지의 이름을 쓴 것이 있더라(계 14:1).

이단들은 자기들만 여기에 나오는 십사만 사천에 들었다고 주장하면서 너희는 거기에 들지 않았으니 마귀의 자식이라고 호도합니다. 십사만 사천이 어린 양과 함께 섰다는 부분을 구원받은 무리라고 생각하고, 자기들만 이 파에 속했다고 주장하는 것이 신천지입니다. 본래 이름은 신천지장막성전입니다. 여기서 말하는 십사만 사천은 자기들만 구원 얻는다는 것이 아니라, 모든 구원 받은 성도들을 총칭하는 말입니다. 십사만 사천은 완전 숫자인 12 곱하기 12입니다.

구원받은 사람이 십사만 사천뿐이라면 우리가 어떻게 생존하겠습니까? 예수님 믿는 사람이 얼마나 많습니까?

우리나라에만 기독신자가 968만 명(2015년 통계)입니다. 인구 자체가 많은 중국이나 인도는 기독교인이 더 많습니다. 공산주의 국가 가운데에서도 믿는 이들이 많습니다.

우리는 당연히 구원받은 자들이기 때문에, 우리 하나님의 나라에 가서 이 구원받은 모든 사람들과 더불어 어린 양 예수 그리스도와 함께 찬양의 예배를 올릴 것입니다.

④ 아마겟돈 전쟁

> 또 여섯째 천사가 그 대접을 큰 강 유브라데에 쏟으매 강물이 말라서 동방에서 오는 왕들의 길이 예비되었더라 또 내가 보매 개구리 같은 세 더러운 영이 용의 입과 짐승의 입과 거짓 선지자의 입에서 나오니 그들은 귀신의 영이라 이적을 행하여 온 천하 왕들에게 가서 하나님 곧 전능하신 이의 큰 날에 있을 전쟁을 위하여 그들을 모으더라 보라 내가 도둑같이 오리니 누구든지 깨어 자기 옷을 지켜 벌거벗고 다니지 아니하며 자기의 부끄러움을 보이지 아니하는 자는 복이 있도다 세 영이 히브리어로 아마겟돈이라 하는 곳으로 왕들을 모으더라
>
> (계 16:12-16).

아마겟돈 전쟁이 나옵니다. 사탄과 싸우는 전쟁입니다. 아마겟돈이란 므깃도라는 이스라엘 나라에 있는 전쟁터를 말합니다. 몇 번 큰 전쟁이

있었던 곳인데, 그 곳에서 대전쟁이 일어날 것이라고 합니다.

이 전쟁에 대해 여러 가지 해석이 있으나 문자적으로 성경을 해석해 보자면, 하나님께서 사탄과 흑암 세력들을 패배시킬 마지막 전쟁이라고 할 수 있습니다. 어떤 사람은 동방에서 수억 명의 사람들이 유브라데 강을 말려버리고 건너와서 하나님의 군대와 싸운다고도 합니다. 조용기 목사님도 그렇게 해석을 했습니다.

상징적으로 해석하면 종말적인 전쟁이지만, 이렇게 보지 않고 갈보리로 보는 견해도 있습니다. 아마겟돈 전쟁은 이미 십자가에서 일어난 사건이라는 것입니다. 상당히 일리가 있는 해석입니다.

⑤ 그리스도의 재림

마침내 흑암과 저주의 세력들 곧 악의 삼위일체 세력들과 싸워서 승리하실 주님이 오십니다. 여자의 후손이 와서 뱀의 머리를 밟아버리고 지옥에 던져버릴 역사를 일으키기 위해 주님이 재림하십니다.

> 또 내가 하늘이 열린 것을 보니 보라 백마와 그것을 탄 자가 있으니 그 이름은 충신과 진실이라 그가 공의로 심판하며 싸우더라 그 눈은 불꽃 같고 그 머리에는 많은 관들이 있고 또 이름 쓴 것 하나가 있으니 자기밖에 아는 자가 없고 또 그가 피 뿌린 옷을 입었는데 그 이름은 하나님의 말씀이라 칭하더라(계 19:11-13).

이 말씀은 그리스도를 말합니다. 주님이 마지막에 재림하는 것입니다. 재림해서 악의 삼위일체를 결박하여 무저갱에 집어던지고 밟아버립니다. '백마 탄 자'는 우리 주 예수 그리스도입니다. 백마는 승리를 상징합니다. 그리스도가 재림하셔서 그리스도 왕국을 건설하실 것에 대한 계시를 나타냅니다.

⑥ 악한 자의 멸망

> 또 내가 보니 한 천사가 태양 안에 서서 공중에 나는 모든 새를 향하여 큰 음성으로 외쳐 이르되 와서 하나님의 큰 잔치에 모여 왕들의 살과 장군들의 살과 장사들의 살과 말들과 그것을 탄 자들의 살과 자유인들이나 종들이나 작은 자나 큰 자나 모든 자의 살을 먹으라 하더라 또 내가 보매 그 짐승과 땅의 임금들과 그들의 군대들이 모여 그 말 탄 자와 그의 군대와 더불어 전쟁을 일으키다가(계 19:17-19).

아마겟돈 전쟁이 본격적으로 일어납니다. 악한 자의 멸망을 이루는 전쟁입니다.

> 짐승이 잡히고 그 앞에서 표적을 행하던 거짓 선지자도 함께 잡혔으니 이는 짐승의 표를 받고 그의 우상에게 경배하던 자들을 표적으로 미혹하던 자라 이 둘이 산 채로 유황불 붙는 못에 던져지고(계 19:20).

앞서 사탄의 삼위일체를 말씀드렸습니다. 성부를 가장하는 사탄이 우리 예수님이 하늘과 땅의 모든 권세를 가진 것처럼 적그리스도에게 권세를 줍니다. 이것이 바다에서 나오는 짐승입니다. 그리고 땅에서 나오는 짐승이 있습니다. 거짓 선지자를 말하는데, 그가 사탄이 준 권세를 가지고 적그리스도를 믿게 합니다. 적그리스도와 거짓 선지자, 이 두 짐승을 잡아서 유황 불못에 던집니다. 유황 불못이란 지옥입니다. 그들을 영원한 지옥에 던지는 것입니다.

⑦ 사탄을 결박하여 무저갱에 가둠

> 또 내가 보매 천사가 무저갱의 열쇠와 큰 쇠사슬을 그의 손에 가지고 하늘로부터 내려와서 용을 잡으니 곧 옛 뱀이요 마귀요 사탄이라 잡아서 천 년 동안 결박하여 무저갱에 던져 넣어 잠그고 그 위에 인봉하여 천 년이 차도록 다시는 만국을 미혹하지 못하게 하였는데 그 후에는 반드시 잠깐 놓이리라(계 20:1-3).

여기서 "용"이 "옛 뱀"이고 "마귀"요 "사탄"입니다. 아담과 하와를 넘어뜨린 그 뱀이 마귀인 것입니다. 이것을 잡아서 무저갱에 일단 가두었습니다. 무저갱이라는 곳은 지옥이 아니라 사탄을 잡아 임시로 가두어놓은 거처입니다. 앞에서 살펴본 바와 같이 사탄의 삼위일체 중에서 적그리스도와 거짓 선지자는 지옥에 던져졌습니다. 이제 사탄만 남았습니다. 이 사탄을 결박해서 무저갱에 임시로 가둡니다.

언제까지 가둡니까?

천 년 동안입니다. "천 년이 차도록"이라는 말이 천년왕국을 의미합니다.

> 또 내가 크고 흰 보좌와 그 위에 앉으신 이를 보니 땅과 하늘이 그 앞에서 피하여 간 데 없더라(계 19:11).

예수님은 천년왕국 전에 오셨습니다. 천년왕국 전에 재림하셨다고 해서 전천년설이라고 합니다. 문자 그대로 믿는 것입니다. 칼빈이나 어거스틴은 천년왕국은 상징적인 것일 뿐 실제로는 없다고 합니다. 무천년설을 주장하는 것입니다. 천 년 후에 주님이 재림한다는 후천년설을 주장하는 사람은 많지 않습니다. 그래서 학계에서는 무천년설과 전천년설이 팽팽하게 대립하고 있습니다. 그러나 우리는 문자적으로 해석한 전천년설을 지지합니다. 이 천년왕국이 될 때까지 사탄은 무저갱에 가두어지고, 그 후에는 지옥에 던져집니다.

⑧ 사탄이 지옥에 던져짐

천 년이 다 차고나면 다시 사탄이 나옵니다.

> 천 년이 차매 사탄이 그 옥에서 놓여 나와서 땅의 사방 백성 곧 곡과 마곡을 미혹하고 모아 싸움을 붙이니 그 수가 바다의 모래 같으리라 그들이 지면에 널리 펴져 성도들의 진과 사랑하시는 성을 두르매 하늘에서 불이 내려와 그들을 태워버리고 또 그들을 미혹하는 마귀가 불과 유황 못에 던져지니 거기는 그 짐승과 거짓 선지자도 있어 세세토록 밤낮 괴로움을 받으리라(계 20:7-10).

그러나 마침내 옛 뱀 곧 아담과 하와를 유혹해서 범죄하게 한 마귀는 불과 유황이 타는 곳에 던져집니다. 거기에는 이미 적그리스도와 거짓 선지자가 들어가 있습니다. 드디어 끝났습니다. 이와 같이 사탄이 모두 없어지고, 이후부터의 세상은 평화의 왕국이 됩니다.

⑨ 불신자들의 백 보좌 심판

지옥이 멸절을 뜻하는 것은 아닙니다. 죽지 않고 세세토록 밤낮 괴로움을 받는 곳입니다. 예수님을 믿지 않는 사람은 지옥에 가서 세세토록 괴로움을 받을 것입니다. 죽고 싶어도 죽음이 피합니다. 하나님의 섭리로 계속 아프고 괴롭습니다. 불신자들의 운명입니다. 하나님이 지옥을 만든 것은 인간을 벌하기 위함이 아니라, 마귀를 보내기 위함이었습니다. 그런데 불신자들은 예수님을 믿지 않고 마귀를 따랐습니다. 그래서 마귀가 가는 지옥에까지 따라 가는 것입니다.

> 또 내가 크고 흰 보좌와 그 위에 앉으신 이를 보니 땅과 하늘이 그 앞에서 피하여 간 데 없더라 또 내가 보니 죽은 자들이 큰 자나 작은 자나 그 보좌 앞에 서 있는데 책들이 펴 있고 또 다른 책이 펴졌으니 곧 생명책이라 죽은 자들이 자기 행위를 따라 책들에 기록된 대로 심판을 받으니 바다가 그 가운데에서 죽은 자들을 내주고 또 사망과 음부도 그 가운데에서 죽은 자들을 내주매 각 사람이 자기의 행위대로 심판을 받고 사망과 음부도 불못에 던져지니 이것은 둘째 사망 곧 불못이라 누구든지 생명책에 기록되지 못한 자는 불못에 던져지더라 (계 20:11-15).

예수님을 믿지 않고 마귀의 종 노릇 하는 사람은 전부 불못에 던져집니다. 백 보좌 심판입니다. 안 믿는 사람은 마지막 날, 백 보좌 앞에 섭니다.

성경을 보면 음부란 말과 지옥이라는 말이 있는데, 음부는 몸이 부활하지 않고 영혼만 갇혀있는 곳입니다. 반면에 지옥은 몸이 부활한 후 부활한 몸을 가지고 영원히 고통을 당하는 곳입니다. 불신자들도 부활을 합니다. 믿는 사람들의 부활은 영광스러운 주님과 더불어 함께 하는 부활이고 영생복락 하는 부활입니다. 그러나 안 믿는 사람들의 부활은 육체와 결합되어 지옥에서 고통당하는 부활입니다. 의인과 악인의 부활에 대해 사도 바울은 잘 알고 있었습니다. 그래서 악인으로 부활하면 큰일 나기 때문에 의인의 부활에 참여하기 위해 힘을 다해 의롭게 산다고 사도행전 24장 15, 16절[8]에서 말한 바 있습니다.

크고 흰 보좌와 그 위에 앉으신 이를 보니(계 20:11).

심판을 하기 위해 크고 흰 보좌가 있고 그 위에 앉은 분이 계십니다. 그 앞에는 두 가지의 책이 펼쳐져 있는데, 하나는 그 사람의 행위를 기록한 것이고 다른 하나는 생명책입니다. 하나님이 생명책을 보았을 때, 이름이 쓰여 있지 않으면 그의 행위가 쓰여 있는 책을 볼 것입니다. 왜 예수님을 믿지 않았느냐고 물으시면 유구무언일 수밖에 없을 것입니다. 그리고 지옥에 들어가게 되는 것입니다.

---

8 (행 24:15-16) [15] 그들이 기다리는 바 하나님께 향한 소망을 나도 가졌으니 곧 의인과 악인의 부활이 있으리라 함이니이다 [16] 이것으로 말미암아 나도 하나님과 사람에 대하여 항상 양심에 거리낌이 없기를 힘쓰나이다.

그러나 믿는 사람들은 생명책에 기록이 되어 있기 때문에 백 보좌 앞에 설 이유가 없습니다.

그러면 어디에 섭니까?

하나님의 심판대, 그리스도의 심판대, 상급의 심판대라고 하는 곳에 섭니다. 그 위에 서서 상급을 받는 것입니다.

⑩ 새 예루살렘

불신자들은 영원한 지옥에 떨어지지만 믿는 사람들은 새 예루살렘에 들어갑니다.

> 또 내가 새 하늘과 새 땅을 보니 처음 하늘과 처음 땅이 없어졌고 바다도 다시 있지 않더라 또 내가 보매 거룩한 성 새 예루살렘이 하나님께로부터 하늘에서 내려오니 그 준비한 것이 신부가 남편을 위하여 단장한 것 같더라(계 21:1-2).

⑪ 생명수의 강과 생명의 나무

> 또 그가 수정같이 맑은 생명수의 강을 내게 보이니 하나님과 및 어린 양의 보좌로부터 나와서 길 가운데로 흐르더라 강 좌우에 생명나무가 있어 열두 가지 열매를 맺되 달마다 그 열매를 맺고 그 나무 잎사귀들은 만국을 치료하기 위하여 있더라(계 22:1-2).

생명수의 강과 생명의 나무가 있습니다. 믿는 사람들이 가는 곳입니다.

⑫ 새 예루살렘에서 하나님 섬김과 통치

새 예루살렘에 들어가서 무엇을 합니까?
천국에 가서 무엇을 합니까?
먹고 노는 곳입니까?
그렇지 않습니다.

> 다시 저주가 없으며 하나님과 그 어린 양의 보좌가 그 가운데에 있으리니 그의 종들이 그를 섬기며 그의 얼굴을 볼 터이요 그의 이름도 그들의 이마에 있으리라 다시 밤이 없겠고 등불과 햇빛이 쓸 데 없으니 이는 주 하나님이 그들에게 비치심이라 그들이 세세토록 왕 노릇 하리로다(계 22:3-5).

사실 아무것도 하지 않고 노는 것이 행복이 아닙니다. 여기에 보면,
첫째, "그를 섬기며"라고 합니다.
둘째, "그의 얼굴을 볼 터이요"
셋째, "그의 이름도 그들의 이마에 있으리라"라고 합니다.
넷째, "그들이 세세토록 그리스도와 더불어 왕 노릇 하리로다"입니다.
이런 삶이 우리의 미래입니다. 주님을 신령하게 섬기고, 주님과 얼굴과 얼굴을 보면서 살 것이며 완전하게 하나님의 소유가 되고, 세세토록

왕 노릇 하게 됩니다. 여자의 후손이 뱀의 머리를 상하게 하는 것을 믿고, 여자의 후손으로 오실 예수님을 그리스도로 믿는 사람들의 미래입니다. 그러나 이것을 설화라고 생각하고 사탄을 정복한 그리스도를 믿지 않으면, 그렇게 사탄을 따르다가 사탄이 갇힌 불못에 던져집니다.

사탄을 정복한 그리스도, 때가 차매 하나님의 아들로 이 세상에 오신 여자의 후손이 바로 나사렛 예수입니다. 그래서 예수님은 그리스도시요 살아 계신 하나님의 아들입니다. 그 증거로서 죽은 자들 가운데서 부활하셨습니다. 부활하신 주님은 지금도 하나님 보좌 우편에서 중보자 그리스도로서 우리를 위하여 중보하고 계십니다. 대제사장으로서 중보하는 것입니다. 우리의 기도를 하나도 떨어뜨리지 않고 전부 상달되게 합니다. 그리고 그의 말씀과 성령으로 우리를 가르칩니다. 선지자 직함을 가진 그리스도로서 임덕규라는 사람을 자기 대언자로 삼아 말씀하십니다.

이것을 믿지 않으면 결국에는 지옥에 떨어지는 것입니다. 그러므로 믿어야 합니다. 우리 주님이 생명수의 강이 흐르는 그 곳에서 우리를 부르십니다. 그 곳에는 아픔도 없고 고통도 없습니다. 그 이마에 예수의 이름이 확실하게 찍힙니다. 완전한 하나님의 소유가 되어 주님을 섬기는 것입니다. 죄가 없는 관계에서 섬기니까 아주 신령할 것입니다. 억지로 일하라고 하면 커피 한 잔을 뽑아오는 것도 죽을 지경이지만, 자원해서 일하면 죽을 고생을 하더라도 기쁨입니다. 그렇게 기쁜 마음으로 섬기는 것입니다.

⑬ 그리스도인의 소망

주와 더불어 세세토록 왕 노릇 하는 것이 우리의 미래입니다. 주님이 재림해서 사탄을 정복하면 됩니다. 그렇기 때문에 그리스도인의 소망은 주님이 빨리 오시는 것입니다. 오셔서 사탄을 정복하고 새 예루살렘을 만들어서 신천신지에 우리를 살게 하는 것입니다. 요한계시록 마지막에 다음과 같이 얘기합니다.

> 이것들을 증언하신 이가 이르시되 내가 진실로 속히 오리라 하시거늘 아멘 주 예수여 오시옵소서(계 22:20).

그리스도인의 소망은 주님의 재림입니다. 빨리 오셔서 죄와 사탄의 세력을 밟아버리는 것, 여자의 후손이 뱀의 머리를 밟아버리는 것을 완성해 주시기를 고대하는 것입니다. 그래야 우리가 신천신지에서 하나님을 존귀하고 영화롭게 섬기며 주와 더불어 삽니다. 여러분에게 이런 주 예수 그리스도의 은혜가 있기를 기원합니다. 마지막 절입니다.

> 주 예수의 은혜가 모든 자들에게 있을지어다 아멘(계 22:21).

제7장
그리스도의 초림과 재림 중간기의 사탄의 지위와 활동

예수님은 그리스도시요 살아 계신 하나님의 아들입니다. 예수님이 하나님의 아들 그리스도라는 증거로 십자가에서 우리 죄를 대신해서 피 흘려 죽으시고 죽은 자들 가운데서 부활하셨습니다. 이 복음으로 여러분 인생의 모든 문제가 처리되고 해답을 얻습니다. 인생의 문제 중에서 가장 험악하고 심각한 문제는 인간이 죄와 사탄에 매여 있다는 것입니다. 그래서 그 죄와 사탄에서 해방되었다는 것이 복음입니다. 그러나 해방만 되고 그 속이 비어있으면 또 다른 귀신이 들어오기 때문에 그 안을 채워야 합니다. 하나님의 은혜와 하나님의 영과 예수 그리스도를 모시는 것입니다.

우리 인생의 원수이고 언제든지 우리를 괴롭히고 망하게 하는 사탄의 세력으로부터 자유함을 얻는 것, 이것이 복음입니다. 압박과 설움 속에 갇혀있던 사람들이 해방을 받으면 기쁨이 충만할 것입니다. 복음이 그런 것입니다.

● 구약 시대에 보이는 복음의 모형

　구약 시대에는 복음을 극적으로 설명한 것들이 많이 있으나 육신적으로 설명한 것이 대부분입니다. 구약을 가지고 신약 시대의 복음을 설명하면 유리한 경우가 많습니다. 여자의 후손이 뱀의 머리를 상하게 하고 뱀의 후손은 여자의 발꿈치를 상하게 한다는 구약의 예언이 그리스도의 십자가의 죽음과 부활의 사건을 상징하는 것이라는 설명이 그 예입니다.

　앞에서 뱀의 머리를 밟아버리는 여자의 후손에 대한 모형으로 다윗을 살펴본 바 있습니다. 당시의 이스라엘은 사울 왕이 믿음이 없어서 불신의 나라가 된 상태였습니다. 그러나 그것은 하나님의 섭리였습니다. 블레셋 군대가 쳐들어와서 진을 치고 엄청난 힘을 가진 골리앗이라는 거인이 나와서, "그가 나와 싸워서 나를 죽이면 우리가 너희의 종이 되겠고 만일 내가 이겨 그를 죽이면 너희가 우리의 종이 되어 우리를 섬길 것이니라"(삼상 17:9)라고 소리쳤습니다. 이스라엘 백성들은 블레셋이라는 사탄의 세력들 앞에서 덜덜 떨고 두려워했습니다.

　그때 목동 다윗이 아무 무장도 하지 않고 물맷돌 다섯 개만 가진 채 나왔습니다. 다윗이 그것을 골리앗에게 던져 이마에 맞히고 쓰러뜨립니다. 그리고 발로 밟고 목을 칩니다. 여자의 후손이 뱀의 머리를 밟아버리는 것의 상징인 것입니다. 다윗이라는 우리 편이 원수 마귀인 골리앗을 밟아버리고 죽였다는 소식이 이스라엘에 퍼집니다.

　이 기쁜 소식, 이것이 복음입니다.

　죄와 사탄의 세력에 매여 있다가 해방을 받았으니 얼마나 감격의 소식입니까?

이 소식을 듣고 여자들이 나와서 찬양을 합니다.

> 사울이 죽인 자는 천천이요 다윗은 만만이로다(삼상 18:7).

그러자 사울이 시기하기 시작합니다. 다윗이 사탄을 쓰러뜨리는 메시아의 모형이기 때문이었습니다.

● **교만을 버리고 예수께 복종해야 한다**

왜 예수님을 안 믿습니까?
　가난한 마음이 없기 때문입니다. 저는 죄와 사탄의 세력 때문에 영적으로 시달린 경험이 있어서 그런지 복음의 빛을 받은 후 그 감격이 아주 컸습니다. 제가 원체 악하고 교만한 사람이기 때문에 크게 고생을 시켜서 주님 앞에 나오게 하신 것입니다. 마음을 가난하게 만들어 버렸습니다.
　압박과 설움 속에 있다가 빛 속으로 들어왔으니 예수님을 믿는 것이 얼마나 큰 기쁨이었겠습니까?
　그런데 세상 사람들은 이 감격과 기쁨을 잘 모르고 있습니다.
　교만한 마음이 있으면 예수님을 믿지 못합니다.

> 심령이 가난한 자는 복이 있나니 천국이 그들의 것임이요(마 5:3).

이것이 첫 번째입니다. 예수님께서 팔복을 말씀하셨는데, 팔복의 첫 번째 복이 바로 "심령이 가난한 자"입니다. 그렇지 않으면 복음이 들어올 수가 없습니다. 안 믿는 사람은 전부 영적으로 교만한 사람인 것입니다. 예수님이 통치하는 것을 믿지 않고 자기 자신은 자기가 통치하려고 합니다. 아담과 하와가 교만했던 그 교만을 그대로 가지고 있습니다.

하나님이 왕이십니다. 우리는 하나님의 피조물이므로 하나님의 명령인 하나님의 법, 율법을 지켜야 합니다. 아담과 하와는 마귀를 만나기 전까지 나무의 실과를 먹지 말라는 하나님의 말씀을 믿었습니다. 마귀가 죄의 창시자입니다. "하나님이 참으로 너희에게 동산 모든 나무의 열매를 먹지 말라 하시더냐"(창 3:1)라는 말로 애매모호하게 하나님의 말씀을 바꿉니다. 그런데 하와가 뱀과 친해집니다. 그것이 문제입니다. 사탄을 쫓아내야 하는데 마귀와 친해집니다. 여러분은 절대 속이는 자와 친해지면 안 됩니다. 악한 무리와 함께 있으면 동화되고 문제가 발생합니다. 피해야 합니다.

사탄은 실과를 먹어도 죽지 않고 하나님과 같이 된다는 말로 하와를 속입니다. 사탄은 크게 두 가지를 속였습니다. 하나님은 실과를 먹으면 죽는다고 하셨으나 사탄은 죽지 않는다고 합니다. 그리고 실과를 먹으면 하나님과 같이 된다고 합니다. 그래서 독립을 선언합니다.

'내가 누구의 통치를 받느냐? 이제는 하나님의 통치를 받지 않고 내 마음대로 해야겠다.'

이것이 여러분이 갖고 있는 자아입니다. 자아는 죄의 본질 중 하나입니다. 그리스도께 복종을 해야 하는데 자존을 가지고 자신을 세우는 것입니다. 철학자들이 위대한 철학을 가지고 얘기합니다. 그러나 그 철학들이 그리스도께 복종하는 것을 방해합니다. 교만인 것입니다.

그렇기 때문에 여러분들의 마음이 가난해야 합니다. 환경이 어려운 사람이 있다면, 그것이 오히려 복입니다.

부모의 배경도 없고, 돈도 없고, 학력도, 그 무엇도 없어서 의지할 곳이 없는 사람에게 모든 부와 명예, 출세와 성공을 주관하시는 분이 계시니 그분께 나오라고 하면 솔깃해서 나오지 않겠습니까?

예수님이 여러분의 성공을 보장하는 분입니다. 이것을 깨닫고 참되게 믿기를 바랍니다.

● 중간기에 중요한 것은 믿음

우리가 죄와 사탄의 세력에서 해방되었다는 복음을 받았습니다. 예수님이 십자가에서 사탄을 발로 밟아버리고 우리를 구원해 내셨습니다. 십자가에서 "다 이루었다"고 선언하셨습니다.

그러면 사탄이 다 정복되어서 이제 지옥에 떨어졌습니까?

아닙니다. 이것이 성경의 신비입니다. 주님은 우리를 구원하시기 위해 먼저 하나님의 나라를 우리에게 주십니다. 예수님을 믿게 하는 것입니다. 그러나 하나님 나라를 양적으로 표현하자면 전부 주신 것은 아닙니다. 주님은 사탄을 잔존하게 한 다음에 주님의 재림 이후에야 지옥에 두도록 하셨습니다. 사탄을 발로 밟아서 어두움 속에 가두었으나 그 장소가 아직 지옥은 아닌 것입니다. 주님이 재림하실 때에야 사탄을 지옥에 던집니다. 그때가 되어야 죄를 일으키는 미혹자가 사라지고, 죄가 전혀 없는 세상이 됩니다.

그러나 지금은 사탄이 아직 지옥에 떨어지지 않았습니다. 사탄은 지금도 살아서 활동하고 있습니다. 그렇기 때문에 우리는 그분을 믿는 믿음으로 살아야 합니다. 그것이 우리가 "다 이루었다"는 삶을 누리는 것입니다. 초림과 재림, 그 중간기에 살고 있는 우리에게 무엇보다 중요한 것은 믿음입니다. 오직 믿음입니다. 예수님이 십자가에 못 박혀 죽으시고 사탄을 밟아버렸다는 믿음, 이것을 가지고 승리합니다. 하나님이 우리에게 성령을 부어주신 것은 이 사실을 보증하기 위함입니다. 그러므로 중간기에서는 성령의 임재가 대단히 중요합니다. 믿음을 가지면 성령이 임합니다. 성령에 대해 잘 모르는 사람의 믿음은 참된 믿음이 아닙니다.

장로교의 사람들은 성령 충만에 대해 정확하게 인식하지 못합니다. 성령 충만에 대해 방언이나 예언 혹은 이상한 체험이 나오는 것이라고 알고 있기 때문에 그런 체험이 없으면 성령 충만하지 않다고 생각합니다. 그러나 그런 체험은 예외적인 것입니다. 그럴 수도 있고 그렇지 않을 수도 있습니다. 오히려 그런 체험이 없는 것이 정상입니다. 필요한 것은 믿음 충만입니다. 믿음이 임하면 성령이 임하기 때문입니다. 믿음 충만하면 사탄을 정복하고, 무엇이든 할 수 있습니다. 여러분이 성령의 충만을 받으면 '예수님이 그리스도다. 예수님이 주시다'라는 신앙이 강력하고 확실하게 생깁니다. 그러면 두려워할 것이 없게 됩니다. 성령 충만이 예수 충만, 그리스도 충만입니다.

성령이 충만하면 무엇을 합니까?

주님은 사랑을 실천하라고 하셨습니다.

새 계명을 너희에게 주노니 서로 사랑하라(요 13:34).

주님의 마지막 명령입니다. 그러므로 성령 충만은 더 나아가면 사랑의 충만입니다.

1. 중간기의 사탄의 지위

(1) 아직 완전히 굴복하지 않고 있음

● 온 세상의 통치권은 창조주 하나님께 있다

초림과 재림의 중간기에 살고 있는 우리가 알아야 할 중요한 내용은 사탄이 현재 어떤 지위를 갖고 있느냐는 것입니다. 이것을 바로 알아야 사탄을 대적할 때 믿음 충만으로 이길 수 있습니다. 우리 주님이 사탄을 발로 밟아버렸으나 아직 지옥에 던져진 것이 아니기 때문에 사탄은 완전히 굴복하지 않은 상태입니다. 사탄이 항복해서 두 손을 든 게 아닙니다. 여전히 옛날처럼 인간을 미혹합니다. 우리 주님이 사탄을 발로 밟아버렸다는 것을 모르는 사람들을 속입니다.

그러나 사탄도 역시 하나님의 피조물입니다. 창조주 하나님이 모든 세상을 다스리기 때문에 사탄이 활동을 한다고 해도 사탄의 모든 활동은 하나님의 주권 속에서 움직입니다. 온 세상의 통치권은 하나님께 있는 것입니다.

● 아직 지옥에 던져지지 않음

초림과 재림의 중간기에 있어서 사탄의 지위를 한마디로 가장 쉽게 설명하는 성경 구절이 있는데, 시편 110편 1절입니다. 우리 주님도 인용하셨고, 사도들도 인용했던 말씀입니다. 이 말씀을 통해 사탄이 어떻게 활동하고, 어떤 지위를 가지고 있는지 판단할 수 있습니다.

> 여호와께서 내 주에게 말씀하시기를 내가 네 원수들로 네 발판이 되게 하기까지 너는 내 오른쪽에 앉아 있으라 하셨도다(시 110:1).

하나님께서 그리스도에게 하신 말씀입니다. 다윗의 주 그리스도에게 "내가 네 원수로 네 발판이 되게 하기까지," 곧 하나님께서 사탄을 발로 밟아서 지옥에 던져버릴 때까지 '내 우편에 앉아 있으라'고 합니다. 예수님이 하나님의 보좌 우편에 앉아계시는 동안은 하나님의 섭리상 사탄은 아직 지옥에 던져지지 않은 것입니다. 때가 되면 예수님을 보내어 세상을 심판하고 사탄을 집어던질 것입니다. 그때까지는 거기에 앉아 있으라고 아버지께서 아들 예수에게 하신 말씀입니다.

우리가 사는 시대는 아들 예수님이 지금 하나님 보좌 우편에 앉아 계시고, 두 번째로 오셨을 때 사탄을 발로 밟아서 발판이 되게 하고 지옥에 던져버릴 것이 예정된 중간기입니다.

● **마귀와 흑암 세력이 완전 제거된 것은 아니다**

히브리서 10장 13절에 시편 110편 1절을 인용한 똑같은 말씀이 나옵니다.

> 그 후에 자기 원수들을 자기 발등상이 되게 하실 때까지 기다리시나니 (히 10:13).

고린도전서 15장 25절에도 같은 말씀이 있습니다.

> 그가 모든 원수를 그 발아래에 둘 때까지 반드시 왕노릇 하시리니
>
> (고전 15:25).

발아래 놓았다는 것은 완전히 굴복했다는 말입니다.
그렇다면 현재는 어떻습니까?
아직 굴복하지 않고 하나님께 반역하고 있는 중입니다. 십자가에서 결정적인 패배를 당했음에도 항복하지 않고 활동하고 있는 것입니다.
신학자들은 이것을 제2차 세계 대전에서의 연합군과 독일군과의 전쟁에 비유해서 조금 더 쉽게 설명합니다. 연합군 총사령관 아이젠하워가 영국에서 노르망디 상륙 작전을 계획합니다. 미군을 중심으로 한 수많은 군대가 독일을 공격하기 위해서는 유럽에 상륙을 해야 합니다. 그래서 그 날을 디데이로 정했습니다. Decision Day, 결정의 날입니다. 그리고 그 상륙 작전은 성공해서 엄청난 연합군들이 육지에 들어가고, 그쪽에 방어하고 있던 롬멜이라는 독일군을 격멸시킵니다. 독일군은 패전해서 도망치게 됩니다.
그러면 독일이 항복한 것입니까?
노르망디 상륙은 1944년 6월입니다. 그러나 독일군은 베를린을 정복당했을 때 항복했습니다. 1945년 5월 8일입니다. 노르망디 상륙 작전에서 독일군은 결정적인 패배를 당했지만 베를린이 점령당한 후에 항복을 합니다. 그 항복한 날을 승리의 날이라고 해서 브이데이라고 합니다. Victory Day입니다. 디데이와 브이데이가 초림과 재림을 상징적으로 설

명합니다. 초림에 결정적으로 사탄을 밟아버렸습니다. 노르망디 상륙 작전에서 독일군을 결정적으로 격멸시킨 것과 같습니다. 이제 멸망하는 것은 시간 문제입니다. 패잔병들만 쫓으면 되기 때문입니다.

● 그리스도의 피를 통해서 성령이 오심

이때 아이젠하워가 이끄는 대군에 속해야 합니다. 큰 세력을 믿고 따라가야 승리합니다. 혼자 다니다가는 숨어있는 독일군에 붙잡힐 수 있습니다. 승리자 그리스도만 바라보고 그분만 의지하며 따라가야 합니다. 그러면 승리하게 되어 있습니다. 이것이 믿음입니다.

믿음이라는 말이 무슨 말입니까?

예수님이 그리스도이니 예수님만 믿으라는 말입니다. 오직 예수님입니다. 이 믿음이 약해지면 자기가 그리스도가 되어 자기 마음대로 살려고 하게 됩니다. 믿음이 없으면 방패가 무너집니다.

믿음의 방패가 없으면 전쟁에 나갔을 때 어떻게 됩니까?

적이 쏜 화살에 맞는 것입니다. 믿음의 방패가 있으면 누가 무슨 말을 해도 이겨내는데, 이 믿음이 없으면 다른 사람의 말이 심령에 찍혀서 앙심을 품게 됩니다. 그 말이 쓴 뿌리가 되는 것입니다. 그러므로 오직 믿음입니다.

감사한 것은 스스로 믿음을 가지라고만 하는 게 아니라, 믿음을 가진 자에게 하나님이 임재를 해 주십니다. 성령의 임재입니다. 그러므로 믿음 충만하면 성령 충만하게 됩니다. 혼자 힘으로 붙잡으려고 하면 힘들기 때문에 하나님이 아예 우리 안에 함께 계셔서 역사하는 것입니다. 우리가 기도할 때 멀리 있는 분이 아니라 우리 안의 성령께서 역사해 주십니다. 이 성령의 능력이 없으면 귀신을 이길 수 없습니다. 예수님도 성령의 능력으로 귀신을 쫓아냈습니다.

복음을 받은 사람은 기도해서 복음을 누려야 합니다. 기도 중의 최고는 성령 충만이므로 무조건 성령의 충만을 받아야 합니다.

성령 충만을 어떻게 받습니까?

기도하면 됩니다. 평상시대로 기도하면 됩니다. 성령 충만해야 한다고 특별한 산 기도를 다니거나 찬양하고 눈물 흘리며 발버둥치지 않아도 됩니다. 참된 신앙을 가지고 예수 그리스도의 이름으로 기도하면 그리스도의 피를 통해 성령이 임합니다. 피라는 통로가 있어야만 성령이 임합니다. 예수님의 십자가 사건을 믿는 자에게만 성령이 임하는 것입니다.

성령 충만하기 전에 먼저 피가 중요합니다. 그래서 우리 교회는 성령 충만을 받기 위해 예수의 피 찬양을 많이 합니다. 이것을 무시하고 그저 '마귀 잡아라!'라고 하는 것은 위험한 일입니다. 오히려 마귀의 종 노릇을 할 가능성도 있습니다.

왜 그렇습니까?

그런 것은 성령 충만이 아니기 때문입니다. 성령 충만하지 않으면 마귀를 이기지 못합니다. 그리스도의 피를 믿어야 합니다. 구약에서 약속된 대로 여자의 후손으로 오신 예수님이 십자가에서 사탄을 발로 밟아 버리셨다는 사실을 믿어야 합니다. 예수님이 십자가에서 죽으셨던 그 순간은 패배가 아니라 승리하신 순간이었습니다. 여자의 후손이 뱀의 머리를 밟아버린다는 창세기 3장 15절의 말씀을 성취하는 사건이었습니다. 그래서 "다 이루었다"고 하신 것입니다.

그러나 사탄이 아직은 굴복하지 않고 패잔병으로 도망가고 있습니다. 이것을 알고 개별적으로만 행동하지 않으면 됩니다. 개별적으로 행동하는 것이 불신앙입니다. 우리는 대장 예수만 따라가면 됩니다.

(2) 세상의 주인

● 예수님이 주님이신가? 사탄이 주인인가? 둘 다 맞다고 본다

de jure (당연한 권리에 의해) 예수님이 주님이시다.
de facto (사실상 또는 실제로) 사탄이 다스린다.

예수님이 세상의 주권자인데 사탄에게 이 세상을 다스리는 세상 임금이라고 합니다.

사탄의 지위가 도대체 무엇이기에 그렇습니까?

신학적으로 보면, 세상의 주인을 예수 그리스도라고 하는 것도 맞고, 사탄이라고 하는 것도 맞다고 봅니다. 당연한 권리에 의해서 예수님이 주님입니다. 이 세상은 하나님의 것입니다. 하나님이 만드셨기 때문입니다. 그런데 사실상 인간을 속여서 세상에서 주인 노릇을 하는 자가 있습니다. 아담과 하와가 사탄과 결탁하고 반역하면서 하나님의 허락 없이 사탄이 주인 노릇을 하는 것입니다. 주님이 통치하시는 하나님의 세상을 사실상 사탄이 다스리고 있습니다. 그러나 당연히 사탄에게는 권리가 없습니다.

● 구원이란 사탄과 원수가 되는 것

사탄이 세상을 다스리고 있기 때문에 우리 주님이 오셔서 인간을 사탄과 죄악으로부터 분리시킵니다. "내가 너로 여자와 원수가 되게 하고"라고 합니다.

여러분, 세상을 좋아하지 않으십니까?

이것을 분리시키는 것입니다. 사탄과 육신의 정욕을 좋아하는데, 이것들과 원수가 되게 만듭니다. 이것이 구원입니다. 원수가 되지 않으면 세상을 좋아하고 사탄을 따르는 것입니다.

> 내가 너로 여자와 원수가 되고 네 후손도 여자의 후손과 원수가 되게 하리니(창 3:15).

세상은 여자의 후손과 뱀의 후손의 치열한 싸움터입니다. 주님이 이미 사탄을 정복했음에도 불구하고 인간은 뱀과 친합니다. 그래서 하나님이 오셔서 둘 사이를 가르고 원수가 되게 만듭니다. 구원이라는 것은 곧 사탄과의 원수 관계가 되는 것을 말합니다.

인간은 태어나면서부터 사탄에 매인 자로 태어나기 때문에 하나님이 직접 간섭하지 않으면 분리되지 못합니다. 그런데 어떤 사람은 분리가 되고, 어떤 사람은 그렇게 되지 않습니다. 여러분들은 그냥 믿는 것 같지만 하나님이 창세 전에 예정하셨기 때문입니다. 하나님은 창세 전에 그리스도 안에서 여러분을 선택했습니다.

리브가의 복중에 에서와 야곱이라는 두 세력을 만드셨던 것과 같이 아예 처음부터 둘이 원수가 되게 만들었습니다. 에서와 야곱은 태중에서도 서로 싸웠습니다. 처음부터 하나님은 리브가에게 "두 국민이 네 태중에 있구나 두 민족이 네 복중에서부터 나누이리라 이 족속이 저 족속보다 강하겠고 큰 자가 어린 자를 섬기리라"(창 25:23)라고 말씀하셨습니다. 이 둘이 서로 원수가 되고 나중에는 죽이려고 합니다. 이 적의가 사탄이 준 적의입니다. 이 적의를 가지고 있기 때문에 에서의 자손 곧 에돔 족속들은 이스라엘 백성의 원수가 됩니다.

그러므로 여러분은 세상을 좋아하면 안 됩니다. 당연히 우리 주님이 온 세상의 통치자이십니다. 이 세상은 하나님의 것이며 주님이 다스립니다. 그러나 사실상 사탄이 인간을 속여서 다스리고 있습니다. 이것이 초림과 재림 중간기에 있는 사탄의 지위입니다. 끝까지 굴복하지 않고 어떻게든지 인간을 다스리려고 합니다.

2. 사탄의 활동 영역

(1) 세상에 갇힘

사탄은 어떤 방법, 어떤 영역 속에서 인간을 괴롭히고 다스리는가? 앞에서 얘기했습니다만, 한마디로 세상에 갇혔다고 볼 수 있습니다.

> 하나님이 범죄한 천사들을 용서하지 아니하시고 지옥에 던져 어두운 구덩이에 두어 심판 때까지 지키게 하셨으며(벧후 2:4).

> 또 자기 지위를 지키지 아니하고 자기 처소를 떠난 천사들을 큰 날의 심판까지 영원한 결박으로 흑암에 가두셨으며(유 1:6).

하나님이 범죄한 자들을 심판하고 영원한 결박으로 흑암에 가두었습니다. 베드로후서에서는 어두운 구덩이에 두어 심판 때까지 지키게 했다고 합니다. 심판 때에 사탄은 마지막으로 지옥에 던져지는데, 그 이전까지는 어두운 구덩이에 던져진 것입니다.

어두운 구덩이가 무엇입니까?

제가 존경하는 박윤선 목사님은 이것을 세상이라고 봅니다. 불신 세상입니다. 사탄이 세상의 어두움 속에 갇혀 있는 것입니다. 어두움이 바로 세상입니다. 육신의 정욕, 안목의 정욕, 이생의 자랑이라는 죄가 있는 곳입니다.

본래 천사들은 아주 찬란한 존재였습니다. 그러나 이들이 타락해서 범죄하자, 그들을 어두운 구덩이에 가두었습니다. 하나님이 계신 곳에 비하여 어두운 곳이 바로 이 세상입니다. 범죄한 천사들 곧 마귀의 무리가 현재 갇혀있는 곳입니다. 사탄은 지금도 어두움 속인 세상에서 활동하고 있습니다. 빛 가운데서는 아무것도 못 합니다.

> 아는 것은 우리는 하나님께 속하고 온 세상은 악한 자 안에 처한 것이며 (요일 5:19).

온 세상이 악한 자에 처했다고 합니다. 세상이 악한 자 마귀에 속해 있는 것을 말합니다. 그래서 야고보서 4장 7절에서는 세상을 사랑하지 말라고 합니다.

> 간음한 여인들아 세상과 벗된 것이 하나님과 원수 됨을 알지 못하느냐
> (약 4:7).

세상을 사랑하는 것은 간음하는 것입니다. 영적으로 우리의 남편은 그리스도입니다.

(2) 우리 안에 있는 견고한 진

세상에 갇혔다고 하는 사탄의 영역을 좀 더 구체적으로 살펴보겠습니다. 우리가 우리 자신을 볼 때, 죄악의 견고한 진이 있습니다. 흑암 세상 속에 사는 사람들은 흑암에 속해 있기 때문에 그 안에 견고한 사탄의 진이 있는 것입니다. 무시무시한 사탄의 요새입니다.

> 우리가 육신으로 행하나 육신에 따라 싸우지 아니하노니 우리의 싸우는 무기는 육신에 속한 것이 아니요 오직 견고한 진도 무너뜨리는 하나님의 능력이라 모든 이론을 무너뜨리며 하나님 아는 것을 대적하여 높아진 것을 다 무너뜨리고 모든 생각을 사로잡아 그리스도에게 복종하게 하니(고후 10:3-5).

이 견고한 진에 대해서 대부분의 주석가들이 마귀의 요새로 봅니다. 여러분 안에 이 요새가 있으면 어서 그것을 무너뜨려야 합니다. 어떻게 무너뜨립니까?

여러분의 능력으로는 불가능합니다. 사탄의 깃발이 꽂혀 있으므로 그것을 정복하는 그리스도의 십자가 복음을 가지고 그리스도의 깃발을 꽂아야 합니다. 십자가에 못 박힌 그리스도를 마음 중심에 모셔 들여야 합니다.

● 부정적인 사고방식

우리 안에 있는 견고한 진, 곧 마귀의 요새는 여러 가지가 있습니다. 우리 뇌 속에 깊이 새겨진 부정적인 사고방식이 그 예입니다. 어떤 사람은 항상 부정적으로 얘기합니다. 신문 기자와 같은 특정 직업을 가진 사람들은 언제든지 문제점을 발견하고 부정적인 눈으로 봅니다. 이런 사람이 예수님을 믿지 않으면 나중에 정신적으로 시달리게 됩니다. 누가 뭐라고 한 것을 용서하지 못하면 쓴 뿌리가 박힙니다. 여러분에게 쓴 뿌리가 있다면 그것을 뽑아버려야 합니다. 쓴 뿌리가 남아있으면 사탄이 이것을 가지고 여러분을 장악합니다. 그것이 사탄의 요새입니다.

● 잘못된 습관의 반복

우리에게 반복되는 나쁜 습관도 사탄의 요새가 됩니다. 인간의 행위에 대해 연구하는 사람들이나 심리학자들의 얘기에 의하면, 어떤 행위를 6주 정도 계속하면 습관이 된다고 합니다. 그 습관이 오래되면 요새가 되고 하나의 인격으로 형성됩니다. 익숙해진 사고방식, 행동 양식이 모두 반복으로 인해 생기는 것들입니다. 그러면 그것과 반대되는 행동은 할 수 없게 됩니다. 사탄이 거기에 깃발을 꽂고 자제하지 못하게 하는 것입니다. 노름 같은 것에 사로잡혀서 중독이 되면 빠져나가지 못합니다. 손을 잘라버려도 소용없습니다. 이 견고한 진에서 빠져나오는 것은 그리스도의 십자가의 피로만 가능합니다. 그리스도의 깃발을 꽂아야 합니다. 이것이 승리의 복음의 핵심입니다.

● 적대감, 열등감

다른 사람에 대한 적대감을 가지고 있으면 이것 또한 요새가 됩니다. 열등감은 사탄의 역사입니다.

나는 왜 이럴까?

이런 생각을 하다가 사탄에 잡힙니다. 여러분이 예수님을 하나님의 아들 그리스도를 믿으면 아주 존귀한 자가 됩니다. 사탄도 건드리지 못합니다. 엄청난 존재입니다.

그리스도와 연합되었으니 얼마나 존귀하겠습니까?

열등감을 가질 필요가 없습니다.

내가 누구입니까?

하나님의 형상대로 지은 바 된 피조물입니다. 비록 타락했으나 하나님의 형상되신 그리스도를 내 안에 모셨기 때문에 이제 하나님의 자녀라고 인식할 수 있습니다.

하나님의 자녀를 누가 건드리겠습니까?

세상을 창조하고 통치하는 하나님이 내 아버지인데 어떻게 건드리겠습니까?

여러분은 존귀한 자라는 것을 깨닫고 열등감을 버려야 합니다. 열등감을 가지고 사탄이 요새를 만들기 때문입니다.

● **거짓말**

속임수를 쓰거나 거짓말을 하는 사람이 많습니다. 어떤 사람은 신앙이 깊고 신앙 생활을 오래 했음에도 거짓말을 합니다. 거짓말은 사탄의 속성입니다. 사탄의 본질이 거짓말쟁이, 거짓의 아비입니다. 거짓말을 계속 하면 그게 습관이 되고, 거짓의 아비의 종이 됩니다. 그러면 사탄이 그것을 기초로 깃발을 꽂습니다. 요새가 되는 것입니다. 엄격하게 얘기하면 선의의 거짓말도 해서는 안 됩니다. 그러다가 무지하게 불이익을 받을 수도 있습니다. 저도 연약한 인간이기 때문에 선한 거짓말을 안 할 수가 없을 때가 있습니다. 그럴 때마다 양심의 가책을 많이 받습니다.

빛의 열매는 모든 착함과 의로움과 진실함에 있느니라(엡 5:9).

어두움의 특징이 바로 거짓말입니다. 그러나 여러분은 빛의 자녀입니다.

저도 어떻게든지 정직하게 살려고 노력했습니다. 그러나 솔직하게 고백하건데, 속으로는 거짓말을 많이 했습니다. 육사에 있을 때 여러 가지로 저를 괴롭히던 사람이 있었습니다. 그는 저의 선배로 차장이었고, 저는 그 밑의 과장이었습니다. 제가 진급할 때가 되면 그분이 고과표를 잘 써줘야 하는데, 그렇게 해 주지를 않았습니다. 그럼에도 저는 순종하면서 나름대로 바르게 살려고 했습니다.

그러다가 제가 전역할 때가 되어 간단한 뷔페를 준비했습니다. 그 선배를 비롯해 다른 높은 분들을 그 회식에 초대했습니다. 그때 그분이 술에 취해서 한 마디 하는 것을 들었습니다.

"내가 보니까 임 교수는 정말 진실한 것 같더라."

그 말 한 마디에 제가 가졌던 감정들이 내려가고 그동안 하나님이 저를 훈련시키셨다는 생각이 들었습니다. 그 선배가 저의 속생각을 알았다면 욕을 했을 것입니다. 저는 제가 거짓말쟁이라는 것을 알고 있었고, 이것을 회개하고 언제든지 믿음으로 살고자 노력했습니다. 그렇게 해야 합니다. 속임수나 거짓말은 하다보면 사탄의 요새가 됩니다.

● **앙심, 욕심, 위장된 생각**

앙심이나 욕심을 갖고 있으면 사탄이 그것을 장악합니다. 가급적이면 적극적인 사고방식을 가지려고 노력해야 합니다. 안 믿는 사람들도 긍정적인 사고방식을 성공의 비결로 봅니다. 적극적이고 긍정적인 사고방식을 가져야 세상을 이깁니다.

그런데 일부 교회에서는 긍정적인 사고방식을 복음의 능력을 통해 새롭게 변화된 것으로 설명하지 않고, 동기부여만 해서 신자들을 일으키려고 합니다. 적극적인 사고방식이 캐치프레이즈에 불과합니다. 그래서 '그리스도의 안에 있는 자는 무엇이든지 할 수 있다!'와 같은 말로 용기를 북돋습니다. 그러나 그것은 복음이 아닐 수 있습니다.

참된 복음을 받은 자는 '내 능력으로는 할 수 없으나, 그리스도의 십자가 능력 곧 성령의 능력으로 할 수 있다'라고 말합니다. 우리 주님께서 나를 구원하시고, 나를 영화롭게 쓰기 위해서 나를 사용하시기 때문입니다. 내 영광이 아니라 주의 영광을 위해서 사는 것입니다.

● 무지, 편견

무지, 모르는 것도 사탄의 요새입니다. 모르기 때문에 사탄이 지배합니다. 진리에 대해 무지하게 만들어서 세상을 다스립니다. 안 믿으면 사탄의 종 노릇 할 수밖에 없습니다. 일단 진리를 알아야 합니다. 편견도 마찬가지입니다.

● 정욕

어떤 사람들은 쾌락을 깊이 추구합니다. 사실 오늘날 가장 무서운 우상은 쾌락의 추구라고 볼 수도 있습니다. 우리 주 그리스도와 죄, 그리스도와 정욕은 치열하게 투쟁합니다. 서로 우리 영의 깊음 속에 자리를 잡으려고 합니다. 그리스도는 영혼 깊은 곳에 들어가 행복을 주겠다고 하고, 죄는 세상으로 들어오라고 하면서 그 영혼을 유혹합니다.

진정한 행복, 진정한 기쁨과 감격은 하나님 자신에게 있습니다. 그리스도에게 있습니다. 그분을 내 안에 초청하면 진짜 행복을 누리게 되고 기쁨이 충만합니다. 그러나 사탄이 내 안을 장악하면 그리스도가 주는 기쁨을 부정하고 교회가면 재미없고 힘들다고 하면서 게임이라든지 재밌는 것을 찾게 합니다. 그렇게 해서 그 영혼을 사로잡습니다.

사탄의 유혹과 주님의 초청이 언제든지 싸우면서 갑니다.

'날씨가 좋으니 교회 가지 말고 등산 가야지.'
'중요한 경기를 봐야 하니까 수요예배는 쉬어야지.'
이런 것들이 투쟁의 현장입니다.

● 고상한 생각, 교만한 마음

우리 안에 있는 고상한 생각이나 교만한 마음에서도 사탄의 요새가 만들어집니다. 예를 들어 위대한 철학자들의 철학이 있습니다. 이러한 고상한 생각들이 고린도후서 10장 5절[1]의 말씀처럼 "모든 생각을 사로잡아 그리스도에게 복종하게" 하지 않고, 오히려 그리스도를 대적하게 만듭니다. 아무리 위대한 철학자가 갖고 있는 생각이라도 그것 때문에 그리스도께 복종하지 못하게 된다면 그것은 사탄의 요새입니다. 뿐만 아니라 이런 생각을 다른 사람에게 전해서 그 사람의 인생관, 세계관에 영향을 끼치고 그리스도를 믿지 못하게 하기도 합니다. 기독교의 참된 철학은 모든 생각을 사로잡아 그리스도에게 복종하는 것입니다.

버트런트 러셀이라는 유명한 사람이 있습니다. 대철학자이고 수학자이며 노벨상도 수상했습니다. 그가 『나는 왜 기독교인이 아닌가』라는 책을 썼습니다. 그는 영혼이라는 것은 존재하지 않는다고 주장했습니다. '인간은 자신이 성취해 나가고 있고 종말에 대한 예지가 전혀 없는 원인들의 산물이다. 인간의 기원, 인간의 성장, 인간의 소망과 두려움, 인간의 사랑, 인간의 신념은 원자의 우연한 결합에 불과하다'라는

---

[1] (고후 10:5) 하나님 아는 것을 대적하여 높아진 것을 다 무너뜨리고 모든 생각을 사로잡아 그리스도에게 복종하게 하니.

것이 그가 가진 철학적 사고였습니다.

가나안 여자가 예수님께 귀신들린 딸을 고쳐달라고 합니다. 그러나 주님은 대답하지 않으셨습니다. 그럼에도 여자가 계속 쫓아가면서 고쳐 달라고 하니까 "나는 이스라엘 집의 잃어버린 양 외에는 다른 데로 보내심을 받지 아니하였노라"(마 15:24)라고 하십니다. 그리고 결정적인 말씀을 하십니다.

자녀의 떡을 취하여 개들에게 던짐이 마땅하지 아니하니라(마 15:26).

그러나 여자는 "개들도 제 주인의 상에서 떨어지는 부스러기를 먹나이다"(마 15:27)라고 말하며 부스러기라도 달라고 간청합니다. 그것을 보고 예수님은 "네 믿음이 크도다 네 소원대로 되리라"(마 15:28)라고 말씀하시고 그의 딸이 나음을 입게 해 주었습니다.

러셀은 성경의 이 내용을 보고 예수님이 가나안 사람을 차별했다고 보았습니다. 그러나 그것은 구원의 순서를 말한 것이었습니다. 먼저 유대인이요, 그 다음이 헬라입니다. 하나님의 섭리입니다. 복음이 전파되는 순서가 그렇게 되어 있습니다.

마태복음 15장에서 이스라엘 백성들은 주님이 주시는 떡을 먹다가 남깁니다. 그러면 부스러기가 떨어질 수밖에 없습니다. 이스라엘 백성들이 배가 부르게 되면 주님을 영접하려고 하지 않습니다. 처음에는 주님이 오셨다고 하니까 구원받고 좋아했다가 나중에는 믿음이 떨어져서 부스러기가 남게 됩니다. 복음의 효과와 능력이 떨어진 것입니다.

하나님의 이러한 섭리를 모르고 러셀은 오해를 한 것입니다. 대철학자지만 그가 가지고 있는 고상한 생각은 사탄의 요새였습니다. '하나님은 없다,' '내세는 없다'라고 하면서 자기 마음대로 살고자 한 것입니다. 그러나 "의인과 악인의 부활이 있으리라"라고 사도행전 24장 15절에서 얘기합니다. 그래서 사도 바울은 하나님과 사람 앞에 의롭게 살려고 노력했습니다. 믿는 사람과 안 믿는 사람의 심판이 있기 때문입니다.

심리학자들은 무신론을 일종의 불경건한 자들의 버팀목이라고 말합니다. 버트런드 러셀은 위대한 철학자였으나, 그의 행동과 가정의 삶은 대단히 음란하고 방탕했습니다. 모든 것을 원자의 결합에 불과하다는 생각을 가지고 있었기 때문에 자기 마음대로 살았던 것입니다. 니체도 이런 식의 주장을 했던 사람입니다. 하나님이 죽었다고 주장했으나 그게 요새가 되어 결국에는 귀신의 역사로 미쳐버리게 됩니다.

고상한 생각이라는 그 철학이 사실은 그리스도께 복종하지 못하게 만든 결과입니다. 그런 고상한 생각들이 모두 비진리는 아닙니다. 어떤 것은 좋은 면이 있습니다. 하나님의 일반 은총에 의한 빛의 편린입니다. 그러나 빛 자체는 아니기 때문에 결국에는 빛을 방해하는 존재가 됩니다.

● **모든 생각을 그리스도께 복종**

여러분이 가지고 있는 생각과 사고는 언제든지 그리스도께 복종해야 합니다.

> 하나님 아는 것을 대적하여 높아진 것을 다 무너뜨리고 모든 생각을 사로잡아 그리스도에게 복종하게 하니(고후 10:5).

대과학자나 대철학자도 그리스도께 복종해야 합니다. 아무리 고상한 생각이나 주장이라도 예수님을 그리스도라고 증거를 하지 않는다면 그것은 사탄의 요새에 불과합니다. 그것이 정신, 영에 시달리게 하고 고통을 줍니다.

세상에는 그리스도의 능력 없이 스스로 힘을 다해서 성공한 사람들이 많습니다. 그러나 복음이 없는 사람은 아무리 힘들게 성공했다고 해도 그들의 배후에는 대부분 영적인 문제가 있습니다. 무언가를 성취하기 위해 힘을 다해 노력하는 동안 쓴 뿌리들이 생길 수밖에 없는 것입니다. 상처들이 많습니다. 이런 것들이 눈덩이처럼 불어나면서 사탄의 요새가 됩니다.

여러분도 누군가에게 받은 상처들이 있습니다. 그것을 그리스도의 피를 통해서 씻어야 합니다. 그렇지 않으면 그 상처가 점점 커져서 조금만 건드려도 터지고 문제를 일으킵니다.

그러므로 모든 생각을 그리스도께 복종해야 합니다. 바른 길은 십자가 보혈의 능력밖에 없습니다. 여러분 안에 견고한 진이 있다면 그리스도의 십자가 깃발을 여러분의 마음 중심에 세우면 됩니다. 십자가에 못 박힌 그리스도, 이것을 언제든지 생각하면서 마음 중심에 새겨야 합니다. 십자가에 못 박힌 그리스도를 바라보면서 하나님께 나아가고 은혜를 받아야 합니다. 그것을 통해서 여러분이 능력과 지혜를 얻습니다. 그래야 승리합니다.

제8장
그리스도인의 권세

　예수님은 그리스도시요 살아 계신 하나님의 아들입니다. 예수님이 하나님의 아들 그리스도라는 증거로 십자가에서 우리 죄를 대신해서 피 흘려 죽으시고 죽은 자들 가운데서 부활하셨습니다. 이 복음으로 여러분 인생의 모든 문제가 처리되고 해답을 얻습니다. 여러분이 이 복음을 참되게 믿고 깊은 뿌리를 갖게 되면 어둠에서 빛으로, 사탄의 권세에서 하나님께로 돌아오게 되고 죄사함과 천국을 소유하게 됩니다.

　앞서 말씀드린 바와 같이 저는 어둠 속에 매여서 정신, 영에 시달리던 상태에 있었습니다. 그래서 십자가에서 사탄의 세력을 정복하신 그리스도의 피의 복음을 받고 빛 속에 들어온 순간이 대단히 감격스러웠습니다. 저와 같이 험악한 죄악이 많고 고집 세고 보잘 것 없는 사람은 절대 하나님의 은혜 속에 들어오지 못합니다. 그러나 주님은 교만한 저를 아시고 고난과 역경을 주셔서 심령을 가난하게 만드셨습니다. 고난 속에 있다가 빛 속에 들어왔기 때문에 저는 누구보다도 주님의 은혜 속에 있는 것에 감격하고 주님을 사랑하면서 사는 사람입니다.

'예수님이 이렇게 좋은데 왜 믿지 않을까?'

주위를 보며 이런 의문을 품기도 합니다.

제가 워낙 어둠 속에 살고 몸도 약하다보니 깊은 열등감에 빠져 있었습니다. 자존감이 없었습니다. 공부를 제법 잘 해서 자랑할 만했으나 그것으로도 열등감을 지우지 못했습니다.

그런데 예수님을 하나님의 아들 그리스도로 믿고 그분을 제 중심에 모시게 되자, 제 안에서 천국이 이루어졌습니다. 열등감이 사라지고 오히려 제가 위대하고 존귀한 존재라는 것을 깨닫게 되었습니다. 예수님이 세상 신 사탄을 십자가에서 밟아버렸기 때문에 세상에는 자랑할 것이 없습니다. 세상 사람들이 자랑하는 그 세상을 우리 주님이 밟아버렸습니다. 저는 하나님 나라의 백성이 되고, 이 지위와 권세를 알게 된 후로부터 절대 약해지지 않게 되었습니다.

좋은 아파트에 사는 것을 부러워하지 마십시오. 복음이 없으면 아무리 재벌이라도 고통과 괴로움 가운데 있는 것입니다. 현정은 현대그룹 회장도 사업이 어려워지고 의지할 곳이 없어지니까 결국에는 그리스도께 나왔습니다. 재벌 회장이라면 더 떵떵거리고 살아야 하는데 그렇지 않았습니다.

정주영 회장이 무엇이 아쉬워서 마지막에 하용조 목사님께 세례를 받고 세례교인이 되었겠습니까?

그는 대한민국 최고의 재벌이고 나름대로 한국 경제에 일조한 분이었지만 대통령 선거에서 실패하고 많은 시련을 겪었습니다. 현대가는 다른 재벌가와 달리 복음 속에 들어온 사람이 많습니다. 어렵고 힘든 상황에 많이 부딪혔기 때문입니다.

　아무리 어려운 문제라 할지라도 그리스도가 이 환경을 주장하고 다스린다는 믿음이 있으면 모든 환경이 여러분을 위해서 움직입니다. 여러분이 참되게 복음의 빛을 받고 복음의 전도자로 살겠다고 결단하면 그렇게 됩니다. 이게 역사의 원칙이고 하나님이 운영하는 방법입니다.

1. 그리스도 안에서 신자의 지위

● 신자는 그리스도와 연합되어 하나님 보좌 위에 앉아 있다

　복음을 알아가면 알아갈수록 그리스도인이 된 것이 얼마나 위대한 축복인지 깨닫게 됩니다.

> 또 함께 일으키사 그리스도 예수 안에서 함께 하늘에 앉히시니(엡 2:6).

　여러분이 그리스도와 연합하여 하늘 보좌 우편에 예수님과 같이 앉아 있습니다. 이것은 미래에 일어날 일이 아니라 지금 현재의 지위입니다. 지금 현재 여러분은 하나님 보좌 우편에 예수님과 같이 앉아 있습니다. 왜 그렇습니까?
　연합되어 있기 때문입니다. 예수님이 내 안에, 내가 예수님 안에 있기 때문입니다. 우리 주님이 십자가에서 죽으시고 부활 승천하신 후 하나님 보좌 우편에 앉아 대제사장으로서 중보하고 계시는데, 그 곳에 우리

가 함께 앉아 있는 것입니다. 예수님은 중보자로서 우리의 기도를 받아서 하나님 아버지께 올릴 뿐 아니라 동시에 왕으로서 하늘과 땅의 권세를 가지고 다스립니다. 거기에 우리도 참여합니다. 지금은 모두 누리지 못하지만 그럼에도 우리가 엄청난 존재가 되었다는 것을 알 수 있습니다.

여러분에게 무슨 벼슬이나 관직이 없다고 해서 열등감을 가질 필요는 없습니다. 여러분이 예수님을 그리스도로 믿는 순간, 기름 부음 받은 자가 됩니다. 기름 부음 받은 자, 곧 그리스도 직분입니다. 하나님이 주신 선지자, 제사장, 왕이라는 세 가지 직함이 우리의 직함이 됩니다. 하늘나라의 관직을 가진 자가 됩니다. 이스라엘에서 제사장은 엄청나게 존귀한 존재였습니다. 여기에 왕의 직함까지 있습니다. 예수님을 믿으면 하나님의 성령이 오셔서 여러분을 그렇게 존귀한 존재로 만들어 주시는 것입니다.

이미 예수님이 그리스도라는 복음을 확실하게 믿으면서 신앙 생활이나 목회를 잘 하고 있는데도, 큰 어려움이 왔습니까?

어려움이 올수록 예수님이 그리스도라는 언약 속으로 들어가야 합니다. 그래야 길이 나옵니다. 방황하거나 낙심과 절망할 것 없이 문제가 올수록 더 깊이 예수 그리스도 복음 속으로 들어가야 합니다.

● 세계 역사는 구원 역사에 수종들고 있다
   : 복음을 증거하는 삶으로 인도

역사의 중심은 십자가입니다. 십자가를 중심으로 해서 먼 과거에 하나님의 약속이 있고, 나중에 이 그리스도 사건으로부터 은혜가 흘러나가고 성취됩니다. 십자가에서 일어난 그리스도의 죽음과 부활, 이것이 복음입니다. 이 그리스도의 사건을 전하는 것이 하나님의 피 맺힌 소원이고, 이것을 전하도록 하기 위해서 우리 주님이 오셔서 죽으신 것입니다.

'내가 그리스도를 위해 살겠다.' '그리스도의 복음을 증거하기 위해서 살겠다'고 결단하면 주님이 역사를 움직이십니다. 우리 힘으로는 어렵기 때문에 주님이 전도가 되도록 길을 열어 주십니다. 역사를 움직여서 복음을 전하게 합니다. 복음을 전할 사람이 없으면 온 세상이 심판대에 들어가는 것입니다. 하나님의 백성이 구원 운동을 하는 역사가 주(主)이고, 다른 것들은 부(副)입니다. 다시 말하면, 세계 역사는 구원 역사의 수종을 들고 있는 것입니다. 불신 세계에서 일어나는 모든 사건들은 사실 하나님이 택한 백성의 구원 운동에 종속되어 움직입니다.

이것을 여러분 개인에게 적용할 수 있습니다. 여러분에게 일어난 많은 사건들, 고난이나 인간관계의 문제들이 지나고 나서 보면 궁극적으로 여러분을 복음으로 들어오게 했습니다. 저는 이것을 확신합니다.

저의 삶이 그랬습니다. 제가 육사에 들어온 후 그대로 갔다면 저는 교관에 임명되었을 것입니다. 그러나 월남에 가는 바람에 교관 지위가 없어져서 승진의 기회를 잃었습니다. 그런데 갑자기 선배와 후배가 같이 경쟁을 해서 선발하도록 제도가 바뀌었습니다. 그때 저는 사법시험을 준비하고 있었는데, 육사에서 제도가 바뀐 덕분에 법학과 교수로 올 수 있었습니다.

제 인생에서 일어난 어려운 사건들, 병들고 고통당하던 시간들이 없었다면 저는 절대 그리스도께 나오지 않았을 것입니다. 제 인생에서 일어난 모든 사건들이 저를 구원 운동으로 끌어갔습니다. 고통 받는다고 걱정할 것 없습니다. 어서 그리스도 안에 들어오라는 신호입니다. 하나님이 여러분을 그렇게 이끄십니다.

● 세계 역사는 구원 역사에 수종들고 있다
: 구약의 모형적 증거

세계 역사가 구원 역사에 종속되어 움직이듯이, 믿지 않는 사람들은 믿는 사람들에 종속되어 삽니다. 이것을 구약을 통해 살펴보겠습니다. 창세기 15장 13절에서 14절을 보면, 아브라함이 하나님으로부터 계시를 받습니다. 하나님께서는 15장 5절에서 아브라함의 후손이 여자의 후손을 대신할 것이라고 말씀하신바 있습니다. 아브라함이 이것을 믿는 것을 보고 하나님은 그것을 의로 여겼습니다. 아브라함의 후손이 곧 여자의 후손이고, 예수님으로 올 것을 알았기 때문에 그것을 믿은 것을 의로 여긴 것입니다.

> 여호와께서 아브람에게 이르시되 너는 반드시 알라 네 자손이 이방에서 객이 되어 그들을 섬기겠고 그들은 사백 년 동안 네 자손을 괴롭히리니 그들이 섬기는 나라를 내가 징벌할지며 그 후에 네 자손이 큰 재물을 이끌고 나오리라(창 15:13-14).

하나님은 4대 후, 즉 400년 정도 뒤에 이방에서 객이 되어 종 노릇 하며 고생하지만 하나님이 그들을 구원해 낼 것이고 그때 많은 재물을 가지고 올 것이라고 예언합니다. 그 예언을 성취하기 위해 하나님은 요셉을 애굽으로 보냅니다. 요셉은 자기 형들의 시기를 받아서 죽을 뻔 했는데, 이것은 모두 애굽으로 보내기 위한 하나님의 섭리였습니다. 요셉은 형들에 의해 팔려서 애굽으로 가게 되지만 나중에 애굽의 총리가 됩니다. 애굽에서 요셉은 7년 풍년과 7년 흉년을 해몽하여 풍년이 들었을 때 미리 흉년을 대비하게 합니다. 그리고 흉년이 들었을 때 하나님은 애굽 뿐 아니라 가나안 전 지역에 기근을 일으킵니다. 한 해만 기근이 들어도 힘든데 7년이나 지속되니 가나안의 모든 사람들이 죽을 지경입니다. 그래서 가나안 땅에 살던 야곱 족속이 곡식을 구하고자 애굽으로 가게 됩니다. 그곳에서 총리가 된 요셉을 만나고 모두 애굽으로 갑니다. 예언이 그대로 이루어진 것입니다.

그리고 나중에 다시 나옵니다. 하나님께서 이스라엘 백성들, 택한 백성들을 위해서 애굽에 가게 했다가 허락된 말씀을 이루고 다시 나오게 합니다. 출애굽 사건입니다. 출애굽을 할 때 예수님의 피를 통해서, 어린양의 피를 뿌려서 나오는데 이러한 이스라엘의 역사를 보면 예수님의 생애와 똑같습니다. 이스라엘의 역사가 바로 그리스도의 복음입니다. 이스라엘의 역사를 통해 모형적으로 복음을 설명하는 것입니다.

가나안 땅에 있는 하나님의 백성들을 애굽으로 보내고 다시 돌아오게 하기 위해서 하나님은 7년 풍년과 7년 기근을 일으키셨습니다. 가나안에 있는 모든 이방 족속들은 무슨 영문인지도 모른 채 7년 동안의 환란을 당합니다.

왜 그렇습니까?

이 모든 것들이 하나님의 백성 때문에 일어난 일이기 때문입니다. 다시 말하면, 불신 세계에서 일어나는 모든 사건들은 결국 하나님의 택한 백성들의 구원 운동에 종속되어서 움직인다는 말입니다. 여러분이 이렇게 존귀한 지위에 있는 것입니다.

2. 영적 권세를 행사할 수 있는 자격(오직 그리스도 십자가 승리를 믿는 것)

● 십자가 승리

하나님은 여러분에게 십자가의 사건을 믿기만 하면 이 믿음을 가지고 존귀한 능력을 행할 수 있는 영적 권세를 주셨습니다. 여러분은 절대 세상 앞에서 약하지 않습니다. 기도와 복음전도로 세상의 지도자가 되어야 할 것입니다. 세상에는 소망이 없습니다. 세상 사람들은 삶의 목적과 의미를 모르고 삽니다. 여러분은 지도자로서 삶의 목적인 그리스도와 사후의 영원한 세계 곧 영광스런 그리스도 왕국을 가르쳐야 합니다. 이것을 가르치고 미래에 대한 염려와 걱정을 없애준다면 여러분이야말로 선지자요, 예언자인 것입니다.

참되게 복음을 받은 그리스도인은 지도자입니다. 세상 사람들은 눈 뜬 봉사들입니다. 여러분은 빛을 발하는 등(燈)을 가지고 있는 사람이므로 빛 되신 그리스도를 증거해야 합니다. 그래서 하나님은 여러분에게 영적 권세를 주셨습니다. 이 권세는 우리의 것이 아니라, 그리스도께서 십자가에서 대속의 죽음으로 세상을 정복하셨기 때문에 이 권세를 행할 수 있는 자격을 얻은 것입니다.

> 통치자들과 권세들을 무력화하여 드러내어 구경거리로 삼으시고 십자가로 그들을 이기셨느니라(골 2:15).

"통치자들과 권세들"은 사탄과 흑암의 세력들을 지칭합니다. 대장되신 예수님이 이들을 무력화하여 포로로 붙잡고 만인이 보도록 끌고 들어옵니다. 이 부분에 대해서는 사도 바울이 로마 시대에 로마 군병들이 했던 것들을 보고 그대로 표현한 것이라는 견해가 많습니다. 로마에서는 어느 족속이 반란을 일으키면 그 지역을 공격해서 점령하고 두목과 졸병들을 전부 붙잡아서 로마로 돌아왔습니다. 로마의 대장이 말을 타고 개선 행진을 할 때 붙잡힌 포로들을 묶어서 끌고 갔는데, 좌우 연변에 있는 수많은 로마인들이 이를 보고 박수를 치며 환영했습니다.

"무력화하여"라는 말을 영어 성경에서는 'disarm'이라고 합니다. 무장을 해체시킨다는 뜻입니다. 결박해서 드러내고 구경거리로 삼습니다. 십자가의 승리가 흑암 세력을 정복했다는 것을 아주 극적으로 보여 주는 말씀입니다.

● 십자가 승리를 믿으면 성령의 능력이 임함

히브리서 2장 14, 15절[1]에도 예수님의 십자가의 죽음으로 죽음의 세력을 잡은 자 마귀를 정복했다고 나옵니다. 이것을 믿으면 영적 권세를

---

1 (히 2:14-15) [14] 자녀들은 혈과 육에 속하였으매 그도 또한 같은 모양으로 혈과 육을 함께 지니심은 죽음을 통하여 죽음의 세력을 잡은 자 곧 마귀를 멸하시며 [15] 또 죽기를 무서워하므로 한평생 매여 종 노릇 하는 모든 자들을 놓아 주려 하심이니.

사용할 수 있는 자격과 능력이 주어집니다. 하나님이 이 자격을 가진 자에게 성령의 능력을 부으시기 때문입니다. 믿음 충만하면 성령 충만합니다. 여러분 안에도 죄악의 세력이 있는데, 믿음을 갖고 성령 충만하면 성령의 은혜로 죄가 눈 녹듯 사라지게 됩니다. 염려, 근심, 불평, 원망과 같은 것들이 참된 믿음이 들어오면 모두 없어져 버립니다.

참되게 복음의 빛 속에 들어오면 절대 걱정할 필요가 없습니다. 진정 행복합니다. 하나님 나라의 핵심이 평강과 기쁨이기 때문입니다.

행복이 무엇입니까?

평안과 기쁨이지 않습니까?

> 하나님의 나라는 먹는 것과 마시는 것이 아니요 오직 성령 안에서 의와 평강과 희락이라(롬 14:17).

하나님이 주신 평강과 기쁨이 성령 안에 있으므로 우리는 성령 충만해야 합니다. 성령의 맛이 하나님 나라의 맛이고, 성령의 맛이 생명나무, 곧 영생의 맛입니다. 여러분이 성령 충만하면 무슨 이상한 신비가 있는 것이 아니라, 평강과 희락의 감격과 기쁨이 있게 됩니다. 이 성령의 맛을 맛보고 사는 것입니다.

> 그뿐 아니라 또한 우리 곧 성령의 처음 익은 열매를 받은 우리까지도 속으로 탄식하여 양자 될 것 곧 우리 몸의 속량을 기다리느니라(롬 8:23).

로마서 8장 23절에서 보는 것과 같이, 초림 때는 우리가 성령의 맛을 평강과 기쁨으로 맛보고 있지만 재림 때는 완전하게 누리며 살게 될 것입니다.

3. 영적 권세 행사

여러분이 영적 권세를 행사할 자격을 갖추었다면, 이제 예수 그리스도의 이름으로 이것을 행사할 수 있습니다. 하나님이 이 권세를 우리에게 주셨기 때문에 그 이름으로 권세를 시행하면 됩니다.

> 내가 너희에게 뱀과 전갈을 밟으며 원수의 모든 능력을 제어할 권능을 주었으니 너희를 해칠 자가 결코 없으리라 그러나 귀신들이 너희에게 항복하는 것으로 기뻐하지 말고 너희 이름이 하늘에 기록된 것으로 기뻐하라 하시니라(눅 10:19-20).

뱀과 전갈은 사탄과 흑암 세력의 모형입니다. 원수의 능력을 제어할 권능을 주셨기 때문에 이 권능을 그의 이름으로 행사하면 됩니다.
'예수 그리스도의 이름으로 흑암 세력은 결박이 될지어다!'
믿음을 가지고 하면 됩니다.

● 영적 전쟁의 현장

여러분 안에 어떤 생각이 들어올 때, '예수 그리스도의 이름으로 명하노니 흑암 세력들은 사라져라!'라고 명령할 수 있습니다. 저는 귀신들린 사람을 직접적으로 만난 적이 없다보니, 귀신에게 '나가라!'라고 해서 귀신이 나가는 것을 체험한 적이 없습니다. 그러나 그런 일은 지극히 작은 일부에 불과합니다. 아주 희귀하게 일어나는 일입니다. 오히려 날마다 일어나는 싸움의 현장이 바로 생각입니다.

여러분의 생각은 영적 전쟁의 전략적 지역입니다. 저는 수백 구절의 성경을 암송하는데, 이게 토씨 하나만 틀려도 다음 구절이 안 나옵니다. 또 주변에서 부스럭거리는 소리만 들려도 몹시 방해가 됩니다. 찬송조차 딴 생각이 나게 해서 암송에 지장을 줍니다. 잡념이 들어와서 암송을 못하게 합니다. 그래서 자기 전에 결박을 합니다.

'예수 그리스도 이름으로 명하노니, 내일 새벽에 암송, 묵상을 할 때 잡념으로 공격하는 어둠의 세력은 결박이 될지어다!'

이것을 여러 번 말합니다. 제 안에 하나님의 말씀 수백 구절이 충만하게 살아 있어야 하는데, 이것이 안 되면 불같이 화를 내게 됩니다. 말씀 충만이 안 되면 가족과의 대화에서도 말투가 퉁명스러워지고 결국 다툼이 일어납니다. 그래서 말씀 충만이 대단히 중요합니다. 영적 권세를 행사하는 것에 대해 여러분이 귀신을 만나지 않았다고 막연하게 생각하면 안 됩니다.

● 예수 이름으로 귀신을 쫓아냄

믿는 자에게는 이런 표적이 따르리니 곧 그들이 내 이름으로 귀신을 쫓아내며 새 방언을 말하며(막 16:17).

예수 그리스도 이름으로 귀신을 쫓아낸다고 합니다. 예수 그리스도 이름으로 명하면 됩니다. 참되게 믿으면 귀신은 쫓겨나가게 되어 있습니다.

저는 우리 교인들에게 말씀대로 기도하라고 설교를 하곤 합니다. 이왕 기도를 하거나 어떤 행동을 할 때 성경 말씀 그대로 하는 것이 좋습니다. 일부러 미사여구를 할 필요 없이 성경에 있는 기도문을 자기 것으로 만들어서 기도하는 것이 좋습니다. 기도를 할 때, 사적인 기도에서는 주님, 예수님이라고 부르지만 공식적 기도에서는 '아버지 하나님,' '성부 하나님'이라고 해야 합니다. 에베소서 1장 17절[2], 3장 15절[3]에서 바울이 그렇게 가르쳤습니다.

● 말씀과 함께 현림하심

> 우리가 기도하는 곳에 가다가 점치는 귀신 들린 여종 하나를 만나니 점으로 그 주인들에게 큰 이익을 주는 자라 그가 바울과 우리를 따라와 소리 질러 이르되 이 사람들은 지극히 높은 하나님의 종으로서 구원의 길을 너희에게 전하는 자라 하며 이같이 여러 날을 하는지라 바울이 심히 괴로워하여 돌이켜 그 귀신에게 이르되 예수 그리스도의 이름으로 내가 네가 명하노니 그에게서 나오라 하니 귀신이 즉시 나오니라(행 16:16-18).

---

[2] (에베소서 1:17) 우리 주 예수 그리스도의 하나님, 영광의 아버지께서 지혜와 계시의 영을 너희에게 주사 하나님을 알게 하시고.

[3] (에베소서 3:15) 이름을 주신 아버지 앞에 무릎을 꿇고 비노니.

'예수 그리스도 이름으로 명하노니 거기서 나오라!'

이렇게 말했는데 귀신이 나오지 않는다면 여러분에게 믿음이 없는 것입니다. 하나님은 말씀과 함께 임하십니다. 말씀을 하신 다음에 그것만 두고 다른 곳으로 가버리면 힘이 없습니다. 제가 설교를 녹음해 놓았다면 저는 그 현장에 없는 것입니다. 그러면 제가 한 말과 떨어져 있어서 아무 능력이 없습니다. 누가 무엇을 한다고 간접적으로 전하는 말에는 힘이 없습니다. 그 현장에 함께 가서 말해야 힘이 있는 것입니다.

그렇기 때문에 하나님은 언제든지 말씀과 함께 현림하십니다. 말씀을 여기에 놔두고 저기에 가서 쉬고 계신 것이 아닙니다. 이 믿음을 가지고 성경을 읽으면 어느 구절에서든지 그 말씀을 가지고 하나님이 함께 계십니다. 성경을 무슨 옛날 경전인양, 재미로 읽는다면 믿음이 없는 것입니다. 하나님의 말씀이라는 것은 하나님이 함께 계시는 것을 의미합니다. 하나님은 초월해 계시기 때문에 그분이 우리에게 자신을 계시할 방법이 없습니다. 그래서 말씀으로 계시합니다.

세상 사람들은 말씀하시는 하나님을 모르기 때문에 하나님을 자연신의 개념으로만 이해합니다. 이것을 모르는 사람들은 '하나님은 우리 속에 있다,' 혹은 '어느 굴속에 신이 있으니 그 산은 뚫으면 안 된다'는 식으로 말합니다. 이것들은 모두 거짓입니다. 하나님은 말씀과 함께 현림하시기 때문입니다. 우리는 말과 떨어져 있으나, 하나님은 언제든지 무소부재하시기 때문에 말씀과 함께 임하십니다.

사도행전 16장 18절에서 보는 바와 같이, "예수 그리스도의 이름으로 내가 네게 명하노니 그에게서 나오라 하니" 귀신이 즉시 나옵니다.

십자가에서 사탄을 정복해 버린 그분의 이름으로 명하는데 어떻게 버티겠습니까?

흑암 세력과 우리 주님을 빛과 어두움으로 비유하여 설명합니다.

빛이 들어왔을 때, 어둠이 머뭇머뭇하며 조금 있다가 나가겠다고 하는 경우가 있습니까?

빛이 들어오면 어둠은 순식간에 사라집니다. 자연의 법칙입니다. 참된 믿음이 들어오면 흑암 세력은 즉시 사라집니다. 그래서 영적 치료가 다른 질병보다 더 쉽게 치료됩니다. 그저 믿어버리면 되기 때문입니다. 정신, 영에 시달리는 사람이 믿음을 가지면 금새 회복이 됩니다.

● **하나님께 복종: 믿음**

> 그런즉 너희는 하나님께 복종할지어다 마귀를 대적하라 그리하면 너희를 피하리라(약 4:7).

무조건 마귀에게 나가라고 할 게 아니라 먼저 하나님께 복종해야 합니다. 신앙을 가져야 합니다. 하나님께 복종하는 구체적인 방법이 믿음입니다. 예수 그리스도를 믿는 것입니다.

여러분은 하나님께 복종합니까?

하나님이 어디에 계십니까?

그분은 말씀을 가지고 이 땅에 오셨습니다.

> 이 모든 날 마지막에는 아들을 통하여 우리에게 말씀하셨으니(히 1:2).

마지막 날, 예수님이 오신 뒤에는 하나님은 아들을 통하여 말씀하십니다. 그러므로 "하나님께 복종"하는 참된 신앙을 가지면, 마귀를 대적하고 평화를 누릴 것입니다.

믿음 없이는 마귀에게 나가라고 명령해도 듣지 않습니다. 그래서 혼쭐이 나서 도망친 사람이 있는데, 사도행전 19장에 나오는 스게와의 아들 제사장들입니다. 예수 이름으로 나가라고 했으나 오히려 귀신들의 공격을 받고 벌거벗겨져서 도망갔습니다.

● 복음이 최고의 학문

예수님은 그리스도시요 살아 계신 하나님의 아들입니다. 예수님이 하나님의 아들 그리스도라는 증거로서 십자가에서 우리 죄를 대신해서 피 흘려 죽으시고 죽은 자들 가운데서 부활하셨습니다. 이 복음으로 여러분 인생의 모든 문제가 처리되고 해답을 얻습니다.

도대체 우리 인생에 어떤 문제가 있기에 그리스도의 죽음으로만 문제가 해결될까요?

인간이 하나님께 범죄해서 율법을 어겼습니다. 선악을 알게 하는 나무의 실과를 먹지 말라는 율법을 범한 것이 죄입니다. 죄를 범했기 때문에 하나님과 원수 관계가 되어, 하나님을 떠나 사탄의 자녀가 되었습니다. 인간의 범죄, 하나님을 떠남, 그리고 마귀의 자녀가 된 것이 하나님을 모르는 세상 사람들의 상태입니다.

그래서 이 인생의 문제를 해결하기 위해서 둘째 사람이요 마지막 아담인 예수님이 오셨습니다.

> **첫 사람은 땅에서 났으니 흙에 속한 자이거니와 둘째 사람은 하늘에서 나셨느니라**(고전 15:47).

고린도전서 15장 47절에서 둘째 사람의 신령함을 얘기합니다. 출생부터가 다른 신인의 존재입니다. 첫 사람은 흙에서 났습니다. 허약합니다. 그래서 하나님은 둘째 사람이 여자의 후손으로 탄생할 것이라고 약속했습니다.

여자의 후손이 오면 뱀, 곧 그 속에 들어가 있는 사탄과 치열한 전쟁을 하고 인간을 구원할 것입니다. 이것은 사실 사탄에게 선포한 메시지였지만 우리에게는 구원의 메시지가 되었습니다. 인간은 사탄의 노예가 되었기 때문에 스스로는 아무리 노력해도 구원할 수 없습니다. 그렇기 때문에 하나님께서 사탄에게 "내가 너로 여자와 원수가 되게 하고 네 후손도 여자의 후손과 원수가 되게 하리니 여자의 후손은 네 머리를 상하게 할 것이요 너는 그의 발꿈치를 상하게 할 것이니라"(창 3:15)고 하신 것입니다.

아담은 창세기 3장 15절의 이 말씀을 구원의 약속으로 받아들였습니다. 아담 이후에 그 말씀을 믿는 사람과 믿지 않는 사람이 나뉘었는데, 믿는 사람은 아벨의 계통이고 안 믿는 사람은 가인의 계통으로 이어집니다. 아벨이 죽은 후에는 셋의 계통이 나오고 그 믿음의 계보를 통해서 여자의 후손이 나오는 것입니다.

그렇다면 왜 여자의 후손이라고 하셨습니까?

> 그러나 여자들이 만일 정숙함으로써 믿음과 사랑과 거룩함에 거하면
> 그의 해산함으로 구원을 얻으리라(딤전 2:15).

디모데전서 2장 15절을 보면, 여자가 마귀에게 속아서 죄에 빠졌다고 말합니다. 그래서 하나님은 여자를 통해서 영광스러운 메시아를 보냅니다. 첫 사람이 실패했을 때에는 여자가 문제였지만, 예수님이 오신 이후부터는 대체적으로 여자들이 신앙의 주도권을 잡는 시대가 되어 여자를 통해서 문제를 해결하게 됩니다.

한 가정에서 여자가 잘 믿으면 그 가정은 신앙의 가정이 되고, 여자가 불신앙이 되면 자녀들도 불신앙이 되는 경우가 많습니다. 복음을 받는 것이 자녀를 최고로 양육시키는 방법입니다. 최고의 학문은 예수 그리스도의 죽음과 부활의 지식입니다. 이 지식이 없어서 인간이 망하는 것입니다. 그런데 이 지식을 안 가르치고 세상 지식을 더 많이 가르칩니다. 자녀들에게 주일성수는 안 시키고 그 시간에 학원에 보내는 사람이 많습니다. 회개해야 합니다. 자녀가 참되게 예수 그리스도의 복음을 깨달으면, 복음의 능력으로 우등하게 되어있습니다.

● 참된 지식의 근본

모든 참된 지식의 근본이 하나님께 있습니다. 그것이 참된 진리입니다. 대학을 진리 탐구의 장이라고 합니다. 서울대학교에 가면 '베리타스'라는 것이 있는데 진리라는 말입니다. 그러나 성경이 말하는 진리가 아닌 다른 진리입니다. 세상 지식은 아무리 공부해도 진리에 이를 수 없

습니다. 진리가 없기 때문에 어떤 교육 정책을 써도 성공하지 못합니다. 우리나라는 지금까지 교육 정책이 40번도 넘게 바뀌었지만 아직도 어떤 것이 참되게 좋은 것인지 모릅니다. 하나님을 아는 지식이 참 지식이요 참 진리인데 이것을 모릅니다. 진리의 빛을 받고 그리스도의 죽음과 부활에 관한 지식을 알게 되면 성공하게 됩니다. 복음 받은 자녀는 참 지식을 가졌기 때문에 열심히 공부합니다.

부가 성공의 척도가 아닙니다. 명예 또한 성공의 척도가 아닙니다. 최고의 명예는 하나님 나라의 관직을 갖는 것입니다. 예수님을 그리스도로 믿으면 하늘나라의 관직을 받습니다. 하늘나라의 선지자, 하늘나라의 제사장, 하늘나라의 왕이 됩니다. 이 관직이 없으면 교회에 나와도 소용이 없고 기도도 응답되지 않습니다. 하늘나라 제사장이라는 관직을 가지고 있어야 제사장으로서 당당하게 하나님 앞에 나아와 기도하고 응답받는 것입니다.

개신교회는 만인제사장 제도입니다. 예수님을 믿으면 제사장이 되어 하나님께 제사를 지내고 용서를 구할 수 있습니다. 천주교에서는 어림도 없습니다. 천주교는 신부 외에는 제사장이 될 수 없기 때문에 신부가 죄사함을 하지 않으면 신자는 죄사함을 받지 못합니다. 그러나 여러분은 제사장으로서 하나님께 나아가 기도로 죄사함을 받습니다. 구약 시대에 제사를 지내면 죄사함을 받았듯이 여러분은 기도로 죄사함을 받는 것입니다. 구약 시대의 제사가 신약 시대의 기도입니다. 예수 그리스도 이름으로 기도하는 것이 얼마나 위대한 것인지 모릅니다.

그래서 이 위대한 복음으로 인생의 문제를 해결하는 것입니다. 예수 그리스도의 죽음과 부활의 복음이 인간과 하나님 사이에 막혔던 죄악을 없애고 하나님 만나는 길을 열어 줍니다.

　예수님이 십자가에서 죽으심으로 사탄의 권세를 멸망시키신 후, 우리 주님은 천국으로 부활 승천하십니다. 죄와 사탄의 세력을 발로 밟고 이기셨지만, 완전히 없애는 것은 두 번째로 오실 때이기 때문에 초림과 재림의 중간기인 지금은 사탄의 세력들이 계속 활동하고 있습니다.

　그래서 제자들이 두려워 떨었습니다. 걱정 근심하는 제자들에게 주님은 "너희는 마음에 근심하지 말라"(요 14:1)라고 말씀하십니다. 그리고 제자들에게 여러 가지 무기를 주셨습니다. 주님이 하늘 보좌 우편에 앉아 계시는 동안 이 무기를 사용해서 아직 세상에 남아있는 죄악 세력을 이기며 살라는 것입니다.

> 내가 진실로 속히 오리라 하시거늘 아멘 주 예수여 오시옵소서
> (계 22:20)

　언제 오실지는 모르지만, 주님이 다시 오실 때까지 우리는 주님이 주신 무기를 가지고 사는 것입니다.

4. 영적 권세의 사용 방법

(1) 예수의 이름

　첫 번째 무기는 예수의 이름입니다. 예수의 이름으로 명하면 예수님의 영이 임해서 역사합니다. 요한복음 14장부터 16장은 다락방 강화인

데, 예수님이 십자가에 못 박히기 직전에 설교하신 설교문입니다. 요한복음 14장 14절에서 예수님은 두려워서 떠는 제자들에게 "내 이름으로 무엇이든지 내게 구하면 내가 행하리라"라고 약속하십니다. 제자들은 예수님의 이름으로 기도하는 법을 몰랐습니다. 그때는 예수님의 이름의 권세가 위대하게 나타나지 않았습니다. 그래서 예수님은 요한복음 16장 24절에서 다시 한 번 약속합니다.

> 지금까지는 너희가 내 이름으로 아무 것도 구하지 아니하였으나 구하라 그리하면 받으리니 너희 기쁨이 충만하리라(요 16:24).

이 이름을 두고 가시면서 하늘과 땅의 권세를 가지고 있으니, 예수 이름으로 기도하면 모두 이루어 준다고 하신 것입니다.

얼마나 위대한 무기입니까?

(2) 하나님의 말씀

예수님은 이름을 남기셨을 뿐만 아니라 증거들도 남겨 주셨습니다. 그 증거가 하나님의 말씀입니다. 하나님의 말씀이 세상을 이기고 사탄을 이깁니다. 두 번째 무기인 말씀은 엄청난 권세를 행할 수 있는 권능입니다. 여러분이 하나님의 말씀을 갖고 있다면 두려움 없이 사탄을 이길 수 있습니다.

창세기 3장을 보면, 아담과 하와는 하나님의 말씀을 잃어버렸을 때 불신앙에 떨어졌습니다. 나무의 실과를 먹지 말라는 말씀을 사탄이 애매하게 바꾸니까 그 말씀에 의심을 갖게 되고 결국 실과가 먹음직하게 보였습니다. 하나님의 말씀이 없으면 유혹에 넘어가게 됩니다. 여러분이 은혜 충만, 말씀 충만하면 별 것 아니던 일들이 말씀을 잃으면 다르게 보입니다. 매일 말씀을 읽어야 하는 이유입니다.

말씀은 크게 세 가지로 나눠집니다. 기록되어진 하나님의 말씀과 인격자이신 예수님이라는 말씀 자체, 그리고 강단에서 선포하는 말씀입니다. 지금 제가 설교하는 이 말씀도 임덕규의 말씀이 아니라 하나님의 말씀입니다. 주님이 저를 대언자로 세워서 말하게 하셨기 때문에 제가 전하는 것은 하나님의 말씀으로 받아야 합니다. 하나님의 말씀에 의심을 하는 순간, 사탄이 역사하기 시작합니다. 설교를 듣다가 그 내용이 자기한테 하는 말인 것 같아서 기분 나쁘다고 생각하는 그때에 사탄에게 붙잡히는 것입니다. 빨리 회개해야 합니다.

물론 말씀을 대언하는 저도 정신 바짝 차리고 교인들이 시험에 들지 않도록 신중해야 합니다. 그래서 오직 성령의 감동으로만 말씀을 전하고자 노력합니다. 쌍방 책임이라고 하지만, 저는 혹시라도 실수가 없도록 무척 조심하고 있습니다.

하나님의 말씀은 위대한 것입니다.

성령의 검 곧 하나님의 말씀을 가지라(엡 6:17).

말씀이 엄청난 권세요 무기입니다. 이것을 잃어버리면 큰일 납니다.

(3) 성령의 능력

다음으로 살펴볼 것은 성령의 능력입니다. 성령의 존재 자체가 바로 우리에게 주신 권세라고 볼 수 있습니다. 우리 주님께서 이 세상을 떠나시면서 성령을 보내 주시겠다고 약속하셨습니다. 그래서 오순절 성령 강림 후에는 예수님이 안 계셔도 성령님이 예수님과 똑같은 효과를 줍니다. 성령님으로 인하여 우리가 권세 있는 자가 되는 것입니다.

성령은 또 다른 보혜사입니다. 보혜사란 우리와 함께 있으면서 도와주는 자입니다. 우리의 보혜사는 예수님입니다. 예수님이 제자들과 함께 계실 때는 직접 도와주셨으나 떠나신 후에는 곁에서 도와줄 수 없게 됩니다. 그래서 또 다른 보혜사, 성령님을 보내 주신 것입니다. 예수님과 성령님은 똑같은 보혜사이지만 다른 인격입니다. 예수님이 인간의 육체로 계실 때는 몇몇 제자들에게만 계셨으나, 성령님이 오시면 온 인류에게 어디에서나 함께 계시는 것과 같은 효과가 있습니다.

그러므로 성령 충만을 받아야 합니다. 그래야 능력이 나타납니다. 이 능력이 아니면 귀신을 쫓아내지 못합니다. 예수 이름을 부를 때도 이 능력으로 성령이 역사하는 것입니다. 성령의 능력이 없으면 예수의 이름은 문서에 불과합니다. 성령의 검, 성령의 능력을 가져야 여러분들이 힘 있는 자가 되는 것입니다.

어떤 목사님과 장로님이 귀신들린 교인의 집에 심방을 갔습니다. 그런데 그 귀신들린 사람이 심방을 무서워하지도 않고 오히려 예배를 방해까지 하는 것입니다. 목사님과 장로님의 체면이 말이 아니었습니다. 그때 초등학생 하나가 들어와서 "목사님 오셨어요!"하고 인사를 했습니다. 그런데 그 귀신들린 여자가 놀라서 벌떡 일어나더니 구석으로 도망을 가는 것입니다. 그래서 그 아이에게 같이 예배를 드리자고 권하여 함께 예배를 드리고 말씀을 선포했습니다. 하나님의 은혜로 귀신이 나갔고, 그렇게 예배를 마쳤습니다. 목사님과 장로님이 귀신 들렸던 사람에게 물었습니다.

"우리가 왔을 때는 가만히 있더니 왜 아이가 오니까 구석으로 갔습니까?"

귀신 들렸던 사람이 이렇게 대답했습니다.

"목사님과 장로님이 오셨을 때는 무슨 칼자루를 들고 있었는데 종이짝처럼 힘이 없었습니다. 그런데 아이가 들어왔을 때는 그 아이가 엄청난 칼을 들고 있었습니다. 그 칼을 보고 겁이 나서 숨었습니다."

이 이야기에서 목사님과 장로님은 믿음이 적었습니다. 성령의 능력이 없었습니다. 그러나 아이는 비록 초등학생이었지만 참된 믿음을 가지고 있었습니다. 그렇기 때문에 사탄을 떨게 만들 수 있었던 것입니다.

초림과 재림의 중간기에 사는 우리들에게 무엇보다 중요한 것은 성령의 임재입니다. 하나님은 성령을 우리에게 주셔서 우리로 하여금 권세 있는 삶을 살게 합니다. 신자가 이 사실을 모르면 신앙 생활을 하지 못합니다. 성령의 임재를 체험하고 능력을 확증하는 것이 성령의 충만입니다.

그러므로 여러분은 성령 충만을 받아야 하고 개인적인 성령 충만의 비밀을 가지고 있어야 합니다. 그렇지 않으면 그 목사님과 장로님이 종이칼을 가지고 있었던 것처럼 아무 능력이 없습니다. 마귀가 여러분을 두려워하지 않습니다. 여러분이 진짜 권능자가 되려면 예수님을 하나님의 아들로 믿어야 합니다. 예수님의 피를 믿고 그 피를 통해서 충만히 임하시는 성령의 권능을 갖고 있어야 악한 세상을 이깁니다.

우리 교회에서는 복음, 기도, 성령 충만, 전도 이 네 가지로 답이 나와야 한다고 강조합니다. 한걸음 더 나아가 체질로 만들라고 합니다. 복음 체질, 기도 체질, 성령 체질, 전도 체질이 되어야 합니다. 그러면 여러분은 권능의 증인이 될 것입니다. 우리 주님의 명령이기도 합니다. 해도 좋고 안 해도 좋은 게 아니라 반드시 해야 하는 것입니다.

> 오직 성령이 너희에게 임하시면 너희가 권능을 받고 예루살렘과 온 유대와 사마리아와 땅 끝까지 이르러 내 증인이 되리라 하시니라(행 1:8).

모든 믿는 자에게는 당연히 성령의 권능이 임하게 되어 있습니다. 밤새도록 기도하고 금식하고 산 기도를 해야 한다는 사람이 있는데, 특별하게 무언가를 해야만 성령 충만이 되는 것이 아닙니다. 예수님의 십자가 대속의 죽음도 모르는 사람이 밤새도록 무슨 뿌리를 뽑는다고 노력해 봤자 안 됩니다. 오히려 없느니만 못한 감정 충만이나 귀신 체험을 할 수도 있습니다. 성령의 충만은 믿음으로 받는 것입니다.

(4) 예수님의 보혈

우리 주님께서 별세하면서 우리에게 남기신 큰 무기 중 네 번째는 예수님의 피입니다. 19세기 미국의 대전도자인 무디는 '예수님이 이 세상에서 사역하고 가신 후에 남겨놓은 유일한 것은 예수님의 피'라고 말한 바 있습니다. 우리가 예수님을 믿는다고 하는데, 그것은 예수님의 피를 믿는다는 의미입니다. 이것이 속죄의 비밀입니다. 예수님은 십자가에서 죽으심으로써 우리 죄를 대신 담당하고 죄와 사탄의 문제를 해결하셨습니다. 그 죽으심의 상징이 피입니다.

예수님의 피라는 말은 정확하게 얘기하면 예수님의 죽음입니다. 피라는 말은 본래 구약에서 왔습니다. 구약 시대에는 짐승의 피로 제사를 드렸습니다. 진짜 피를 흘린 것입니다. 짐승의 피였지만 사실은 예수님의 피를 상징하는 것이었습니다. 그러므로 지금은 예수님의 피라는 말을 쓸 필요는 없습니다. 그러나 구약 시대의 이스라엘 백성들이 신약 시대의 사도가 되었기 때문에 구약과 신약을 구속사적으로 연결하기 위해 예수님의 죽음이라는 말 대신 피라는 말을 썼습니다. 피라는 말은 구약 용어이지만 구약을 성취하신 분이 예수님이라는 확실한 복음을 알리기 위해 사도들이 피라는 말을 계속 쓴 것입니다.

피로 인해 구원 받았다고 합니다. 우리 주님이 자기 피를 남겨놓고 가셨기 때문에 누구든지 그 피의 능력을 믿기만 하면 사탄과 저주의 세력은 두려워서 떨게 됩니다. 그 피로 인해서 사탄이 정복되었기 때문입니다. 요한계시록 12장 11절이 근거가 됩니다.

> 또 우리 형제들이 어린 양의 피와 자기들이 증언하는 말씀으로써 그를 이겼으니 그들은 죽기까지 자기들의 생명을 아끼지 아니하였도다 (계 12:11).

예수님의 보혈, 어린 양의 피가 그를 이겼다고 합니다. 요한계시록 12장은 사탄의 역사가 있는 장입니다. 9, 10절에서 "옛 뱀 곧 마귀라고도 하고 사탄이라고도 하며," "우리 형제들을 참소하던 자 곧 우리 하나님 앞에서 밤낮 참소하던 자가 쫓겨났고"라고 합니다. 여기서 말하는 마귀를 이겼습니다. 어린 양의 피와 자기들의 증거하는 말씀으로 사탄을 이긴 것입니다.

뿐만 아니라 예수님의 피는 사탄의 역사가 있을 때 사라지게 합니다.

무언가 두렵거나 사탄의 공포가 있을 때 피의 찬양을 하면 그 세력이 꺾어지는 경우가 있습니다. 그래서 '예수님의 피로 명하노라!'라고 기도하기도 합니다.

귀신들린 사람이 많이 온다는 어느 기도원에 대한 얘기를 들었는데, 거기서는 말씀 선포도 없이 무조건 보혈 찬송만 밤낮으로 부른다고 합니다. 이것을 며칠 간 계속하면 귀신이 견디지 못하고 도망을 갑니다. 권세 있는 예수님의 피와 하나님의 말씀을 가지고 계속 찬양을 하니 사탄이 견뎌낼 방법이 없는 것입니다.

옛날에 갈매동에서 목회 사역을 했을 때의 일입니다. 교인 한 분이 밤늦게 전화를 해서 "목사님, 우리 가정에 뭔가 어둠의 세력이 있는 것 같아서 두려워 견딜 수가 없습니다. 오셔서 예배를 드려 주세요"라는 요청을 받았습니다. 그래서 그 가정에 심방을 갔습니다. 그 가정에는 어머니와 아들이 있었는데, 귀신들린 사람이 있어서 그런 것이 아니라 뭔가 음침한 생각이 가정에 가득 찬 느낌이 들어서 저를 부른 것이었습니다.

그래서 하나님의 임재를 찬양하는 예배를 드렸습니다. "전능왕 오셔서"를 부르면서 삼위일체 하나님의 임재를 찬양한 다음에 예배를 드리고 보혈 찬송을 불렀던 것으로 기억을 합니다. 그 사람은 잘 믿는 사람이었기 때문에 하나님이 임재하는 백성들이 함께 모여 찬양을 하니까 일부러 쫓아내지 않았는데도 사탄이 도망을 가버렸습니다.

찬양 중에 하나님이 거하시는데 마귀가 어떻게 견디겠습니까?

마귀가 견디지 못하는 것이 두 가지인데 하나는 찬양이고, 다른 하나는 겸손입니다.

예수님을 믿으면 겸손해집니다. 마귀는 원체 교만한 자이기 때문에 예수님의 영을 받아 참되게 겸손한 사람이 있으면 못 견디고 도망갑니다. 그렇기 때문에 마귀의 종 노릇 하기 쉬운 사람이 교만한 사람입니다. 교만하면 마귀에 붙잡혀 도구로 사용될 가능성이 높아집니다. 언제든지 겸손하고 주님을 추구해야 합니다. 내 죄를 모두 대속하신 분, 오직 예수님을 믿고 언제든지 낮은 자세를 가지고 있으면 마귀가 감히 공격하지 못합니다. 겸손한 삶 자체가 마귀를 때려잡는 삶입니다.

(5) 복음 전도

> 자기들이 증언하는 말씀으로써 그를 이겼으니(계 12:11).

이 말씀이 하나님의 말씀을 증거한다고 봅니다. 곧 복음 증거입니다. 복음을 전도함으로써 사탄을 이깁니다. 사실 복음 전도는 사탄을 정복하는 것입니다. 사탄을 정복하고 어둠 속에 있는 한 영혼을 건져냅니다. 그래서 사탄이 가장 두려워하는 것이 복음 전도입니다. 다시 말하면, 사탄을 대적하는 가장 무서운 무기가 진리의 말씀을 말하고 복음을 전하는 것입니다.

우리 교회의 목표가 복음 전도입니다. 복음을 전하는 증인이 되기 위해서 성공할 이유가 있습니다. 복음 전도를 하기 위해서 돈을 많이 벌 이유가 있고 건강할 이유가 있습니다. 복음이 없고 전도자로 살지 않는 사람이 건강하면 육신의 정욕으로 쓸 가능성이 많습니다. 그런 사람이 부유하고 권세와 명예가 있으면 교만해져서 무슨 사건이 일어날지 모릅니다. 복음을 위해서 살겠다고 결단하는 것이 가장 안전하고 확실한 삶입니다. 그렇게 방향을 정하면 하나님이 원하는 역사 운동, 곧 구원의 닻에 순풍을 달고 가는 것입니다. 복음의 능력과 관계없이 그저 부자가 되서 편안하게 살고자 하면 역풍을 만납니다.

하나님이 요나에게 니느웨로 가라고 했는데 요나가 다시스로 가니까 어떻게 됩니까?

광풍을 만나 선장에게 자기의 불순종의 죄를 자백하고 바다에 던져져서 죽을 고생을 합니다. 그래서 회개하고 나옵니다.

그러므로 여러분은 하나님이 가라는데로 가야 합니다. 복음 전도는 하나님의 명령입니다. 그냥 명령이 아니라 지상명령입니다. 군인들은 지상명령을 어기면 사형입니다. 전쟁터에서 명령 위반을 하면 이유 없이 사형입니다. 군형법을 보면 전시 중의 항명죄는 사형이라고 나옵니다.

복음 전도를 하지 않고, 그저 내가 잘 먹고 잘 살려고 하는 것은 예수님께 대한 항명죄입니다. 잘 먹고 잘 사는 것이 행복이 아닙니다. 아무리 잘 먹는 것이라도 똑같은 음식을 두 번만 먹으면 맛이 없어집니다. 그래서 맛있는 곳을 찾아 왔다 갔다 합니다. 그러나 소찬을 먹는 사람들은 된장국 하나도 아주 맛있습니다.

복음 전도, 곧 복음의 증거를 말한다는 것 자체가 대단한 권세입니다. 주님께서 이 특별한 권세를 주고 떠나셨습니다. 우리는 이 권세를 누리면 되는 것입니다. 예수님이 그리스도라고 전하면 됩니다.

(6) 영적 권세를 바로 알고 사용하자

앞에서 살펴본 네 가지 권세를 정리하겠습니다.

첫 번째는 예수 이름의 권세입니다. 이 권세는 어마 어마합니다. 예수 이름 하나를 가지고 모든 문제가 해결이 됩니다. 그 이름을 우리 주님이 주고 가셨습니다. 제가 작년에 알고 있던 예수 이름의 권세와 금년에 아는 예수 이름의 권세가 다릅니다. 예수님을 아는 지식이 자랐기 때문에 지금 예수 이름의 권세가 훨씬 더 능력이 있습니다. 예수 이름 속에 여러분의 성공, 미래, 자녀, 모든 것이 들어 있습니다. 예수 이름의 권세는 모르고 다른 것을 하려고 하는 사람이 있습니다. 그러나 하나님의 뜻대로 사는 사람이 형통하게 되어 있습니다.

두 번째는 하나님의 말씀입니다. 이 말씀과 더불어 하나님이 임재 하십니다. 말씀으로 천하를 창조하신 그 말씀입니다.

세 번째는 성령의 능력, 성령의 임재 자체에 권세가 있습니다.

네 번째는 예수님의 피의 권세가 있습니다. 예수님의 죽음이 권세입니다.

이 권세들을 가지고 복음을 전하고 증거하는 삶을 살아야 합니다. 여러분이 이 권세들을 바로 알고 사용할 수 있기를 바랍니다.

제9장
영적 전쟁의 실제

주님께서 우리에게 주신 중요한 권세들이 있는데, 이보다 더 중요한 것은 이 권세들을 사용하고 그것을 누리며 적용하는 현장의 상태를 바로 아는 것입니다. 복음을 받은 사람들은 누구든지 영적인 전쟁으로 부름을 받습니다. 해도 좋고 안 해도 좋은 것이 아닙니다. 이것이야말로 가장 중요한 부분입니다.

1. 싸움의 대상

하나님이 여자의 후손과 뱀의 후손이 원수가 되게 만들었습니다. 여러분이 구원을 얻는 순간에 사탄과 원수가 됩니다. 하나님이 싸우는 존재로 만드셨습니다. 전쟁을 하러 왔는데 싸우지 않는다면 그건 태만 죄입니다. 주님의 명령을 어기는 항명죄를 범하는 것입니다.

그런데 상당수의 신자들이 이런 영적 전쟁을 하지 않습니다. 사탄은 무슨 뿔 달린 마귀의 모습으로 오지 않습니다. 고린도후서 11장 14절의 말씀처럼 광명의 천사로 여러분 속에 들어옵니다. 여러분 안에 육과 영의 치열한 싸움이 일어납니다. 육은 죄악의 속성입니다. 사탄의 영에 속한 것이기 때문에 여러분이 하나님의 백성이라면 태어날 때부터 싸우게 되어 있습니다. 야곱과 에서가 뱃속에서부터 싸운 것과 같습니다. 신자와 비신자, 여자의 후손과 뱀의 후손의 치열한 싸움을 예표한 것입니다.

그 싸움의 절정이 십자가입니다. 어디든지 싸움은 있는데, 이 싸움의 결정적인 장소가 십자가입니다. 십자가에서 여자의 후손으로 태어나신 예수님이 약속대로 창세기 3장 15절을 성취하셨습니다. 뱀이 여자의 발꿈치를 물어서 상하게 함으로써 여자의 후손 예수님이 죽습니다. 그러나 그 죽는 순간에 예수님은 사탄을 밟고 머리를 상하게 합니다. 이것이 십자가의 사건이고, 육과 영의 치열한 싸움입니다.

이 싸움이 바깥에만 있는 것이 아니라 여러분 안에 있다는 것을 알아야 합니다. 여러분 안에 있는 죄성을 때려잡아야 합니다. 그렇지 않으면 자기 마음대로 살게 됩니다. 사탄의 노예가 되어 사는 것입니다. 자기는 신앙이 좋다고 하지만 목사인 제가 볼 때는 그렇게 보이지 않습니다.

여러분이 이 전쟁을 하기 싫으면 예수님을 안 믿으면 됩니다. 그러면 여러분 안의 전쟁이 끝납니다. 사탄에게 항복해서 사탄의 편에 들어가면 원래대로 사탄과의 평화가 옵니다. 나중에는 어떻게 될지언정 지금은 흥청망청 세상을 마음대로 살 수 있습니다. 그러나 어느 날 시간표가 되면 망하게 됩니다. 사탄은 우리를 죽이려는 존재이기 때문입니다.

하나님이 나를 때려서라도 거룩한 자기 자녀로 만들려고 하는 것에 비해서 사탄은 그렇지 않습니다. 사탄은 요한계시록 20장 10절에서 보는 바와 같이, 지옥으로 들어갑니다. 이어지는 20장 11절부터 15절에는 백 보좌 심판이 있습니다. 안 믿는 사람들은 거기에서 생명책과 자기 행위를 기록한 책을 보고 심판을 받습니다. 생명책에 이름이 없고 행위를 기록한 책에 죄악이 가득하기 때문에 마귀가 살고 있는 지옥으로 떨어집니다. 불못에 들어가서 영영토록 고난의 삶을 살게 됩니다.

그러므로 마귀와 평화하면 안 됩니다. 육신적인 정욕과 싸워야 합니다. 시험에 들지 않게 깨어서 기도해야 합니다. 깨어있지 않고 잠을 잔다는 것은 신앙이 잔다는 뜻입니다. 육신대로 사는 것입니다.

여러분은 영적 전쟁의 실체를 바로 알아야 합니다. 싸움의 대상을 바로 알아야 합니다. 이것을 악의 삼총사라고도 하는데, 이 싸움의 대상을 바로 알아야 전쟁에서 승리합니다.

(1) 악의 삼총사

여자의 후손이 뱀의 후손과 싸우는 영적 전쟁의 대상이 세 가지가 있습니다. 육체 혹은 육신, 세상, 사탄, 이 세 가지가 우리의 대적입니다. 육신은 우리 안에 있습니다. 그리고 세상과 사탄이 있습니다. 이 세 가지 세력이 우리가 눈을 뜨고 일어날 때부터 진을 치고 있습니다. 우리의 삶이 위기 상황에 있는 것입니다. 이 위기가 안 보인다고 편안하게 살면 시험에 듭니다. 그러나 중심을 바로 세우고 깨어서 기도하고 겸손하면 사탄들도 알고 떱니다. 믿음의 방패, 구원의 투구, 성령의 검, 하나님의 말씀을 가지고 무장하고 싸울 준비를 해야 합니다. 주님은 에베소서 6장 11절 이하에서 하나님의 전신갑주를 입으라고 했습니다.

① 육체

육체, 육신은 우리 안에 있는 죄입니다. 죄의 문제는 대단히 중요하면서도 힘들고 골치 아픈 주제입니다. 죄의 문제를 피의 희생제사를 통해서 해결했었으나, 그것은 대단히 복잡한 과정이었습니다.

그렇다면 이 죄를 어떻게 해결합니까?

구원받은 사람들은 죄로부터 해방되었다고 하는데, 그럼에도 불구하고 죄를 짓고 여러 가지 어려움 가운데 있는 것은 어떻게 설명합니까?

원리만을 얘기하자면, 예수 그리스도를 믿는 믿음으로 우리의 모든 죄가 용서되었습니다. 그러나 믿은 이후에도 우리 안에 있는 육신과 세상, 사탄이라는 악의 삼총사가 우리를 시험합니다. 이에 굴복하면 죄를 짓는 것입니다. 그러므로 우리는 할 수 있는 한 죄에 빠지지 않도록 힘써야 하고 죄와 싸워야 합니다. 싸워서 승리하는 것이 예수님을 믿는 것입니다. 십자가의 피를 믿는 것입니다.

그러나 우리가 이 땅에 있는 동안에는 무죄할 수가 없습니다. 신령한 사도 바울조차도 믿은 후에도 범죄한 바 있습니다. 사도행전 15장 39절에 보면 바울이 바나바와 싸우는 내용이 나옵니다.

"바나바의 생질을 데리고 가자."

"믿음이 없어서 데리고 가봤자 선교에 지장만 있으니 데려가지 말자."

의견이 대립해서 서로 크게 싸우고, 결국에는 갈라서고 맙니다.

베드로도 그렇습니다. 갈라디아서를 보면, 베드로가 유대인이 없는 가운데 이방인과 교제를 하고 식사를 합니다. 그런데 예루살렘에서 사람이 오자 이방인과 식사를 하지 않은 척합니다. 그래서 사도 바울은 베드로에게 외식한다면서 면책(面責)을 했습니다. 이처럼 어느 누구든지 인간은 이 땅에 사는 동안에는 무죄할 수가 없습니다. 무죄한 분은 오직 한 분뿐입니다. 나사렛 예수입니다.

● 성화되도록 노력하라

예수님을 믿는 믿음으로만 죄를 정복할 수 있습니다. 과거에는 율법을 어기는 것이 죄였습니다. 그러나 지금은 예수님을 믿지 않는 것이 죄입니다. 세상 사람들은 자기가 왜 죄인이냐고 항변합니다. 예수님을 믿지 않는 것이 죄의 근본입니다.

왜 그렇습니까?

예수님이 율법, 곧 인간이 지켜야 할 것을 모두 지켜주셨습니다. 그렇기 때문에 예수님만 믿으면 죄가 없습니다. 그래서 신약 시대 이후의 사람들은 예수님을 믿지 않는 것이 죄가 되는 것입니다. 세상 사람들은 예수님을 믿지 않으면서도 자기는 거룩하게 살고 있으니까 죄인이 아니라고 합니다. 그렇지 않습니다.

우리 주님이 요한복음 16장 9절에서 이렇게 말씀했습니다.

죄에 대하여라 함은 그들이 나를 믿지 아니함이요(요 16:9).

우리는 연약해서 죄를 지을 수밖에 없습니다.

그럴 때는 어떻게 합니까?

우리 하나님의 위대한 사랑을 다시 한 번 생각하고, 그리스도의 십자가를 올려다보며 자백하면 됩니다.

'주님, 저의 죄를 용서해 주십시오.'

우리 주님은 그리스도의 십자가에서 여러분의 과거, 현재, 미래의 모든 죄를 사해 주셨습니다. 모두 용서하셨습니다.

그러면 왜 주님께 죄를 보고해야 합니까?

과거에는 죄가 형벌에 관계했지만, 오늘날 예수 믿는 자녀로서의 죄는 징벌입니다. 옛날에는 하나님과의 관계가 남남이기 때문에 형벌을 가했으나, 지금은 부자지간이기 때문에 형벌을 가할 수 없습니다. 세상에서 법을 어겼을 때는 잘못했다는 말만으로는 용서되지 않습니다. 법에 따라 죄에 맞는 형벌을 받아야 합니다. 그러나 부자지간에는 말을 안 들었다고 해서 아버지가 자녀를 감옥에 보내지는 않습니다. 매를 때려서라도 바로 세웁니다. 그때는 "아버지, 잘못했습니다"라고 하면 되는 것입니다.

그렇기 때문에 십자가를 바라보고 이 죄를 대속하신 그분께 돌이킴으로써 용서를 받는 것입니다. 성경을 보면 믿지 않을 때는 회심하고 돌아온다는 뜻의 회개라는 말을 쓰는데 반해 믿은 후에는 자백이라는 말을 많이 씁니다.

> 만일 우리가 우리 죄를 자백하면 그는 미쁘시고 의로우사 우리 죄를 사하시며 우리를 모든 불의에서 깨끗하게 하실 것이요(요일 1:9).

그러면 언제 무죄해 집니까?

우리 주님이 오시면 없어집니다. 그 전에는 우리 안에 죄를 가지고 있는 육신과 싸워서 점점 죄를 적게 짓고 거룩해지도록 노력해야 합니다.

이것을 성화라고 합니다.

우리의 싸움의 대상이 멀리 있는 것이 아닙니다. 우리 안에 있습니다. 골로새서 3장 5절에서는 육의 지체라고 말합니다.

> 그러므로 땅에 있는 지체를 죽이라 곧 음란과 부정과 사욕과 악한 정욕과 탐심이니 탐심은 우상 숭배니라(골 3:5).

탐심, 육의 지체, 악의 지체가 있다고 합니다. 이 지체들은 매일 자라기 때문에 매일 잘라내야 합니다. 정원을 관리하지 않고 내버려 두면 잡초가 자라서 가만히 두었을 뿐인데도 쓰레기 땅이 되어 버립니다. 여러분 안에 있는 죄성도 성령 충만과 권능으로 날마다 죽이지 않으면 점점 자라서 나쁜 일을 한 것도 아닌데 쓰레기장과 같이 되어 버립니다. 마귀가 뛰어 놀기 좋은 운동장이 되는 것입니다. 육체, 이것은 여러분이 싸워야 할 원수입니다. 우리 안에 있는 대적입니다.

② 세상

또 하나의 무서운 대적은 세상입니다. 세상은 육신의 정욕, 안목의 정욕, 이생의 자랑을 가지고 우리를 유혹합니다. 세상이라는 것은 성경에서 여러 가지로 사용되는데, 세상 사람이라고 할 때도 있고 세상이라고도 합니다. 세상에 있는 어떤 관점이나 사고방식도 세상이라고 합니다. 이 세상 풍속이 세상에 속하는 것들입니다. 세속적인 관점, 자랑하는 것, 교만, 유혹하는 모든 것들이 세상입니다. 무서운 것입니다.

여러분이 길을 걸어가다가 우연히 화려한 것을 보았을 뿐인데 그것이 유혹이 됩니다. 금이나 보석, 좋은 자동차 같은 것들이 모두 유혹입니다. 세상이라는 것은 인간을 계속 유혹합니다. 명예, 권력, 야망, 돈, 이런 것들이 세상이 가지고 있는 세력들입니다. 이런 유혹은 거의 이기기 어렵습니다.

● **예수의 피로 이긴다**

세상의 유혹은 오직 예수의 피로 이깁니다. 십자가에서 이런 것들을 정복했기 때문입니다. 여러분이 예수 그리스도를 영접해서 자기 안에 있는 육신의 정욕 같은 것들을 모두 죽이고 보는 눈이 바뀌게 되면, 그런 유혹은 별 것 아니게 됩니다. "초막이나 궁궐이나 내 주 예수 모신 곳이 그 어디나 하늘나라"라는 찬송처럼 됩니다.

하늘나라가 어디에 있습니까?

바로 여러분 안에 있습니다. 예수 그리스도 자체가 하나님 나라입니다. 하나님 나라의 왕 되신 그분을 여러분 안에 모시고 그분께 순종하면 여러분 마음속에 하나님 나라가 임합니다. 나라는 영토, 국민, 주권이라는 세 가지 요소로 되어 있는데, 여러분이 예수님이 왕이라는 주권을 인정하고 그의 백성이 되면 그 나라가 여러분의 삶의 영역에 임하는 것입니다.

우리 교회, 모인 공동체도 하나님 나라입니다. 이 곳에 우리 주님이 임재하시기 때문입니다.

> 두세 사람이 내 이름으로 모인 곳에는 나도 그들 중에 있느니라
> (마 18:20).

우리 주님이 이곳에 계셔서 저로 하여금 '예수님이 그리스도다. 예수님이 너희를 대신해서 십자가에서 못 박혀 죽었다. 예수의 죽음, 예수의 피로써 너의 죄 문제와 죽음의 문제, 저주의 문제를 해결하였다'고 증거하게 합니다. 지금도 주님은 이 믿음으로 죄와 사탄을 이겨내고 유혹에 빠지지 말라고 당부하십니다. 다른 것들은 모두 헛된 것입니다.

③ 사탄

마지막으로 살펴볼 우리의 대적은 사탄입니다. 우리를 미혹하고 유혹하는 자이며, 보이지 않는 영적인 세력입니다. 우리 안에 이미 죄악이 있기 때문에 사탄은 일부러 우리 안에 죄악을 집어넣으려고 노력하지 않습니다. 복음주의자 패커라는 사람이 사탄에 대해 상당히 잘 설명했습니다.

> 사탄은 우리에게 어떤 강력한 힘을 가할 필요가 없다. 우리 안에 죄악이 있고 바깥에는 유혹하는 세상이 있으므로 이 두 가지를 가지고 조종만 하면 된다. 사탄은 오케스트라로 보면 지휘자의 역할을 하면서 시험에 들게 하고, 유혹에 넘어가도록 결정만 하면 된다.

여러분이 눈을 뜨고 일어나는 순간부터 여러분 안에는 여러분을 멸망시키려는 죄악이 있고, 바깥에는 여러분을 유혹하는 세력인 세상이 있

으며, 그 배후에는 보이지 않는 사탄이 안팎으로 세상과 육신의 정욕을 움직여서 여러분을 죄악에 떨어지게 합니다. 절대 못 이깁니다. 무슨 중독에 빠진 사람들이 아무리 고치려고 노력해도 고치지 못하는 것과 같습니다. 중독이 나쁜 것이라는 것을 알면서도 못합니다. 우리는 힘이 없습니다.

● 성령 충만이 예수 충만

그러나 우리 주님이 여자의 후손으로 오셔서 약속한 대로 이 악한 흑암 세력들을 십자가에서 발로 밟아버렸습니다. 십자가의 죽음으로 죽음의 세력을 잡은 자, 마귀를 정복했습니다. 죄의 근본이 마귀이기 때문에 그 마귀를 정복했습니다. 뿐만 아니라 하나님의 성령을 보내서 우리 안에 있는 육신의 정욕, 죄성을 잠잠하게 만드셨습니다.

예수님을 믿으면 의로워진다고 합니다. 그러나 실제로는 의로워진 것이 아니라 예수 생명이 내 안에 와서 예수의 피를 증거로 하나님으로부터 의롭다는 칭의를 받은 것입니다. 의롭다고 선언만 된 것입니다. 하나님이 의로운 자라고 인정해 줍니다. 죄를 지어서 감옥에 갇히고 사형 선고를 받은 사람이 있습니다. 그런데 대통령 사면을 받아서 감옥에서 나오게 됩니다. 그러면 그는 더 이상 죄인이 아닙니다. 그러나 용서받고 감옥을 나왔을 뿐, 옛날과 똑같은 사람입니다. 그 안에 있는 죄성이 없어지지 않고 그대로 남아있기 때문입니다.

이와 같이 우리도 예수의 공로로 나왔지만 여전히 옛사람과 똑같습니다. 그래서 예수의 영이 우리 안에 들어와서 옛사람과 똑같은 우리를 하나하나 바꾸고 예수님의 모습으로 바꿔갑니다. 엉망인 우리의 모습을 치고 쪼개서 예수의 모습으로 조각을 해 나가는 것이 성령이 우리 안에 오셔서 하는 일입니다. 예수님을 닮아가게 합니다. 성령 충만이 예수 충만인 것입니다.

(2) 영적 긴장감을 가져라

예수님은 그리스도시요 살아 계신 하나님의 아들입니다. 예수님이 하나님의 아들 그리스도라는 증거로 십자가에서 우리 죄를 대신해서 피 흘려 죽으시고 죽은 자들 가운데서 부활하셨습니다. 이 복음으로 여러분 인생의 모든 문제가 처리되고 해답을 얻습니다.

그 이유는 하나님의 아들이 우리 죄를 십자가에서 정복했기 때문입니다. 우리 죄를 대신 속죄하시고, 우리의 원수 마귀를 십자가에서 밟아 버렸습니다. 사탄의 활동을 제한시켰기 때문에 우리가 인생 문제의 진정한 답인 구원을 얻고 살 수 있게 되었습니다.

이러한 복음의 빛을 받은 사람은 죄가 영적인 문제이고, 사탄이 존재한다는 사실을 이해합니다. 복음 덕분에 죄와 사망의 세력에서 해방되었기 때문입니다. 그러나 복음을 잘 모르는 사람은 영적 세계에 대한 이해가 약하기 때문에 육신이 원하는 대로 살아갑니다. 만약 사탄이 여전히 활동하고 있는 영적 세계에 대한 실체를 바로 알게 된다면 언제든지 삶의 위기를 느낄 것입니다.

베드로전서 5장 8, 9절에서 이렇게 말합니다.

> 너희 대적 마귀가 우는 사자같이 두루 다니며 삼킬 자를 찾나니 너희는 믿음을 굳건하게 하여 그를 대적하라(벧전 5:8-9).

믿음이라는 것은 긴장을 요구합니다. 학교에 가는 길에 깡패 같은 자가 기다리고 있다는 것을 알게 되면 늘 긴장하며 밖에 나가게 될 것입니다. 그가 있는지 없는지 모르고 그냥 다니다가는 그들에게 붙잡히고 맙니다. 우는 사자와 같이 두루 다니며 나를 넘어뜨리려고 하는 마귀가 있다는 것을 알아야 우리가 위기 가운데 있다는 것을 깨닫게 됩니다. 그러므로 나 자신을 죽이고 십자가에 못 박힌 그리스도가 나를 주관하도록 만들어야 합니다. 이런 믿음이 없으면 사탄에 대적하지 못합니다.

● 이스라엘 백성들의 영적 나태함

앞에서 악의 삼총사가 있다는 것을 설명한 바 있습니다. 이 보이지 않는 엄청난 세력뿐 아니라 여러분 안에 이 세력과 내통하는 것이 있습니다. 죄악입니다. 육신의 정욕입니다. 구원을 받은 자라고 하더라도 부패된 죄성이 있습니다. 물론 구원 받기 전과 구원 받은 후의 지위는 다릅니다. 구원 받기 전에는 죄 가운데 속해 있었습니다. 죄가 그를 지배했습니다. 로마서 6장 17절에서 "너희가 본래 죄의 종이더니"라는 말을 합니다. 불신자는 죄의 종입니다.

그러나 믿는 사람은 죄가 있음에도 은혜 안에 있다고 말합니다. 죄가 있기는 하지만 죄가 아닌 은혜가 나를 지배하기 때문입니다. 옛날에는 마귀의 종 노릇을 하였으나 이제는 은혜의 종, 하나님의 종이 되는 것입니다. 그렇지만 여전히 우리 안에는 육신이라는 죄가 있습니다. 그리고 세상이라는 유혹하는 세력이 있습니다. 그렇기 때문에 항상 긴장하면서 하루를 시작해야 합니다. 긴장하지 않고 건성으로 살면 죄악의 세력에 얻어맞고, 원망하고, 실패하게 됩니다.

영적인 나태함에 대한 예를 하나 들겠습니다. 하나님의 백성이라고 하면서도 믿음 없이 편안하게 살려고 했던 이스라엘 백성들에 대한 얘기입니다. 이스라엘 백성들은 믿음으로 사는 것을 싫어했습니다. 믿음은 긴장이 필요합니다. 사탄이 우는 사자와 같이 달려들기 때문에 성령 충만 받아서 나를 죽이고, 예수의 능력, 피의 능력으로 긴장하며 살아야 합니다. 매 순간 긴장하며 자기를 죽여야 하는데 그게 쉬운 일이 아닙니다. 자기 마음대로 편하게 살면서 신앙 생활을 하려고 하면, 새벽기도회에 나가거나 묵상하는 일들이 힘들다고 생각될 것입니다.

그러나 영적인 눈을 뜨고 나면 이게 얼마나 어마어마한 위기의 현장인지 깨닫게 됩니다. 대적들이 우글거리고 있습니다. 그러므로 긴장을 해야 합니다. 하나님의 전신갑주를 입어야 합니다.

> 우리의 씨름은 혈과 육을 상대하는 것이 아니요 통치자들과 권세들과 이 어둠의 세상 주관자들과 하늘에 있는 악의 영들을 상대함이라 그러므로 하나님의 전신 갑주를 취하라(엡 6:12).

이어지는 에베소서 6장 13절부터 19절에서는 진리의 허리띠, 의의 흉배, 평안의 복음이 준비한 신, 믿음의 방패, 구원의 투구, 성령의 검이라는 하나님의 전신갑주가 나옵니다. 방어 무기는 다섯 개이고 공격 무기는 성령의 검 하나입니다. 하나님의 전신갑주를 입고 있으면 사탄의 불화살을 모두 막을 수 있습니다. 믿음의 방패입니다. 그리고 성령의 검으로 사탄을 공격합니다.

이 전쟁을 하기 위해 긴장하고 훈련받아야 하는 것입니다. 그런데 군인들이 훈련받기 싫어하듯이 사람들은 자기 마음대로 살고 편안하게 쉬고 싶어 합니다. 이스라엘 백성들이 그랬습니다.

사무엘은 사사에서 제사장까지 하는데, 이것이 사실은 그리스도의 모형입니다.

사무엘이 사사가 되어 이스라엘을 통치할 때 어떻게 통치했습니까?

사무엘은 믿음의 사람이고 기도하는 사람이었습니다. 그래서 믿음으로 이스라엘을 통치했습니다. 믿음의 실천은 기도입니다. 기도하면 이기는 것입니다. 이스라엘이 블레셋과 전쟁할 때 사무엘은 이스라엘 백성들에게 나가서 싸우라고 했습니다. 직접 솔선수범해서 무기를 들고 나가지 않고, 훈련도 제대로 되어있지 않은 사람들에게 블레셋이라는 강한 상대를 대적하여 싸우라고 합니다. 백성들은 사무엘이 앞장서서 싸우면 쫓아가서 시키는 대로만 하고 싶었으나, 사무엘이 뒤에서 기도해 준다는 말을 듣고 어쩔 수 없이 싸우러 나갔습니다. 굉장히 떨면서 나갔을 것입니다. 그런데 나가는 즉시 이기는 것입니다. 사무엘의 시대에는 한 번도 블레셋이 이긴 적이 없었습니다. 이스라엘의 백전백승이었습니다.

이렇게 승리하려면 어떻게 해야 합니까?

사무엘이 기도하면 이긴다는 것을 믿어야 합니다.

그런데 이스라엘 백성들은 믿음도 없고 무장도 제대로 되어 있지 않앉으며 엄청난 상대를 보고 두려워하고 있었습니다. 반면에 상대는 왕이라는 조직체를 세우고 왕이 앞장서서 싸웠습니다. 인본주의적인 방법이지만 이스라엘 백성들에게는 솔깃해 보였습니다.

사무엘이 있을 때는 그 권위 때문에 할 수 없이 순종했던 이스라엘 백성들이 사무엘의 아들들이 제사장직을 제대로 감당하지 못하자 사무엘에게 가서 왕의 제도를 세워달라고 요청합니다. 이방인처럼 왕을 만들어서 왕이 직접 나가서 싸우게 하고자 했습니다. 신앙적 긴장을 하기 싫어한 것입니다. 국방 문제는 모두 왕에게 책임을 맡기고 자기들은 편안하게 있기를 원했습니다. 나가서 싸우기만 하면 한 번도 진 적이 없는 평화의 시대인데, 왕의 제도를 세워 달라고 합니다.

> 너희가 암몬 자손의 왕 나하스가 너희를 치러 옴을 보고 너희의 하나님 여호와께서는 너희의 왕이 되심에도 불구하고 너희가 내게 이르기를 아니라 우리를 다스릴 왕이 있어야 하겠다 하였도다(삼상 12:12).

사무엘상 12장 12절에 나오는 사무엘의 설교입니다. 앞에 있는 위기를 신앙의 긴장으로 해결하려고 하지 않고 왕을 세우는 인본주의적 방법을 써서 해결하려고 한 것입니다. 오늘의 신자들도 육신적인 편안함을 추구하던 이스라엘 백성들의 모습과 다를 바가 없습니다.

신앙의 긴장으로 산다는 말은 깨어서 기도하고, 깨어서 순종하며 사는 것입니다. 대적이 우는 사자같이 두루 다니고 있는데, 그 대적이 과거에는 눈에 보이는 세력이었으나 지금은 보이지 않는 세력일 뿐입니다. 눈에 보이는 세력은 눈에 보이지 않는 세력의 모형들입니다. 구약에서는 모형으로 설명을 했습니다. 블레셋은 오늘날의 사탄의 모형이고, 블레셋을 발로 밟고 정복한 다윗은 예수 그리스도의 모형입니다.

우리 앞에 있는 이 육신, 세상, 사탄이라는 악의 삼총사는 이스라엘 백성들을 유혹한 것처럼 현재의 우리도 멸망시키려고 합니다. 그렇기 때문에 비록 지금은 편안하게 살고 있는 사람일지라도 언제든지 어려운 일에 직면하게 되는 것입니다.

● 영적 전쟁에서 이기는 법: 영적 긴장

영적으로 긴장하여 성령 충만하고 믿음 충만해서 사는 것이 사실은 행복이고 기쁨이며 건강의 비결입니다. 세상 사람들은 스트레스 때문에 병이 생깁니다. 그러나 영적인 긴장은 하면 할수록 건강합니다. 성령 충만해서 은혜가 충만히 임하면 육신적인 긴장에서 자유하게 합니다. 평안과 자유가 임합니다. 천국이 임하는 것입니다.

세상 사람들도 좋은 일이 있으면 "여기가 천국이구나"라는 말을 합니다. 제대로 모르더라도 이상향이나 어떤 이상을 천국이라고 생각합니다. 본래 우리가 갈 고향이기 때문에 맞는 말입니다. 예수 그리스도 자체가 천국으로 오셨으므로 그분을 모신 곳에 천국이 임하는 것입니다. 세상 사람들이 그것을 모르고 있습니다.

여러분들은 언제든지 영적으로 긴장해서 예수 십자가의 능력을 유지하고, "다 이루었다"고 하신 승리자 그리스도와 더불어 하루를 시작해야 합니다. 그래야 전쟁에서 이깁니다.

영적 전쟁이 일어나는 싸움터는 가까이 있습니다. 싸움터가 멀리 있으면 굳이 저쪽까지 가지 않고 쉴 수도 있는데 그럴 수가 없습니다. 영적인 전쟁은 휴전이 없습니다. 지금 남북한은 법적으로 전쟁 상태입니다. 정전 협정을 체결했지만 휴전을 했을 뿐 지금도 전쟁 상태에 있습니다. 휴전이라는 것은 전쟁이 종료되지 않았다는 뜻입니다. 이처럼 육신적인 전쟁은 정전 협정을 맺고 쉴 수가 있습니다. 그러나 영적인 전쟁은 쉴 수 없습니다. 사탄은 육신이 없기 때문에 피곤을 느끼지 않습니다. 기회만 있으면 인간의 약점, 곧 믿음이 약해질 때 덮치는 것입니다.

믿음이 약해졌다는 말은 여러분의 보호막이 사라졌다는 것을 의미합니다. 보호막이 없으니 사탄이 넘어 들어와서 여러분을 장악합니다. 가만히 있는데도 무슨 사건이 일어납니다. 영적 전쟁의 대상이 나 자신이고, 그 싸움터는 바로 내 안에 있습니다. 이 곳이 전략적인 지역입니다.

● **영적 전쟁에서 이기는 법: 복음 전도**

개인의 싸움터에 대해 더 깊이 들어가면 한 지역, 한 사회, 한 국가의 경우에도 사탄의 역사가 있다는 것을 알게 됩니다. 디도서에서 사도 바울은 "그레데인들은 항상 거짓말쟁이며 악한 짐승이며 배만 위하는 게으름뱅이라 하니"(딛 1:12)라고 말합니다. 특정한 지역을 어떤 특정한 세력이 장악할 수 있습니다.

우리나라를 보면 지역 감정이 사탄이 역사하는 통로입니다. 이유 없이 특정 지역에 대한 편견을 가지고 공격합니다. 그런 식으로 어떤 사회는 사회대로, 어떤 기업은 기업대로 어떤 정신이 있습니다. 기업 정신이라는 것이 좋을 정신일 수도 있고 사탄의 정신일 수도 있습니다. 어떤 회사에 악한 공동 정신이 있는데, 그게 회사에는 이익이 되나 의롭지 않은 경우도 있습니다. 그리스도인이 여기에 수종하면 마귀의 종 노릇을 하게 되고 그렇다고 순종하지 않으면 승진에서 불이익을 당하게 됩니다.

그러면 하나님 나라의 조직이 아닌 곳에서는 우리가 어떻게 살아야 합니까?

원론적으로 말하자면, 우리는 세상 속에서 살도록 부름을 받았기 때문에 그 장소에서 빠져나가면 안 됩니다. 배가 바다에 나가는 것과 같습니다. 세상이라는 바다에서 배로 다니는 것입니다.

조직에서 나와서 새로운 기독교적 공동체를 이루자는 주장도 있었으나, 성경적인 방법으로는 그리스도 중심의 문화가 아닌 곳이라도 들어가서 그 조직을 변화시켜야 합니다. 그 조직이 타락했다고 굳이 거기서 빠져나갈 필요는 없습니다. 타락한 문화라도 그리스도가 왕이어야 할 문화이기 때문에 어떤 문화라도 그 주인은 그리스도가 되어야 합니다. 그리스도께 복종하고 그리스도께 영광 돌리는 그리스도의 문화를 만들어 가면 됩니다. 믿음 충만한 가운데 그리스도의 정신으로 복음 운동을 전개하고, 의의 역할을 이루게 하고, 화평하게 하고, 사랑하게 하는 일들로 조금씩 조직을 바꾸어 나갈 수 있습니다.

비록 그 조직의 사람들이 예수님을 안 믿는다고 할지라도 예수님을 믿는 사람들은 의와 평강과 희락의 사회를 만들어서 그들 또한 그 혜택을 누리게 해야 합니다. 오늘날에는 복음만 전하는 것을 전도 운동으로 보지 않습니다. 예수 믿는 사람들의 하나님 나라 운동의 결과로 인해 인권이 증진되고 악이 억제되며 가난한 사람을 도와주는 일들과 같은 축복이 있어야 합니다. 이것이 하나님이 원하시는 예수 믿는 사회입니다.

● **세계 복음화**

그러므로 항상 긴장하고 깨어서 기도해야 합니다. 오직 예수, 오직 십자가에 못 박힌 그리스도를 믿는 믿음을 통해서 임하는 성령의 충만으로 믿지 않는 한 영혼을 구원하는 데 힘써야 합니다. 구원이 어려우면 복음의 접촉점이라도 만들어서 예수님을 안 믿는 이들로 하여금 '예수님 믿는 사람들은 의롭다.' '예수님이 주이신거 같다'는 생각이 들도록 노력해야 합니다.

요셉이 애굽 땅에 갔습니다. 애굽 땅은 어떻게 보면 세계 복음화의 현장이었습니다. 요셉은 성령 충만으로 받은 권능으로 하나님의 능력을 애굽 사회에 실현했습니다. 애굽 왕과 모든 신하들이 그것을 보고 요셉에게 여호와의 감동된 사람이라고 하면서 여호와의 통치를 인정했습니다. 그들은 비록 여호와의 백성은 아니었지만 요셉의 역할로 인하여 그 나라가 복을 받았습니다. 그 지역에 가뭄이 왔을 때 요셉이 미리 양식을 잘 보관한 덕분에 애굽뿐 아니라 가나안 지방에 있는 사람들도 모두 살 수 있었습니다. 그 지역에 사는 사람들은 애굽의 총리 요셉이 여호와를 경외하는 사람이라는 것을 알고 있었습니다. 그래서 '요셉이 경외하는 여호와라는 신이 정말 대단한가 보구나'라고 알려진다면, 그것도 넓은 의미의 전도입니다.

여러분도 이런 삶을 살아야 합니다. 여러분은 날마다 이 싸움터에서 싸워야 합니다. 남의 일이 아니라 여러분이 직접 부딪히는 일입니다.

2. 세 가지 싸움터

영적 전쟁을 하는 싸움터에는 세 가지 장소가 있습니다.
첫째, 생각입니다.
둘째, 마음입니다.
셋째, 입술입니다.
여러분이 이 생각, 마음, 입술을 잘 지키면 마귀의 공격과 접근을 막고 승리합니다. 그러나 이것을 안 지키고 파수꾼의 역할을 제대로 하지 못 하면 여러분은 마귀 역사의 통로가 돼서 이걸로 인해 종 노릇 하게 됩니다. 마귀가 공격하기 시작하면 가정에서든 직장에서든 문제가 심각해지고 골치 아파집니다.

(1) 생각

영적 전쟁을 하는 세 가지 싸움터 중에서 가장 중요한 것이 생각입니다. 사탄은 생각을 통해서 인생들을 장악합니다. '생각은 자유'라는 말이 있습니다. 헌법에서도 생각에 대해서는 처벌할 수 없습니다. 공산주의든 대한민국 혁명이든 생각만 갖고 있는 상태라면 아무런 처벌도 가할 수 없습니다.
그러나 성경은 그렇게 얘기하지 않습니다. 영적인 것은 생각조차도 하나님의 인식 하에 있기 때문에 자유가 아닙니다. 생각도 하나님의 명령 하에 있는 것이므로 우리는 자기중심적인 생각과 의도를 스스로 감시하는 관찰자가 되어야 합니다. 생각에 파수꾼을 세워야 합니다. 자기 자신을 판단하고 심판하지 않고 마음대로 살면 다른 사람까지도 시험에 들게 하는 사탄의 도구가 되고 맙니다.

대체로 생각은 세 가지 근원에서 나온다고 봅니다.

첫 번째 근원은 자기가 갖고 있는 생각입니다. 하나님은 인간을 존귀하게 만들고 생각할 수 있는 이성을 주셨습니다. 이성은 하나님이 주신 선물입니다. 그런데 그 생각이 싸움터입니다. 그 생각에 의해서 이기기도 하고 지기도 합니다.

두 번째 근원은 하나님이 주신 생각입니다. 가만히 있는데 어떤 선한 일, 봉사, 헌신하겠다는 결단과 같은 생각이 우리에게 들어옵니다. 하나님이 이 생각을 우리에게 집어넣어 주신 것입니다.

세 번째 근원은 마귀가 주는 생각입니다. 요한복음 13장 2절에 보면 마귀가 생각을 넣는 장면이 나옵니다.

> 마귀가 벌써 시몬의 아들 가룟 유다의 마음에 예수를 팔려는 생각을 넣었더라(요 13:2).

여기서 예수님을 팔 생각을 넣은 것이 마귀입니다.

그러므로 생각이라는 게 굉장히 중요합니다. 맨 처음에 마귀와 부딪쳐 싸우는 현장이 생각입니다. 생각을 분별하는 능력이 있어야 합니다. 하나님의 성령, 하나님의 말씀을 기준으로 분별해서 생각이 바르지 못하면 사탄이 주는 것이라는 것을 빨리 알아내야 합니다. 자기 생각임에도 사탄이 역사해서 죄악의 생각이 될 수 있습니다.

그러면 어서 뱉어내야 합니다. 음식도 먹다가 이상이 있으면 먹지 않고 뱉어냅니다. 어떤 생각이 들 때도 이게 사탄의 생각이라고 생각되면 바로 뱉어서 버려야 합니다. 루터가 한 유명한 말이 있습니다.

'생각이 들어오는 것, 그 자체는 죄가 아니다. 그러나 그 생각이 우리 안에 들어와서 내 머리 안에서 둥지를 틀면 그게 죄악이다.'

갑자기 어떤 생각이 들었을 때 그걸 계속 키워나가면 죄에 잡히는 것입니다. 좋은 생각은 발전해야 하지만 음탕한 생각, 미혹하는 생각이 들면 빨리 없애버려야 합니다.

인간에게는 죄성이 있고, 정욕이 있기 때문에 가만히 있어도 유혹하는 생각이 들어옵니다. 갑자기 예전에 자기에게 서운하게 했던 사람이 떠오르기도 합니다. 미워하는 마음은 사탄이 주는 생각입니다. 그런 서운하고 악한 생각이 계속 되면 점점 화가 나고 나중에는 무슨 사고까지 일어납니다. 이것을 죽여야 합니다. 죽이지 못하면 아무리 대단한 사람이라고 해도 강퍅해지고 괴로워집니다.

마음을 갈고 닦아 비우려고 노력해도 오히려 귀신이 들어옵니다. 마태복음 12장 43절에서 45절에 보면 사람에게서 더러운 귀신이 나갔다가 귀신들이 쉴 곳을 찾지 못해서 다시 돌아왔더니 그 빈집이 깨끗하게 청소되어 있어서 오히려 더 많은 귀신들을 데리고 들어오는 바람에 그 사람이 더욱 악해져 버렸다는 얘기가 나옵니다. 마음은 비워있으면 안 됩니다. 깊이 도를 닦았다는 사람이 영적으로 더 시달립니다.

그러면 그 안을 무엇으로 채워야 합니까?

하나님의 아들 그리스도를 통해서 성령으로 충만해야 합니다. 그래야 부요하고 마귀가 들어오지 못합니다.

그러므로 생각을 분별해서 쫓아내는 것이 대단히 중요합니다. 생각을 바꾸려고 하는데 그 생각이 나가지 않으면 여러분이 가지고 있는 위대한 무기, 예수 그리스도 이름으로 쫓아내야 합니다.

'예수 그리스도 이름으로 명하노니 내 안의 음탕한 생각을 가져오는 세력들은 사라져라!'

그 생각이 사라질 때까지 이렇게 기도해야 합니다. 사탄의 생각을 예수 이름으로 쫓아내야 됩니다. 생각에서 지면 그 다음은 시간 문제입니다. 입술을 통해서 악한 생각이 드러나게 됩니다. 그러므로 영적 싸움의 첫 접전지인 생각을 지켜야 합니다.

(2) 마음

생각도 중요하지만, 또 중요한 것 하나가 마음입니다. 마음은 대체로 태도와 감정으로 봅니다. 우리한테는 어떤 마음의 경향이나 태도가 있습니다. 악한 게 아니더라도 무언가 잘못된 것을 가지고 있으면 어느 순간에 갑자기 드러납니다. 인간관계에서 '저 사람은 좀 시원치가 않아'라고 생각하는 것 자체는 죄라고 볼 수 없습니다. 그런데 이걸 마음에 품고 있다 보면 언젠가 그 사람과 대화할 때 '당신 형편없네'라는 말이 나오게 됩니다.

그러므로 마음에 가지고 있는 태도, 생각, 감정들은 빨리 없애야 합니다. 이런 것들을 가지고 있으면 교묘한 방법으로 사탄의 올무가 되어 무슨 사건이 터지고 맙니다.

그런 사고는 우연히 일어나는 것이 아닙니다. 빨리 회개하고 '내가 그를 사랑합니다'라고 기도해서 마음의 상태를 바꿔야 합니다.

(3) 입술

마지막으로 살펴볼 결정적인 싸움터는 입술입니다. 생각과 마음을 아무리 단정하게 갖고 있어도 어느 날엔가 이것이 입으로 뱉어지게 됩니다. 말로 나옵니다. 하나님의 말씀이 중요한 것처럼 말이라는 것은 대단히 중요합니다. 인간은 하나님의 말씀으로 창조되었고, 하나님의 형상으로 창조되었습니다. 우리가 그 형상으로 복을 받았기 때문에 우리가 갖고 있는 말도 대단한 힘이 있습니다.

말이라는 것이 생명도 가져오게 하고 죽음도 가져오게 할 수 있는 무서운 도구입니다. 하나님이 우리의 입을 통해서 한 영혼을 살리기도 하고 시험에 들게도 할 수 있는 능력을 주신 것입니다. 성경은 곳곳에서 '우리 입술, 혀를 조심하라!'고 얘기합니다. 잠언 18장 21절에는 "죽고 사는 것이 혀의 힘에 달렸나니 혀를 쓰기 좋아하는 자는 혀의 열매를 먹으리라"라고 합니다. 혀의 중요성은 너무나 크기 때문에 시편 141편 3절에서는 "여호와여 내 입에 파수꾼을 세우시고 내 입술의 문을 지키소서"라고 기도하게 합니다.

여러분의 생각이나 마음속에 무엇이 있든 그것이 말로 선포되기 전까지는 범죄 상태가 아닙니다. 그러나 말로 뱉어버리는 순간 거둘 수 없게 됩니다. 마지막 결정적인 싸움터가 입인 것입니다. 조금만 힘들어도 '아이고, 죽겠네' 하는 사람은 그런 말로 스스로도 시험에 들고 다른 사람도 시험에 들게 합니다. 이런 말들로 인하여 마귀의 도구가 되는 것입니다.

그러나 우리 안에 있는 생각을 바꾸면 복음의 말이 됩니다.

여러분의 입술은 무엇을 하라고 만들었습니까?

복음을 전하라고 있는 것입니다. 하나님께 영광 돌릴 말을 하라고 만들었습니다.

우리 귀는 왜 만들었습니까?

하나님 말씀을 듣기 위해서입니다.

> 귀 있는 자는 들으라(마 13:9).

마태복음 13장 9절에서 말씀하셨습니다. 하나님 말씀처럼 새롭고 기쁜 것이 없습니다.

목사에게 가장 중요한 순간은 바로 설교 직전입니다. 성령 충만을 아무리 기도했다고 해도 강단에 서기 전에 마음이 상해버리면 설교할 때 아주 힘이 없습니다. 저도 연약한 인간이기 때문에 주일 성수에 빠진 사람을 신경 쓰거나 성도들의 예배드리는 자세 때문에 시험 들어서 찬송을 하다가 실수를 하기도 합니다.

그래서 여기에 오기 전에 '성령이여, 내 마음의 생각을 지켜주시고 오늘 보는 것, 듣는 것으로부터 내 눈과 내 마음을 지켜 주십시오'라고 간절히 기도합니다. 내 입술과 내 귀에 파수꾼을 세워놓고 기도를 하면 좀 자유하게 돼서 누가 주일 성수에 나오지 않아도 '그래, 무슨 일이 있겠지'하고 그것을 이해하게 됩니다.

기도를 하지 않고 이것을 막지 못하면 결국 안 좋은 소리를 하게 되고, 그 소리 때문에 시험에 들고 맙니다. 그러면 그날의 설교는 굉장히 어려워집니다. 저만 어려운 것이 아니라 듣는 사람도 어렵게 됩니다. '목사님 설교가 왜 이렇게 힘이 없고 은혜가 안 되지?' 하고 생각하게 됩니다. 제가 마음과 생각을 지키지 못한 결과입니다.

3. 예수 충만, 성령 충만의 삶

여러분 개인에게 중요하고 전략적인 싸움터가 있는데, 그것이 생각과 마음과 입술입니다. 이 생각과 마음과 입술을 잘 지키면 마귀의 올무로부터 자유롭습니다. 승리합니다. 그러나 이것을 지키지 못하면 시험에 들고 자기뿐 아니라 다른 사람도 시험에 들게 만듭니다. 그것이 영적 전쟁의 실전입니다. 멀리 나가서 무슨 뿔 달린 자와 싸우는 것이 아니라 날마다 생각과 마음과 입술을 지키며 싸워야 합니다. '귀신아, 물러가라!' 이런 식으로 소리 지르는 것은 아주 지엽적인 것입니다. 물론 우리가 믿음의 싸움을 싸울 때 마귀를 쫓아내는 것도 사실입니다. 악한 생각을 가지고 공격하면 '이 생각을 가져다준 사탄아, 물러가라!'라고 기도해야 합니다.

그러나 이것이 다가 아닙니다. 영적 전쟁은 그리스도인의 삶 자체입니다. 매일의 삶이 전쟁입니다. 예수 충만, 성령 충만받은 그리스도인의 삶을 살아야 합니다. 사탄은 이미 패배한 자가 되었기 때문에 우리를 공격할 수 없습니다. 그러나 우리가 믿음에서 벗어나면 즉시 공격합니다. 사탄은 이미 십자가에서 박살나서 등뼈가 부러졌기 때문에 우리를 공격할 능력이 없지만, 우리가 대장 예수에게서 벗어나서 자기 마음대로 살겠다고 개별적인 행동을 하면 사탄에게 붙잡힙니다. 사탄이 비록 패잔병으로 쫓기는 가운데 있더라도 아직은 활동하고 있기 때문입니다.

예수 충만, 성령 충만, 믿음 충만 자체가 영적 전쟁의 승리 비결입니다. 사탄을 정복하기 위해서 무슨 특별한 행동을 할 필요가 없습니다. 승리의 삶 자체가 영적 전쟁을 이기는 비결입니다. 그래서 저는 새벽기도회에서 반드시 이 얘기를 합니다.

> 예수님은 그리스도시요 살아 계신 하나님의 아들입니다.
> 예수님은 하나님의 아들 그리스도라는 증거로 십자가에서 우리를 대신해서 죽으시고 죽은 자들 가운데서 부활하셨습니다.
> 이 그리스도 십자가 대속의 피의 복음으로 여러분의 인생의 모든 문제가 처리됩니다.
> 하나님의 아들 예수 그리스도의 이름으로 여러분 인생의 모든 문제가 처리됩니다.
> 하나님의 아들의 이름을 부를 때 하나님의 영이 임합니다.
> 하나님의 아들의 이름을 부르면서 성령 충만 받고, 이 성령의 능력과 인도로 하루를 승리하십시오.

이렇게 선언을 하고 설교를 시작합니다. 오직 말씀과 기도로 승리합니다. 이것이 복음 받은 자의 축복입니다.

제10장

결론:
사탄과의 영적 싸움에서 승리하는 삶

● 복음으로 뿌리를 내리라

지금까지 하나님의 은혜로 승리자 그리스도 복음, 여자의 후손이 사탄의 머리를 밟아버리고 승리한 그리스도의 복음을 들었습니다. 이 복음으로 여러분 인생의 모든 문제가 처리되고 해답을 얻습니다. 세상 사람들은 눈이 어두워서 영적 세계에 대한 비밀을 모릅니다. 사탄이 우는 사자와 같이 두루 다닌다는 말을 들어도 무슨 만화 같은 이야기로 여깁니다. 그러나 영의 눈을 뜨고 보면 실제로 그런 세력이 있습니다. 여러분은 이 세력의 존재로부터 해방 받은 자들입니다. 예수 그리스도의 피, 십자가의 대속의 죽음이 사탄을 박살냈고 우리 주님이 다 이루었다는 사실을 확실히 믿는 사람은 어둠에서 빛으로, 사탄의 권세에서 하나님께로 돌아옵니다. 이것이 비밀이고 복음입니다. 여러분들은 이 복음으로 깊이 뿌리를 내려야 할 것입니다.

복음으로 뿌리를 내리는 중요한 방법 중의 하나가 신구약을 관통하는 복음을 듣는 것입니다. 성경이 '구약은 뿌리요, 신약은 열매'라고 말하기 때문입니다. 많은 신자들이 신약만 알고 있어서, 예수님이 그리스도이고 예수님이 나를 위하여 죽으시고 부활했다는 것만 믿습니다.

예수님이 왜 우리를 위해서 죽으셨습니까?

예수님이 여자의 후손으로 오셔서 뱀의 머리를 상하게 해야 되기 때문입니다. 우리 주님은 요한복음 19장 30절에서 창세기 3장 15절을 다 이루었다고 선언하셨습니다. 이 뿌리를 알지 못하고 열매만 보면 복음이 깊이 뿌리내리지 못합니다. 뿌리를 내리지 못하면 나무가 서 있어도 열매를 맺지 못합니다. 그러므로 여러분은 예수 그리스도의 십자가의 죽으심, 예수의 피를 확실하게 믿어야 합니다.

● 창세기 3장 사건(인류의 타락)을 해결하신 그리스도

예수님이 왜 우리를 위해서 죽으시고 사탄을 정복했습니까?

여기에 비밀이 있습니다. 우리의 대표되는 아담과 하와가 하나님의 명령, 율법을 어기고 죄를 범했습니다. 죄를 범하고 하나님을 떠나서 하나님을 알지 못하고 마귀의 종이 되었습니다. 이것이 창세기 3장의 사건입니다. 마귀를 따르는 상태가 된 자들에게 아무리 마귀에게서 나오라고 해도 나오지 못합니다. 마귀가 더 세기 때문입니다. 그래서 하나님이 마귀를 박살낸다고 약속하셨습니다.

내가 너로 여자와 원수가 되게 하고 네 후손도 여자의 후손과 원수가 되게 하리니 여자의 후손은 네 머리를 상하게 할 것이요 너는 그의 발꿈치를 상하게 할 것이니라 하시고(창 3:15).

창세기 3장 15절에서 사탄에게 한 선포가 우리에게는 구원의 복음이 되었습니다.

그러면 왜 발꿈치를 상하게 합니까?

이것은 대속의 죽음을 의미합니다. 그 죽음을 가지고 죽음의 세력을 잡은 자 마귀를 정복하는 것입니다. 하나님은 앞으로 메시아 그리스도가 여자의 후손으로 태어날 것과 그 여자의 후손이 고난과 영광을 통해서 그리스도로 취임할 것을 창세기 3장 15절에서 예언했습니다. 그리고 구약 백성을 준비시켜서 이 예언을 모형적으로 설명합니다. 하나님이 아브라함의 후손, 이스라엘 민족을 택하여 사탄을 정복할 그리스도로 태어나는 여자의 후손을 구체화합니다.

그 모형의 대표적인 인물이 여호수아와 다윗입니다. 여호수아가 그들의 대적인 가나안 족속들 다섯 왕을 발로 밟아버리고, 지휘관도 쳐서 죽입니다. 다윗 또한 이스라엘의 원수인 골리앗을 발로 밟고 칼로 그를 죽입니다. 요한복음 18장에서 우리 주님은 사탄과 치열한 결전, 십자가 결전을 하러 가실 때 기드론 시내를 건넜는데, 그 기드론 시내는 다윗이 걸었던 곳이었습니다. 다윗의 모형을 실현하기 위함이었습니다.

예수님은 십자가에서 대속의 죽음을 당하고, 죄와 죽음의 문제, 율법의 저주와 사탄의 문제를 모두 해결하셨습니다. 죄 때문에 사탄에게 잡힌 바 되었던 인간의 죄값을 모두 지불하셨습니다. 그러나 사탄을 아직 밟아버리지는 않았습니다. 아직 지옥에 던져진 것이 아닙니다.

언제 지옥에 던져집니까?

그리스도의 재림 때입니다. 우리는 주님의 처음 오심과 다음에 오심의 중간 시대에 살고 있는 것입니다. 지금의 역사는 그리스도께서 다시 오실 때를 향해 달려가고 있습니다. 이때는 대장 예수만을 믿는 믿음을 가지면 주님이 우리 안에 찾아오십니다. 성령으로 찾아오셔서 함께 하시고 그 능력을 가지고 우리로 죄와 사탄을 이기게 합니다. 요한일서 5장 18절에서 "악한 자가 그를 만지지도 못하느니라"고 얘기합니다. 요한일서 4장 4절에서도 "너희 안에 계신 이가 세상에 있는 자보다 크심이라"고 합니다. 그리스도라는 어마어마한 분이 계시기 때문에 걱정할 것이 없습니다. 성령이 역사하므로 우리가 승리합니다.

- **우리 안에 있는 죄악의 세력인 육신, 세상, 사탄(악의 삼총사)과의 싸움**

우리가 승리자 그리스도와 더불어 살아가고 있으나 하나님의 경륜상 대적은 멀리 있는 사탄만 있는 것이 아니라 우리 안에도 죄라는 악의 세력이 있습니다. 육신이라는 죄성입니다. 이것이 사탄과 내통하고 우리로 범죄하게 합니다. 하나님과의 관계에 불화를 만들어서 회복하지 못하게 하고 결국에는 하나님을 떠나게 합니다. 또 세상이라는 유혹자가 달려들어서 우리를 괴롭게 하고 유혹해서 넘어지게 합니다. 예수 중심으로 살아야 하는데 쾌락 중심으로 살게 합니다. 재밌게 살자, 젊어서 놀자 하며 유혹합니다.

그러나 우리는 일을 하고 다른 사람을 섬기고 사랑하며 복음을 전하는 삶을 살아야 합니다. 일 하는 것 자체가 구약 시대에는 괴로움이었으나 신약 시대에는 기쁨이고 감격입니다. 하나님의 능력으로 일하기 때문입니다. 구약 백성과 신약 백성은 육일 동안 사는 방법도 다릅니다. 예수님이 안 오셨던 구약 백성에게는 하나님의 성령이 충만하게 임하지 못했습니다. 그래서 그들은 육신적으로 살려고 노력하느라 고되고 힘들었습니다. 토요일에 안식일을 지킬 때도 지친 몸으로 와서 쉬다가 갔습니다. 여러분이 주말에 쉬고 월요일이 되었는데도 힘이 없다면 구약 백성들과 같은 것입니다. 신약 백성은 주일에 하나님 말씀을 듣고 성령 충만으로 능력을 얻어서 그 능력을 가지고 육일 동안 살아갑니다. 기쁨이 충만하고 능력이 충만하여 육일 동안 승리합니다.

말씀이 없으면 우리 안에 있는 죄와 밖에 있는 세상 유혹, 그리고 사탄이라는 악의 삼총사를 이기지 못합니다. 이 싸움은 멀리 있는 것이 아니라 내 생각과 마음과 입술을 통해서 역사합니다. 이것이 통로입니다. 이 통로를 지키지 못하면 사탄의 도구가 되어 버립니다. 그러므로 믿음 충만, 성령 충만으로 지켜야 합니다. 영적 전쟁은 단순히 마귀를 쫓는 것이 아니라 예수 충만을 받은 그리스도인의 삶 자체입니다.

● **승리자 예수 그리스도를 믿는 믿음으로 승리하는 삶**

앞서 영적 전쟁, 사탄을 정복하는 전쟁의 중요성에 대해 몇 가지 말씀드린 바 있습니다. 우리는 언제든지 이 세상의 실제 문제가 마귀와 하나님과의 대 영적 투쟁이라는 관점에서 보아야 참되게 이해될 수 있다는 것을 알아야 합니다. 우리가 직면하는 문제는 우리 주변 사람들이 일으킨 문제만이 아닙니다. 그 안에 배후하는 다른 세력이 있습니다.

그래서 인간들이 아무리 해결해 보려고 노력해도 안 되는 것입니다. 금년에 결정한 국정 사안들이 다음 정권에서는 바뀌어 버립니다. 해답이 아니기 때문입니다. 세계적인 국제회의에 모여서 머리를 맞대도 해결이 안 됩니다. 인류의 모든 사건들의 배후에는 보이지 않는 권세가 존재하기 때문입니다. 그것은 하나님의 우주를 전복시키기 위해 항상 혼돈의 상태를 야기하는 세력입니다. 재난의 궁극적인 근원은 마귀입니다.

온 세상은 악한 자 안에 처한 것이며(요일 5:19).

세상이 악한 영, 마귀의 수중에 있습니다. 인간은 실제적으로 사용되어지는 도구에 불과합니다. 에베소서 6장 12절에서 "우리의 씨름은 혈과 육을 상대하는 것이 아니요 통치자들과 권세들과 이 어둠의 세상 주관자들과 하늘에 있는 악의 영들을 상대함이라"라고 합니다. 우리의 싸움이 혈과 육이 아니라 보이지 않는 세력과의 싸움이라고 영적 전쟁의 비밀을 얘기하고 있습니다. 학자들은 정사와 권세를 아침의 아들 계명성, 루시퍼로 봅니다. 어마어마한 세력이 조직과 나라를 가지고 우리를 공격합니다. 그가 보이지 않는 불신앙의 세력, 어둠의 세계의 왕으로 통치하고 있습니다.

그러나 우리는 하나님의 계시에 의해서 하나님이 통치하신다는 것을 알기 때문에 걱정할 것이 없습니다. 하나님이 마귀를 어둠 속에 가두어 놓았습니다. 하나님의 아들을 여자의 후손으로 보내서 뱀의 머리를 상하게 하고 사탄을 정복하셨습니다. 우리 주님께서 이 세상 임금의 세력과 싸울 때 육신적인 싸움이라면 군사들이 싸웠겠지만 영적 싸움이기 때문에 죽음으로써 죽음의 세력을 정복했습니다. 그래서 십자가에서 못박혀 죽으신 것이 창세기 3장 15절의 약속, 곧 여자의 후손이 뱀의 머리를 밟아버린다는 예언을 실현한 사건인 것입니다. 그러므로 여러분은 염려할 것이 없습니다. 이 신앙을 참되게 갖고 깊이 뿌리내리기를 주의 이름으로 축원합니다.

● 기도

할렐루야. 살아 계신 아버지 하나님.

하나님 은혜를 감사합니다. 우리 하나님의 은혜로 승리자 그리스도의 복음을 듣게 하신 것을 감사합니다. 지금까지 포기하지 않고 읽어오게 하신 은혜에 감사합니다.

이 승리자 그리스도의 복음을 마음속에 깊이 새기면서 이 권능의 복음의 증인이 되게 하시고 날마다 영전(靈戰)을 싸우면서 승리하게 하시옵소서. 이 승리의 비밀이 먼데 있는 것이 아니라 우리 안에 있어서 우리가 믿음과 성령으로 충만해야 승리할 수 있습니다. 영적인 싸움이 단순히 마귀를 축출하는 데 있는 것이 아니라 우리의 믿음 충만, 성령 충만한 삶 자체인 것을 알고 좀 더 참된 신앙을 회복하게 하시고, 예수 그리스도로 말미암아 부어지는 성령의 충만함을 받아 권능 충만하기를 기도합니다.

특별히 우리 모두의 영혼을 축복하시고, 그 영혼에 가두어져 있는 어둠의 세력들을 거두시고, 빛으로 들어오도록 우리 하나님의 성령께서 역사하여 주시옵소서. 마음의 죄를 열게 하시고, 십자가에 못 박힌 그리스도가 창세기 3장 15절에서 예언한 죄와 사탄을 정복한 순간이라는 것을 바로 깨닫도록 우리 모두의 영혼을 축복하시고 구원을 베풀어 주시기 바랍니다. 그래서 어둠에서 빛으로 돌아오게 하시고 사탄의 권세에서 하나님께 돌아오는 구원을 얻는 자들이 되게 하여 주시옵소서. 지금까지 에벤에셀로 인도하신 우리 주님을 찬양하며 모든 영광을 아버지께 돌립니다.

오늘 확신을 얻지 못한 성도들의 머리속에 새겨진 이 하나님의 말씀이 때가 되면 뿌리가 내리고, 싹이 되며, 열매가 맺도록 그들의 영혼과 또 그들의 가는 길을 축복해 주시기를 바랍니다.

우리 모든 성도들의 주일성수를 잘 지켜주시고, 더 열심히 참석하는 가운데 이 복음의 비밀이 참되게 믿어지게 하시고, 이 복음의 비밀을 누리며 사는 승리의 그리스도인들, 권능의 그리스도인들이 되게 하시고, 더 나아가서 이 능력의 복음을 받은 종들의 생업 가운데 그 능력이 나타나게 하시고, 그들의 대인 관계를 통해서 나타나게 하시고, 삶의 모든 영역에 하나님의 능력, 복음의 능력, 예수 그리스도의 능력, 성령의 능력이 나타나게 하여 주옵소서.

예수님의 이름으로 기도하옵나이다. 아멘!

저자 소개

임 덕 규

육군사관학교 졸업

서울대학교 법대 및 동대학원 졸업(법학 박사)

대한신학교 졸업

아세아연합신학대학원 졸업(M.A., M.Div.)

육군사관학교 법학과 교수 역임

대한예수교장로회(대신) 충성교회 담임목사

홈페이지: http://onlychrist.onmam.com

App: "충성교회" 혹은 "충성복음교회"로 검색

임덕규 신앙강좌 시리즈

1. 신구약을 관통하는 그리스도(복음공과)
임덕규 지음/ 신국판/ 352면

신구약을 관통하는 그리스도를 드러내어 예수님이 하나님의 아들 그리스도이심을 믿고 인생 모든 문제의 답을 얻도록 하기 위한 교재이다.

2. 인생 모든 문제의 해답 I
임덕규 지음/ 신국판/ 360면

인생의 구체적인 문제들을 복음의 관점에서 다루며 인생 모든 문제의 해결자이신 그리스도를 만나는 길과 복음의 본질에 대하여 자세히 안내한다.

3. 인생 모든 문제의 해답 II
임덕규 지음/ 신국판/ 368면

복음과 구원의 서정과 확신에 대하여 성경적으로 교리적으로 설명하고, 전도와 선교, 그리고 교회 절기와 교회 생활 등 실제적인 내용을 다룬다.

4. 인생 모든 문제의 해답 Ⅲ
임덕규 지음/ 신국판/ 352면

그리스도인의 성숙한 가치관과 인격에 대하여 다루고 그리스도인이 불신 세상을 향하여 변증할 수 있도록 타종교와 일반 학문에 대한 평가를 다룬다.

5. 복음과 성령충만 Ⅰ
임덕규 지음/ 신국판/ 298면

복음과 성령충만의 의미와 본질에 대하여 바로 이해하고 성령충만의 방법, 체험에 관하여 제대로 배워서 복음전도를 잘 감당하도록 돕는다.

6. 복음과 성령충만 Ⅱ
임덕규 지음/ 신국판/ 300면

구약에서 선포된 복음에 대하여 설명하고 복음과 성령의 사역 그리고 복음과 그리스도인의 신앙의 관계를 다루며 성령충만의 실제 모습을 보여준다.

7. 하나님을 만나는 길
임덕규 · 박철동 지음/ 신국판/ 376면

성경의 핵심인 그리스도의 피의 희생제사를 통해 인간이 하나님께 나아갈 수 있고, 하나님을 만날 수 있다는 진리를 전해주고 있다.

8. 신구약을 관통하는 그리스도(완결편)
임덕규 지음/ 신국판/ 472면

조직신학적 관점에서 그리스도를 알고 그리스도의 복음 체질로 변화되어 삶에서 복음의 능력을 나타내는 권능 있는 증인이 되도록 돕는다.

9. 언약과 그리스도의 복음
임덕규 지음/ 신국판 양장/ 304면

성경의 3가지 언약 곧 구속 언약, 행위 언약, 은혜 언약의 관점에서 구속사의 흐름을 따라 하나님의 언약과 그리스도의 복음을 기술하였다.

10. 구원 얻는 신앙이란 무엇인가?
임덕규 지음/ 신국판 양장/ 264면

개혁주의 관점에서 유사(類似) 신앙을 분별하고 구원 얻는 참된 신앙의 본질과 기능과 종류 그리고 확신에 대해 바로 알 수 있도록 저술하였다.

11. 개혁교회를 무너뜨리는 톰 라이트
임덕규 지음/ 신국판 양장/ 264면

그리스도의 속죄의 보혈을 중심에 두지 않고 복음을 하나님 나라로 대치하고, 그리스도의 의의 전가를 부인하는 톰 라이트의 신학 개혁주의의 입장에서 비판한다.

12. 그리스도의 십자가 복음
임덕규 지음/ 신국판 양장/ 352면

기독교 신앙의 핵심인 그리스도의 십자가의 복음과 그리스도의 피로 이루어진 부활의 생명을 넘어 십자가의 본질과 그 풍성한 의미를 설명한다.

복음이란 무엇인가 시리즈

복음이란 무엇인가? 1
예수, 그는 누구신가?
임덕규 지음/ 46판/ 72면

평신도 전도용으로 쉽게 예수님이 누구신지에 대해서 저술하고 있다. 예수 그리스도는 구원의 주로서 그리스도시요, 살아계신 하나님의 아들이다.

복음이란 무엇인가? 2
예수, 그는 무엇을 하셨는가?
임덕규 지음/ 46판/ 120면

그리스도의 죽음과 부활은 구약성경에 이미 수천 년 전에 예언되어 있었고, 그 예언대로 예수님이 이 세상에 오셔서 성취하셨다. 이 진리를 확신하는 사람은 구원을 얻는다.

복음이란 무엇인가? 3
예수는 그리스도
임덕규 지음/ 46판/ 88면

신·구약성경의 주제는 한마디로 "예수 그리스도"이다. 예수는 "하나님의 아들 그리스도"이시며 또한 제사장, 선지자, 왕의 세 가지 직함을 이루신 그리스도이시다.

복음이란 무엇인가? ④
세상의 빛, 그리스도
임덕규 지음/ 46판/ 88면

복음의 빛을 받는다는 의미를 참되게 깨달아, 마음에 그리스도의 빛을 받고 세상의 빛이 되어 어둔 세상에 그리스도의 은혜를 비추어 증거하는 증인이 되도록 도전한다.

복음이란 무엇인가? ⑤
청년의 때에 예수를 만나라
임덕규 지음/ 46판/ 88면

솔로몬 왕은 청년의 때에 너의 창조주를 기억하라고 권고했다. 즉 본서는 젊을 때에 예수님을 창조주 하나님으로 믿고 인격적으로 예수님을 만나야 한다고 권고한다.

복음이란 무엇인가? ⑥
로마법과 그리스도의 십자가
임덕규 지음/ 46판/ 168면

그리스도의 재판 절차를 통해 당대 세계 최고인 로마법에 의해 실상 그리스도의 무죄가 입증되었음과 그리스도의 죽음이 인류의 구속을 위한 역사적 사건임을 보여준다.

복음이란 무엇인가? 7
하나님 체험 · 말씀(그리스도) 체험
임덕규 지음/ 46판/ 104면

말씀을 통해 하나님을 만나고 체험한 신앙의 인물들과 성경, 교회사 속의 인물들을 보여 주며 진리의 말씀되신 그리스도를 체험하여 세상의 빛으로 살아갈 것을 촉구한다.

복음이란 무엇인가? 8
발 씻기심의 복음
임덕규 지음/ 46판/ 160면

예수님의 발 씻기심은 겸손과 섬김의 본을 위한 것이 아니라 죄 사함의 십자가 복음이다. 십자가 사랑과 죄 사함을 바로 깨달아 자유인이지만 종으로 섬김의 삶을 살 것을 촉구한다.

복음이란 무엇인가? 9
염려하지 말라 예수가 그리스도다
임덕규 지음/ 46판/ 184면

염려를 단순하고 명확한 실제이자 세력으로 정의하며, 이 세력을 상대하기 위한 해결책을 제시한다. 그것은 바로 하나님과 그의 아들 예수 그리스도를 믿는 믿음이다.

복음이란 무엇인가? ⑩
오직 한 길
임덕규 지음/ 46판/ 136면

그리스도는 하나님께 나갈 수 있는 유일한 길과 진리이며 생명이다. 그리스도에 대한 참된 믿음으로 영생을 소유할 뿐 아니라 현재 삶에서도 참된 행복을 누리기를 권면한다.

복음이란 무엇인가? ⑪
그리스도와의 연합과 그 열매들
임덕규 지음/ 사륙판 양장 / 296면

그리스도와의 연합은 성령의 역사로 이루어지며, 이를 통해 신자의 구원이 시작되고, 사랑의 열매를 맺을 수 있기에 구원의 핵심 진리라고 설명한다.

복음이란 무엇인가? ⑫
개혁주의 기독교와 천주교 무엇이 다른가?
임덕규 지음/ 사륙판 양장/ 168면

타종교를 포섭하기 위해 위장된 모습을 보이는 천주교의 실상을 개혁주의 기독교와 비교하면서 일반 독자들도 알기 쉽게 설명하고 있다.

임덕규 신앙사경회 시리즈

1. 이사야서에서 그리스도와의 만남
임덕규 지음/ 신국판/ 376면

이사야서 전체에서 예수 그리스도에 대해 어떤 말씀을 하고 있는지, 상세한 주해를 통해 강해한다.

2. 사탄과의 영적 싸움에서 승리하는 삶
임덕규 지음/ 신국판/ 392면

일상의 삶 속에서 나타나는 영적 싸움의 승리의 비결이 신구약을 관통하는 승리자 그리스도의 복음에 있음을 강해한다.

복음이란 무엇인가 시리즈-중국어판

什么是福音？系列丛书 ①

耶稣，他是谁？(『예수, 그는 누구신가?』, 중국어판)
任 德 圭 / 64p / 128X188

什么是福音？系列丛书 ②

耶稣，他做了什么？(『예수, 그는 무엇을 하셨는가?』, 중국어판)
任 德 圭 / 96p / 128X188

什么是福音？系列丛书 ③

耶稣是基督 (『예수는 그리스도』, 중국어판)
任 德 圭 / 78p / 128X188

什么是福音？系列丛书 ④

世上的光-基督 (『세상의 빛, 그리스도』, 중국어판)

任 德 圭 / 70p / 128X188

什么是福音？系列丛书 ⑤

趁着年轻要见到耶稣 (『청년의 때에 예수를 만나라』, 중국어판)

任 德 圭 / 68p / 128X188

什么是福音？系列丛书 ⑥

罗马律法和基督的十字架 (『로마법과 그리스도의 십자가』, 중국어판)

任 德 圭 / 80p / 128X188

什么是福音？系列丛书 7

体验神、体验话语(基督) (『하나님 체험・말씀(그리스도) 체험』, 중국어판)

任 德 圭 / 80p / 128X188

什么是福音？系列丛书 8

服侍的福音 (『발 씻기심의 복음』, 중국어판)

任 德 圭 / 128p / 128X188

什么是福音？系列丛书 9

耶稣，他是谁？ (『염려하지 말라 예수가 그리스도다』, 중국어판)

任 德 圭 / 64p / 128X188

什么是福音？系列丛书 ⑩

唯有这路 (『오직 한 길』, 중국어판)
任德圭 / 128X188

임덕규 신앙강좌 시리즈-중국어판

林德奎信仰讲座系列 ⑧

贯通新旧约的基督(完结版) (『신구약을 관통하는 그리스도 (완결편)』, 중국어판)
任德圭 / 408p / 152-225

복음이란 무엇인가 시리즈-영문판

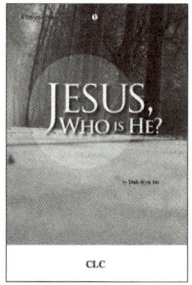

A Series of What is the Gospel ①

Jesus, Who is he?(『예수 ,그는 누구신가?』, 영문판)
Duk-Kyu Im / 80p / 128X188

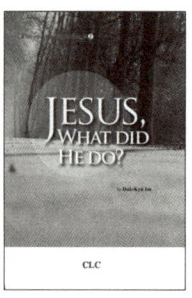

A Series of What is the Gospel ②

Jesus, What did He do?(『예수 ,그는 무엇을 하셨는가?』, 영문판)
Duk-Kyu Im / 128X188

임덕규 신앙강좌 시리즈-영문판

A Series of Faith Lecture [11]

A Critique on The Theology of Tom Wright undermining the Reformed Church(『개혁교회를 무너뜨리는 톰라이트』, 영문판)

Duk-Kyu Im/ 264p / 152-225

사탄과의 영적 싸움에서 승리하는 삶

The Life Winning a Spiritual Struggle against the Satan
(the Gospel of the Victor Jesus Christ Crushed the Satan's Head)

2017년 7월 20일 초판 발행

지은이 | 임덕규

편 집 | 정희연, 곽진수
디자인 | 윤민주, 이보람
펴낸곳 | 사)기독교문서선교회
등 록 | 제16-25호(1980. 1. 18)
주 소 | 서울시 서초구 방배로 68
전 화 | 02) 586-8761-3(본사) 031) 942-8761(영업부)
팩 스 | 02) 523-0131(본사) 031) 942-8763(영업부)
홈페이지 | www.clcbook.com
이 메 일 | clckor@gmail.com
온 라 인 | 기업은행 073-000308-04-020, 국민은행 043-01-0379-646
　　　　　예금주: 사)기독교문서선교회

ISBN 978-89-341-1681-3 (93230)

* 낙장 · 파본은 교환해 드립니다.

이 도서의 국립중앙도서관 출판시 도서목록(CIP)은 서지정보유통지원시스템 홈페이지(http://seoji.nl.go.kr)와 국가자료공동목록시스템(http://www.nl.go.kr/kolisnet)에서 이용하실 수 있습니다.
(CIP제어번호: CIP2017014894)